21世纪通识教育系列教材

大学生
心理健康教育

李萍 侯娟 主编
张倩 耿连娜 张起 许敬 副主编

清华大学出版社
北京

内 容 简 介

心理健康是大学生成长成才的基础。近年来，大学生心理健康问题呈上升趋势，学业压力、就业压力、人际交往等成为各种心理问题的诱因。随着社会不断进步，竞争日趋激烈，大学生的挫折承受能力却逐渐弱化，因此对大学生进行心理健康教育尤为重要。

本书共十章，内容包括大学生自我意识发展、大学生职业生涯规划、大学生学习状态优化、大学生人际交往、大学生亲子关系、大学生恋爱与性心理、大学生抗逆力提升、大学生情绪管理、大学生生命教育、大学生心理危机干预。

本书可作为普通高等院校心理健康教育课程的教材使用，也可作为心理健康教育工作者及普通大众的参考用书。

本书封面贴有清华大学出版社防伪标签，无标签者不得销售。
版权所有，侵权必究。举报：010-62782989，beiqinquan@tup.tsinghua.edu.cn。

图书在版编目（CIP）数据

大学生心理健康教育 / 李萍，侯娟主编. —北京：清华大学出版社，2023.9（2024.8 重印）
21 世纪通识教育系列教材
ISBN 978-7-302-64711-9

Ⅰ. ①大… Ⅱ. ①李… ②侯… Ⅲ. ①大学生—心理健康—健康教育—高等学校—教材 Ⅳ. ①G444

中国国家版本馆 CIP 数据核字（2023）第 176567 号

责任编辑：杜春杰
封面设计：刘　超
版式设计：文森时代
责任校对：马军令
责任印制：杨　艳

出版发行：清华大学出版社
　　　　网　　址：http://www.tup.com.cn，http://www.wqbook.com
　　　　地　　址：北京清华大学学研大厦 A 座　　　邮　编：100084
　　　　社 总 机：010-83470000　　　　　　　　　　邮　购：010-62786544
　　　　投稿与读者服务：010-62776969，c-service@tup.tsinghua.edu.cn
　　　　质量反馈：010-62772015，zhiliang@tup.tsinghua.edu.cn
印 装 者：河北鹏润印刷有限公司
经　　销：全国新华书店
开　　本：185mm×260mm　　　　印　张：13　　　　字　数：312 千字
版　　次：2023 年 9 月第 1 版　　　　　　　　　　　印　次：2024 年 8 月第 3 次印刷
定　　价：45.00 元

产品编号：104208-02

本书编委会

主　编：李　萍　侯　娟

副主编：张　倩　耿连娜　张　起　许　敬

编写人员（按姓氏笔画排序）：

于　珊　王　菲　王春惠　王素霞　杨　雨

汪茗惠　张爱莲　郭洪涛　靳　祺　滕　亮

前　言

"为世界进文明，为人类造幸福，以青春之我，创建青春之家庭，青春之国家，青春之民族，青春之人类，青春之地球，青春之宇宙"，李大钊先生如是说。作为新时代的青年，大学生肩负着实现中华民族伟大复兴的中国梦的重任，不仅要有突出的专业知识，更要具备良好的心理素质。

2023年4月20日，教育部等十七部门关于印发《全面加强和改进新时代学生心理健康工作专项行动计划（2023—2025年）》的通知，要求"培育学生热爱生活、珍视生命、自尊自信、理性平和、乐观向上的心理品质和不懈奋斗、荣辱不惊、百折不挠的意志品质，促进学生思想道德素质、科学文化素质和身心健康素质协调发展，培养担当民族复兴大任的时代新人"。因此坚持"五育并举"，全方位开展心理健康教育迫在眉睫。

本书结合大学生的成长特点，针对大学生普遍存在的心理问题，围绕自我意识发展、职业生涯规划、学习状态优化、人际交往、亲子关系、恋爱与性心理、抗逆力提升、情绪管理、生命教育、心理危机干预等方面展开，旨在提高大学生的心理健康意识，丰富大学生的心理健康知识，帮助大学生面对和处理在学习、生活以及成长过程中遇到的压力与挫折，提升大学生的心理健康水平，培养大学生良好的心理素质，促进大学生健康人格的发展。

本书具有理论性、实践性和可操作性相结合的特点。各章环环相扣，紧密衔接。本书为大学生提供心理测评量表，更好地帮助大学生进行自我认知；附有拓展阅读，通过有意思的故事说明有意义的道理；设置体验活动，将知识与实际行动结合起来；推荐有意义的心理书籍和电影，学生通过扫描二维码的方式可以了解相关知识，开阔个人视野。

由于编者水平有限，书中疏漏在所难免，恳请各位专家学者和广大读者批评指正，我们将不胜感激。

编　者
2023年6月

目 录

绪论 健康人生，从心开始 1
　第一节　心理健康有多重要 1
　　一、健康与心理健康 1
　　二、心理健康的重要性 2
　第二节　如何衡量心理是否健康 3
　　一、大学生心理健康的标准 3
　　二、大学生心理问题的成因 5
　第三节　大学生中存在哪些心理问题 7
　　一、一般心理问题 8
　　二、心理障碍和心理疾病 9
　第四节　如何维护心理健康 12
　　一、确立适当的人生目标 13
　　二、建立良好的人际关系 13
　　三、正确对待挫折 14
　　四、及时调节不良情绪 14
　　五、寻求专业心理咨询人员的帮助 14
　好书推荐 18
　心理电影 18

第一章　学会认同，笑对自我——大学生自我意识发展 19
　第一节　我是谁——认识自我 19
　　一、什么是自我意识 19
　　二、认识自我的重要性 21
　　三、如何清晰地认识自我 22
　第二节　我喜欢自己吗——悦纳自我 25
　　一、什么叫悦纳自我 25
　　二、悦纳自我的重要性 26
　　三、如何做到悦纳自我 26
　第三节　我如何才能更喜欢自己——完善自我 29
　　二、如何逐步完善自我 30
　好书推荐 36

心理电影 36

第二章 职涯启航，成就未来——大学生职业生涯规划 37

第一节 我适合做什么工作 38
一、了解自己的个性特点 38
二、了解自己的职业兴趣 42
三、了解自己的职业能力 44
四、了解自己的职业价值观 45
五、做出科学合理的职业选择 46

第二节 求职存在哪些心理误区 46
一、焦虑心理 46
二、依赖心理 47
三、自卑心理 47
四、自负心理 47
五、从众心理 48
六、攀比心理 48

第三节 如何调整就业心态 48
一、克服畏难退缩心理 48
二、克服自卑胆怯心理 49
三、克服盲目从众心理 49
四、克服好高骛远心理 49

好书推荐 50
心理电影 50

第三章 明确目标，高效学习——大学生学习状态优化 51

第一节 我为什么学习——学习动机 51
一、学习动机的分类 52
二、大学生中的学习动机问题 53
三、大学生学习动机问题的调适 55

第二节 我的目标是什么——学习目标 57
一、明确学习目标的重要性 57
二、如何明确自己的学习目标 58

第三节 我该怎样学习——学习方法 60
一、学习策略的选择 60
二、学习方法的运用 63

第四节 我该如何管理时间——时间管理 67
一、制订目标，追求成果 67
二、践行计划，分配时间 68

三、权衡轻重，界定缓急 68
　　四、自我约束，力戒拖延 69
　　五、专心致志，减少打扰 70
　　六、提高效率，掌握胜券 70
　好书推荐 73
　心理电影 73

第四章 有效沟通，人际和谐——大学生人际交往 74
第一节 人际交往有多重要 75
　　一、有助于心理发展 75
　　二、有利于身心健康 75
　　三、有益于事业成功 76
　　四、有助于生活幸福 76
第二节 影响人际吸引的主要因素 77
　　一、才能 77
　　二、外貌 77
　　三、个性品质 78
第三节 怎样建立良好的人际关系 79
　　一、遵循人际交往基本原则 79
　　二、了解人际交往心理效应 82
　好书推荐 92
　心理电影 92

第五章 增进理解，助力成长——大学生亲子关系 93
第一节 亲子关系对个人成长有多重要 93
　　一、影响身心健康 94
　　二、影响人际交往 94
　　三、影响社会适应 95
第二节 亲子关系可能面临哪些问题 99
　　一、父母事事包办代替 99
　　二、父母要求过高过严 100
　　三、父母较少关心孩子 101
　　四、亲子之间缺乏交流 103
　　五、父母传统观念浓厚 103
　　六、言语行为存在暴力 104
第三节 如何建立良好的亲子关系 106
　　一、积极主动，解决问题 106
　　二、正确认识，换位思考 107

三、学会沟通，表达需求 108
　　四、他人帮助，化解矛盾 109
　　五、发展自我，提高能力 110
　　六、孝道传承，心存感恩 111
好书推荐 112
心理电影 112

第六章　浪漫恋爱，理性相处——大学生恋爱与性心理 113
第一节　什么是爱情 114
　　一、文学家眼中的爱情 114
　　二、心理学家眼中的爱情 115
　　三、爱情与友情 115
第二节　大学生该如何谈恋爱 117
　　一、了解什么是真爱 117
　　二、培养爱的能力 121
第三节　大学生面对性心理困扰如何调适 125
　　一、性的概念 125
　　二、大学生性心理发展的特点 126
　　三、大学生面对的性心理困扰 127
　　四、大学生性心理困扰的调适 128
好书推荐 136
心理电影 136

第七章　不惧挫折，积极应对——大学生抗逆力提升 137
第一节　挫折对于个人成长有何影响 137
　　一、什么是挫折 138
　　二、挫折的积极影响 139
　　三、挫折的消极影响 140
第二节　大学生可能遭遇哪些挫折 142
　　一、生活挫折 142
　　二、学业挫折 143
　　三、交往挫折 143
　　四、情感挫折 144
　　五、人生发展挫折 144
第三节　哪些因素会影响挫折承受力 144
　　一、生理因素 144
　　二、生活经历 145
　　三、认知因素 145

　　　　四、期望水平 146
　　　　五、个性因素 146
　　　　六、社会支持 146
　　第四节　如何有效应对挫折 148
　　　　一、如何避免严重的心理挫折 148
　　　　二、遭遇心理挫折后的自我调节 149
　好书推荐 151
　心理电影 151

第八章　管理情绪，心态平和——大学生情绪管理 152
　　第一节　我们有哪些情绪 152
　　　　一、情绪的产生 153
　　　　二、情绪的种类 153
　　　　三、情绪的功能 154
　　第二节　情绪对人有哪些影响 155
　　　　一、影响身心健康 155
　　　　二、影响人际关系 156
　　　　三、影响学习成绩 156
　　　　四、影响能力发挥 156
　　　　五、影响职业生涯 156
　　第三节　如何管理我们的情绪 157
　　　　一、培养积极情绪 157
　　　　二、调节不良情绪 159
　好书推荐 165
　心理电影 165

第九章　直面困境，化危为机——大学生心理危机干预 166
　　第一节　什么是心理危机 166
　　　　一、心理危机的定义 166
　　　　二、心理危机的类型 167
　　第二节　大学生可能面临哪些心理危机 168
　　　　一、可能导致心理危机的负性生活事件 168
　　　　二、大学生面临心理危机的表现 171
　　第三节　如何化解严重心理危机 172
　　　　一、重新调整认知 172
　　　　二、积极调适情绪 173
　　　　三、有效解决问题 173
　　　　四、寻求社会支持 174

| 好书推荐 | 176 |
| 心理电影 | 176 |

第十章 热爱生活，悦享生命——大学生生命教育 ... 177

第一节 生命的意义是什么 ... 177
- 一、生命的形态 ... 177
- 二、生命的特点 ... 180
- 三、生命的意义 ... 181

第二节 如何体验生命的乐趣 ... 183
- 一、欣赏生活中的各种美好 ... 183
- 二、培养自己的兴趣爱好 ... 184
- 三、接纳自己的不完美 ... 185
- 四、理性对待他人的评价 ... 186

第三节 如何实现生命的价值 ... 187
- 一、培养积极乐观的心态 ... 187
- 二、追求自我完善和成长 ... 188
- 三、学会关心家人和朋友 ... 189
- 四、发挥个人的特长和潜力 ... 189
- 五、积极参加公益事业 ... 190

好书推荐 ... 193
心理电影 ... 193

参 考 文 献 ... 194

绪论 健康人生，从心开始

> **导入故事**
>
> ### 寻找快乐
>
> 一群年轻人到处寻找快乐，却遇到许多烦恼、忧愁和痛苦。
>
> 他们询问老师苏格拉底："快乐到底在哪里？"
>
> 苏格拉底说："你们还是先帮助我造一条船吧！"
>
> 他们暂时把寻找快乐的事儿放到一边，找来造船的工具，用了七七四十九天，锯倒了一棵又高又大的树，挖空树心，造成了一条独木船。
>
> 独木船下水了，他们把老师请上船，一边合力荡桨，一边齐声唱起歌来。
>
> 苏格拉底问："孩子们，你们快乐吗？"
>
> 他们齐声回答："快乐极了！"
>
> 苏格拉底道："快乐就是这样，它往往在你为着一个明确的目标忙得无暇顾及的时候突然来访。"[①]

原来快乐就是这么简单！为目标奋斗的过程本身就充满了乐趣，特别是在团体中，更加能够体验到快乐。充实的心灵哪还能容得下烦恼的影子呢？这个小故事让我们充分体会到良好的心态对我们每个人的重要性。

第一节 心理健康有多重要

一、健康与心理健康

（一）什么是健康

联合国世界卫生组织（WHO，以下简称"世界卫生组织"）在 1948 年成立时，在其宪章中将健康定义为：健康是一种生理、心理和社会适应都完满的状态，而不仅仅是没有疾病和虚弱的状态。

---

① 李继勇. 让快乐成为一种习惯[M]. 北京：北京燕山出版社，2010：11.

这个健康概念不仅描述了健康应该包括身体健康、心理健康与社会适应良好三个方面，还指出了健康是达到一种完满状态。

1989年，世界卫生组织又对健康下了新的定义，即"健康不仅是没有疾病，而且应包括躯体健康、心理健康、道德健康和社会适应良好"。

后来，世界卫生组织又提出了人类身心健康的八大标准，即"五快"和"三良"。[①]

1. "五快"

食得快：说明胃口好，不挑食，内脏功能正常。

便得快：表明排泄轻松自如，胃肠功能良好。

睡得快：证明中枢神经系统功能协调，内脏无病理信息干扰。

说得快：表明头脑清楚，思维敏捷，心脏功能正常。

走得快：证明精力充沛、旺盛，无衰老症状。

2. "三良"

良好的个性特征，具体表现为：性格温和，意志坚强，情绪乐观。

良好的处世能力，具体表现为：待人接物合情合理。

良好的人际关系，具体表现为：遇事达观，不斤斤计较，助人为乐。

（二）什么是心理健康

从上述关于健康的定义和标准中可以看到，心理健康是健康非常重要的组成部分。那么，什么是心理健康呢？

精神病学家孟尼格尔认为："心理健康是指人们对于环境以及相互之间具有最高效率以及快乐的适应状态。心理健康者应能保持平和的情绪，有敏锐的认知、适合于社会环境的行为和令人愉快的气质。"

心理学家英格里斯指出："心理健康是指一种持续的心理状态，当事者在那种状态下能进行良好的适应，具有生命力，并能充分发展其身心的潜能。这是一种积极的、充实的情况，而不仅仅是免于心理疾病。"[②]

综上所述，我们可以从广义和狭义两个角度定义心理健康。从广义上讲，心理健康是指一种高效而令人满意的、持续的心理状态。从狭义上讲，心理健康是指人的基本心理活动的过程内容完整、协调一致，即认识、情感、意志、行为、人格完整和协调，能顺应社会，与社会保持同步。

二、心理健康的重要性

如今，人们越来越认识到，心理健康与一个人的成长、成才、成就关系重大。心理健康是大学生成才的基础，所以每位大学生都要充分认识到心理健康的重要性。具体而言，这种重要性体现在以下几个方面：

---

① 刘峭，刘岳. 大学生心理健康教育[M]. 成都：电子科技大学出版社，2020：3.

② 胡晓. 悦纳·完善·成长：大学生心理健康教育[M]. 重庆：西南师范大学出版社，2019：2.

（一）心理健康可以使大学生增强独立性

大学生经过努力的拼搏和激烈的竞争，告别了中学时代，跨入了大学校园，进入了一个全新的生活天地，需要从"靠父母"转向"靠自己"。上大学前，大家想象中的大学犹如"天堂"一般，美好而又浪漫。上大学后，全新的生活环境、紧张的学习和严格的纪律使部分同学感到难以适应。因此，大学生必须注重心理健康，尽快克服从前的依赖性，增强独立性，积极主动适应大学新生活，以便度过充实而有意义的大学生活。

（二）心理健康可以促进大学生全面发展

心理健康和良好的心理素质是大学生全面发展的基本要求，也是将来走向社会，在工作岗位上更好发挥个人潜能、积极从事社会活动和不断向更高层次发展的重要条件。一个人德智体美劳等方面的和谐发展是以心理上的健康为基础的，心理健康状态直接影响和制约着个体全面发展的实现。

（三）心理健康有利于大学生培养健康的个性

大学生的个性心理特征是指他们在心理上和行为上经常、稳定地表现出来的各种特征，通常主要表现为气质和性格两个方面。气质主要是指情绪反应的特征；性格除了气质所包含的特征，还包含意志行为的特征。心理健康的大学生会表现出更加良好的个性心理特征，主要表现为思想活跃，善于独立思考，社会参与意识较强，有着朝气蓬勃的精神状态，等等，这些都更加有利于大学生的健康成长。

（四）心理健康是大学生事业成功的心理基础

目前，我国大学生就业与从前相比发生了很大变化，实行的是供需见面、双向选择、择优录用的方式，就业的激烈竞争使得许多大学生心理上产生焦虑和不安。面对新的就业形势，大学生需要保持心理健康，培养自立、自强、自律的良好心理素质，锻炼自己的社会交往能力，使自己在复杂的社会环境中，做出适合自己的正确抉择，敢于面对困难、挫折与挑战，追求更加完美的人格，为事业成功奠定良好的心理基础。[①]

第二节 如何衡量心理是否健康

一、大学生心理健康的标准

由于文化背景与经济社会发展水平的差异，国内外学者对于心理健康的标准有多种论述。根据大学生的心理发展阶段和他们特定的社会角色要求，有学者提出以下七条大学生心理健康的标准。[②]

---

① 《大学生心理健康教育》编写组. 大学生心理健康教育[M]. 长春：吉林大学出版社，2013：17.
② 樊富珉，费俊峰. 大学生心理健康十六讲[M]. 北京：高等教育出版社，2013：16-17.

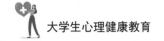

（一）能保持对学习较浓厚的兴趣和求知欲望

学习是大学生活的主要内容，心理健康的学生首先应该具有正常的智力水平。在学习动机上，学习目标明确，求知欲望较为强烈，乐于学习和工作；在学习方法和效率上，能有意识地培养自身的学习技巧，能根据学习内容转换学习方法，学习效率较高，学习成绩较为稳定；在学习意志品质上，能够克服学习中的困难，制订并执行明确的学习计划，反思自身的不足，并不断进步。

（二）能保持正确的自我意识，接纳自我

自我意识是人格的核心，是指一个人对自己以及自己与周围世界关系的认识和体验。心理健康的大学生自我意识较为清晰和客观，能够正确地认识、了解和悦纳自我，既不妄自尊大而做力所不能及的工作，也不妄自菲薄而甘愿放弃可能的发展机会。

（三）能协调与控制情绪，保持良好的心境

情绪会影响一个人的身心健康、工作效率和人际关系。心理健康的大学生能经常保持开朗、乐观的心境，对生活和未来充满希望。虽然他们也有悲、忧、哀、愁等负面情绪体验，但能主动调节，同时能适度表达和控制情绪，做到喜不狂，忧不绝，胜不骄，败不馁。

（四）能保持和谐的人际关系，乐于与人交往

人际关系状况最能体现和反映一个人的心理健康状况。心理健康的大学生乐于与他人交往，能用尊重、信任、友爱、宽容、理解的态度与人相处，能分享、接受和给予爱和友谊，能与集体保持协调的关系，能与他人同心协力，合作共事，乐于帮助他人。

（五）能保持完整统一的人格品质

人格是指一个人的整体精神面貌，人格完整是指气质、性格、能力以及理想、信念、价值观等人格构成要素平衡发展。心理健康的大学生的所思、所想、所言协调一致，具有积极进取的人生观，并以此为中心把自己的需要、动机、愿望、目标等与行为统一起来。

（六）能保持良好的环境适应能力

环境适应能力包括正确认识环境以及处理个人与环境的关系的能力。心理健康的大学生在环境发生改变时能面对现实，对环境做出客观的认识和评价，使个人行为符合新环境的要求，能和社会保持良好的接触，能及时修正自己的需要和愿望，使自己的思想、行为和社会协调一致。

（七）心理行为符合年龄特征

在人的一生中，不同的年龄阶段有不同的心理特征和行为表现。一个心理健康的人，其认知、情感、言行、举止等都符合相应的年龄特点。心理健康的大学生通常应该是精力充沛、勤学好问、反应敏捷、喜欢探索的，过于老成、幼稚或依赖都可能是心理不够健康的表现。

二、大学生心理问题的成因

心理健康的标准只是一种理想尺度，它一方面为人们提供了衡量心理是否健康的标准，另一方面也为人们指出了提高心理健康水平的努力方向。事实上，对于多数大学生而言，在人生的发展过程中都可能面临这样或那样的心理问题。心理问题的形成原因往往是很复杂的，既有来自外部环境的原因，也有来自个体自身的原因。下面我们从个体、家庭、学校和社会四个层面来分析大学生心理问题的成因。①

（一）个体原因

大学阶段，面对生活、学业、交往、恋爱、就业等方面的压力与挑战，多数同学能及时调整自己，较好地适应大学生活。但也有部分学生不能及时调整心态，导致出现不同程度的心理问题。究其原因，与个体身心素质密切相关。大学生出现心理问题的个体因素主要有以下几方面：

（1）遗传因素与生理因素。研究发现，某些心理疾病与家族遗传有关，因此有家族遗传史的大学生就可能成为这些心理疾患的易感人群。一旦遭遇挫折打击，这类大学生可能比其他大学生更容易陷入心理困境。有些大学生由于对自身体型、外貌不满意，因此倍感自卑，回避社会交往。有的女大学生在生理周期期间，会产生较为明显的身心不适，容易引起情绪波动。

（2）自我意识不完善。部分大学生自我意识发展不完善，时常表现出自我矛盾或走极端。如缺乏自信心，常以己之短比人之长；或自我膨胀，看不起别人，以自我为中心；等等。有的大学生由于自我意识不健全，缺乏必要的自控能力，对大学生活感到迷茫，为了摆脱空虚寂寞，盲目恋爱或沉迷于网络，导致不良后果。

（3）不良个性心理特征。大学生中的不良个性特征包括过分自卑、自负、嫉妒、敏感、猜疑、依赖、孤僻、偏激、冲动等，这些都会影响到人际交往和生活、学习，继而影响到自身心理健康。

（4）环境适应能力不强。从中学到大学，会面临生活环境、学习环境、人际环境等方面的巨大变化。适应能力强的大学生能较快地适应这种变化，与新环境融为一体。而适应能力不强者，会时常体验到强烈的挫败感，游离于环境之外，产生各种适应障碍。

（5）自我调节能力欠佳。自我调节能力强的大学生能以积极的心态应对所面临的心理困扰，主动寻求有效的心理调节方法，在较短时间内消除心理失衡，恢复心理健康。相反，自我调节能力弱的大学生往往缺乏面对现实的勇气，更容易产生某些心理问题。

（二）家庭原因

家庭是个人成长的摇篮，家庭如果存在这样那样的问题，就可能影响到家庭成员的心理健康。家庭中可能存在的问题主要有：

（1）家庭教养方式不当。家庭教养方式可分为民主型、专制型、溺爱型、放任型。尽

---

① 张文新. 大学生心理健康教育[M]. 济南：山东人民出版社，2013：259-262.

管现在一般家长都知道民主型教养方式最好，但在实际养育过程中，一些家长还是传承了父辈简单粗暴的专制手段，有的家长则对子女无限制地娇惯溺爱，还有的家长因忙于工作而忽略了对子女的教育，任其自由发展，这些不当的教养方式都可能导致孩子产生心理与行为问题。另外，有的家长把自己年轻时未实现的愿望寄托到子女身上，在日常生活中，只关心子女的学习成绩，不关心孩子其他方面能力的发展，导致有的大学生走出家门来到大学校园后，因生活自理能力和人际沟通能力欠缺，出现生活、人际关系等方面的不适应现象。

（2）家庭关系不融洽。在家庭中，夫妻关系是否和睦、家庭成员的共同交往是否存在障碍、家庭矛盾处理方式是否得当等，都会直接影响家庭氛围。有的家长希望给子女营造良好的成长环境，但由于多方面原因，夫妻关系处理不好，家庭生活中争吵打斗不断，孩子长期受到家庭氛围的负面影响，必然导致个性发展不完善。

（3）家庭结构存在问题。随着社会的发展和人们价值观念的变化，目前我国单亲家庭不断增多。有些单亲家庭因父母一方缺位，使孩子未能享受到足够的亲子关爱。有的单亲家庭子女随父母一方进入重组家庭生活，因长期承受继父母的不公正对待而影响到其健康成长。

（4）家庭经济状况的负面影响。在大学中，多数大学生的家庭经济状况相当，但也有少数大学生家境非常富裕，部分大学生家庭特别贫困。其中，有些家境优越者过分依赖家庭，并对家庭条件不如自身者持不屑态度，不思进取、贪图享受、行为懒散、自视过高，出现交往障碍、学习问题等。而一些家境贫困的大学生除了应付繁重的学习与工作任务，还要做兼职挣生活费，身心时常处于超负荷运转状态，压力过大，导致出现一些心理问题。

（5）家庭生活事件的冲击。家庭发生矛盾、家庭成员遭遇危机、家庭发生重大变故等都可能给大学生带来显著负面影响。比如，有的大学生遭遇父母感情破裂、经济状况逆转等家庭变故后一蹶不振；有的大学生在亲人亡故后长时间难以接受；等等。

（三）学校原因

学校对塑造个体的健全人格起着举足轻重的作用。目前，我国学校教育存在着诸多不完善之处，其中一些问题成为导致大学生心理问题的影响因素。

（1）中学教育的遗留问题。目前许多中学只注重培养学生的应试能力，忽视学生心理素质的培养，部分有不良个性的学生在学校中无法得到合理有效的引导，少数边远地区学校的素质教育往往成为空谈。应试教育的不良发展使不少大学生成为高分低能者，使一些大学生出现考试焦虑、人际交往障碍等心理问题。

（2）大学管理体制的问题。大学管理体制比较宽松，是不少向往自由生活的大学生的乐园。但是，有部分大学生在宽松的管理体制下，由于自我约束力不强，在目标真空期丧失进取心而随波逐流；极少数大学生逆反心理强，对大学管理体制反感，还想要求更多的自由，对个人成长造成一定的负面影响。另外，有个别高校管理者态度粗暴，在大学生心目中留下了不良印象。

（3）大学中教与学的错位。大学中的自主学习需要大学生具备良好的自觉意识和自主能力，这使不少在中学时代习惯了被动学习的新生不知所措。有的大学生由于受学校专业调剂，对所学专业不感兴趣；有的大学生的高考志愿是他人推荐填报的，学习时才发现自己并不喜欢；还有的大学生来自偏远地区，在当地学习成绩优异，上大学后却跟不上老师的教学进度，感觉学习很吃力。

（4）有的大学校园环境欠佳。大学校园环境对大学生的生活有着重要影响。由于扩招，有些大学宿舍较为拥挤，居住在狭小的空间更易引发人际冲突；部分高校搞校区建设，造成噪声和尘土污染，也存在一定的安全隐患；校园附近的出租房、网吧、娱乐场所等成为部分大学生问题行为的滋生地。

（四）社会原因

个人的成长离不开社会大环境。当前我国社会存在的某些不良现象，造成了一系列社会问题，对大学生的心理健康也有着直接或间接的影响。

（1）社会竞争加剧。随着社会竞争日渐加剧，大学生面临的竞争与压力明显增加，在生活中体验到的不适应感增多，有时会产生不安全感和无能为力感。知识的频繁更新、严峻的就业形势、无法把握明天的感情去向等，可能使有的大学生产生心理问题。

（2）社会不公平现象。我国目前正处于转型期，由于某些方面制度不健全，导致分配不合理，少数人以权谋私，权钱交易等在社会上产生消极影响，使有的大学生对公平竞争失去希望，丧失斗志。另外，有些大学生的父母在改革过程中遭遇了失业挫折或创业失败，而社会救助机制不够健全，这些会加重大学生的负面感受。

（3）价值观念多元化的影响。当今社会在快速发展，与此同时，人们的价值观念呈现多元化趋势。个人主义、实用主义、功利主义、享乐思想等对一些大学生的心理与行为产生了不同程度的消极影响。

（4）不健康文化产品的蔓延。健康的文化能够熏陶人。然而近年来，为了牟取暴利，一些文艺与影视作品呈现庸俗化、低级化倾向，暴力、色情充斥网络，使有的大学生迷失了自我，导致出现心理及行为问题。[①]

第三节　大学生中存在哪些心理问题

在个体发展的过程中，由于内外因素的影响与干扰，人的心理功能受阻碍的情况经常发生，所以每个人都可能在某个时期出现某些不够健康的心理状态，就像我们的身体难免出现这样那样的问题一样。依据心理功能受阻的程度，这种不健康的心理状态可分为一般心理问题、心理障碍与心理疾病三个层次。

一般心理问题是人们暂时性的心理失衡现象，包括日常生活中的短暂焦虑、一时的不高兴或烦恼，对学习、工作和生活一般不会产生明显影响。一般心理问题的发生率很高，可以说每个人在成长过程中都会产生这样那样的心理问题。出现一般心理问题的人，其心理功能并未受到损害，这些问题经过自我调节或别人帮助很快就能解决。

心理障碍是心理功能发生局部障碍的表现，其原因大多与自我调节水平下降有关。产

[①] 余杰. 新编大学生心理健康教育[M]. 湘潭：湘潭大学出版社，2009：136-141.

生心理障碍的人通常会在从事某些活动时有明显的不适表现，反应方式出现异常，适应水平显著下降，因此活动效果会受到比较严重的影响。比如对考试有严重焦虑的学生，学习效率和考试成绩都会明显下降。有各种心理障碍的人数通常占总人数的百分之十几，这些人需要借助专业人员的帮助和指导才能恢复健康状态。

　　心理疾病是心理功能出现严重障碍的表现，通常是因为外部刺激过强或心理严重失调所致。患有心理疾病的人在心理与行为上都已属于异常的范畴，他们的自我调节能力和适应能力处于十分低下的水平，从事各种活动的能力已部分或大部分丧失，基本上无法维持正常学习、工作和生活。比如精神分裂症患者就属于这种情况。有严重心理疾病的人数在总人口中占2%左右，这些人一般需要住院治疗。

　　有心理学者曾用白色、浅灰、深灰、黑色四种渐变的颜色来代表人们不同的心理状态。其中，处于白色状态的人拥有健康的人格、很高的自信心和很强的适应力；浅灰状态是正常人由于遭遇各种生活压力而产生的心理困扰，可对应于我们这里所说的一般心理问题；深灰状态是指一些明显的心理异常，可对应于这里所说的心理障碍；黑色状态是指心理功能严重受损，可对应于这里所说的心理疾病。其实，这四种状态没有明显界限，是可以相互转化的，如果处于深灰状态的人及时得到帮助，就可转入浅灰状态，甚至白色状态。在大学生中开展心理健康教育的目的，就是希望有更多的学生能够处于健康阳光的白色状态。①

一、一般心理问题

大学生中一般性的心理问题主要集中在以下几个方面：

（一）环境适应问题

环境适应问题在新生中较为多见。大学生的角色身份以及生活环境与高中时有很大的不同。首先，大学生要自己安排生活，靠自身的能力处理学习、生活、交往等方方面面的问题。据调查，不少大学生的生活自理能力较弱，对父母有较强的依赖性。生活问题对这部分学生造成了一定的压力。其次，大学里对学生的评价标准已不再是单纯的学习成绩，而是包括了组织管理能力、人际交往能力以及其他一些因素，这种评价标准的多元化使得部分成绩优秀而其他方面表现平平的学生感到不适应，自信心出现动摇，心理上产生失落和自卑。

（二）学业心理问题

近年来，由于就业压力增加，一部分学生希望通过好的学习成绩或考研实现更好地就业，因此在学业方面会感受到较大的压力。在学业方面还存在另外一类现象，就是对学习无兴趣、无动力、无目标，对所学专业兴趣淡漠，属于这种情况的学生虽然不多，但对个人成长影响较大，需要及时调整。

（三）人际心理问题

如何与周围同学友好相处，建立和谐的人际关系，是大学生面临的一个重要课题。与

---

① 张文新. 大学生心理健康教育[M]. 济南：山东人民出版社，2013：254.

高中阶段相比，大学生对人际关系的关注程度明显增加，成为他们心理困扰的主要来源之一。人际关系问题常常表现为难以和别人愉快相处、没有知心朋友、缺乏必要的交往技巧、过分委曲求全等，由此引起孤单、苦闷、缺少支持和温暖等消极感受。

（四）恋爱与性心理问题

大学生处于青年中后期，性发育成熟是重要特征，恋爱与性问题是不可避免的。恋爱问题主要包括单恋、失恋、恋爱与学业的关系问题、情感破裂的报复心理等。而性心理问题常见的有手淫困扰、由婚前性行为或校外同居等问题引起的恐惧、焦虑、担忧等。

（五）就业心理问题

这是高年级学生中常见的问题。在即将跨入社会时，他们往往会有很多的困惑和担忧。是考研还是就业，如何选择自己的职业，如何规划自己的生涯，求职需要些什么样的技巧，面试能否顺利通过等，这些都会或多或少带来困扰和忧虑。另外，面对求职中的挫折，还需要调整心态，不断努力寻找机会。

对于大部分同学来说，在大学期间面临的是上述常见的心理困扰，这些困扰主要是由一些现实的社会心理因素所导致的，也往往是暂时性的，经过自己的主动调节或寻求亲人、朋友、心理辅导老师的帮助，就能恢复心理的平衡。

二、心理障碍和心理疾病

现实生活中，有的人长期受到某种心理障碍的困扰，非常痛苦，严重影响到了生活、学习或工作，但遗憾的是他们不知道这是怎么回事，不知道及时去寻求专业人员的帮助。另一种情况是，有的人从网络或书籍报刊上读到有关心理异常的知识，就将其硬与自己联系起来，以致整日忧心忡忡，唯恐自己心理不正常，由此造成很大的心理困扰。鉴于上述情况，这里对大学生中可能出现的心理障碍和心理疾病做简要介绍，希望大家能有一个较为客观和恰当的判断。当然，对心理障碍和心理疾病的准确判断是一项专业性很强的工作，一般读者不宜简单地"对号入座"，如有需要应寻求专业人员的帮助。

（一）焦虑性障碍

焦虑性障碍以发作性或持续性焦虑、紧张为主要特征。虽然一般人都会有焦虑，但焦虑的程度不深，在引起焦虑的事件过去之后，通常焦虑情绪就自动解除了。而有焦虑性障碍的人，其焦虑情绪往往不是由现实情况所引起的，而且通常伴有躯体症状。焦虑性障碍有急性和慢性之分。急性焦虑障碍又称为惊恐发作，主要表现为突然感到心悸、喉部梗塞、呼吸困难、头昏、无力，通常伴有紧张、恐惧或濒死感，有心跳加快、呼吸急促、震颤、多汗等躯体症状。慢性焦虑障碍则表现为长期处于焦虑状态，常为一些小事而苦恼，对困难过分夸大，遇事常往坏处想，对躯体不适特别关注，注意力涣散，记忆力下降，兴趣缺乏，常失眠多梦。[①]

[①] 钱铭怡. 变态心理学[M]. 北京：北京大学出版社，2006：209-210.

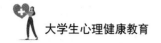

（二）抑郁性障碍

抑郁性障碍以持久的情绪低落为特征。虽然一般人都有情绪低落的时候，但持续的时间一般不会太久。而有抑郁性障碍者的抑郁情绪可能持续数月甚至更久，通常表现为心情压抑，态度悲观，怨天尤人，自我评价低，不愿与人交往，对周围事物兴趣索然，对前途悲观失望，总感到活着没有意思。此外，通常还伴有植物神经功能失调，如胸闷、乏力、疼痛等。①

（三）强迫性障碍

强迫性障碍以反复出现强迫观念和强迫动作为特征。当事人体验到的强迫观念、强迫意向等症状虽然来源于自身，却违反自己的意愿。虽然意识到这些反复出现的观念、行为是不必要的、不合理的或毫无意义的，很想摆脱，却难以排除，对生活和学习造成严重影响，因而十分焦虑和苦恼。强迫观念包括强迫性回忆、穷思竭虑等；强迫意向表现为常被一些与正常心理状态相反的欲望和意向所纠缠；强迫行为表现为重复一些自觉没有必要的动作，如强迫性检查、洗手、计数等。②其实，许多人都曾出现过强迫症状，但只要不成为精神负担，不妨碍正常生活、学习与工作，就不应算作强迫性障碍。

（四）恐怖性障碍

恐怖性障碍主要表现为对某些事物或情境产生的十分强烈的恐惧症状，而这种情绪与引起恐惧的情境和事物通常很不相称，有的甚至让别人很难理解。当事人明知自己的这种恐惧反应极不合理，但在相同场合下仍反复出现，难以控制，以致影响到其正常活动。恐怖性障碍包括社交恐怖、动物恐怖、场景恐怖等。③

（五）疑病性障碍

疑病性障碍主要表现为对自己健康状态过分关注，深信自己患了某种疾病，经常诉说不适，顽固地怀疑、担心自己有病，经过医学检查和医生的多次解释后仍难以消除疑虑，四处就医，迫切要求治疗。当事人对健康过分关注往往是对现实生活的转移，对生活矛盾或挫折的逃避，是一种心理防御机制作用的结果。④

（六）神经衰弱

"神经衰弱"一词，由美国医生 Beard 于 1869 年提出，在此后一段时间里，神经衰弱成为当时社会最流行的诊断名词，有些人甚至以自己患神经衰弱来炫耀身份高贵。近一个世纪来，随着对神经衰弱的认识逐渐加深，欧美国家的医生对这一心理疾病的认识发生了变化，认为它与抑郁症和焦虑障碍有很大重叠，美国《精神障碍诊断与统计手册》（DSM-III）因此取消了"神经衰弱"这一诊断名称，但我国学者仍然主张保留这一名称。

---

① 王建平，张宁，王玉龙，等. 变态心理学[M]. 北京：中国人民大学出版社，2018：117.
② 王建平，张宁，王玉龙，等. 变态心理学[M]. 北京：中国人民大学出版社，2018：83.
③ 钱铭怡. 变态心理学[M]. 北京：北京大学出版社，2006：188.
④ 李广智. 焦虑障碍[M]. 3 版. 北京：中国医药科技出版社，2021：71.

神经衰弱主要表现为精神容易兴奋和脑力容易疲乏，如头昏脑涨、失眠多梦、注意力不集中、工作效率低下、烦躁易怒、怕光怕声、耳鸣眼花、精神萎靡等，通常还伴有一些躯体不适感，如心悸、气短、食欲不振等。其诱因大多是持久的情绪紧张和精神压力，如担心考不好，人际关系紧张，个人生活环境、生活规律发生剧变等。[1]

（七）网络成瘾

网络成瘾是指由于过度使用网络而导致明显的社会、心理损害的一种现象。其主要特征是：无节制地花费大量时间上网，必须增加上网时间才能获得满足感，不能上网时出现异常情绪体验，学业失败、工作绩效变差或现实人际关系恶化，向他人说谎以隐瞒自己对网络的迷恋程度，症状反复发作，等等。[2]

（八）进食障碍

进食障碍以进食行为异常为显著特征，包括厌食症和贪食症两种类型。厌食症的主要特征是用节食等方法有意造成体重过低，拒绝保持最低的标准体重；而贪食症的主要特征是反复出现的暴食以及暴食后不恰当的抵消行为，如诱吐、滥用泻药、节食或过度运动等。根据西方的研究，厌食症的发病率约为 0.2%～1.5%，贪食症的发病率约为 1%～3%，以青少年女性为主。进食障碍的发生与社会对肥胖的态度密切相关，目前已成为一个严重危害青少年女性的心身问题。[3]

（九）创伤后应激障碍

创伤后应激障碍是指经历异乎寻常的威胁性或灾难性事件后引起心理障碍的延迟出现或长期持续存在，其特点是时过境迁后痛苦体验仍然挥之不去，持续回避与事件有关的刺激，长期处于警觉焦虑状态。当事人经历过一次极为严重的心理创伤，这类事件几乎能使每个人产生巨大痛苦，如至爱的亲人突然亡故，遭遇地震、火灾、严重车祸、绑架或其他恐怖犯罪活动等。产生创伤后应激障碍的人可以是直接受害者，也可以是可怕场面的目击者或幸存者。通常在创伤事件后会经过一段无明显症状的潜伏期。潜伏期从几天、几周到数月不等，大多数在 6 个月之内。创伤后应激障碍的主要表现是：反复重现创伤性体验，有驱之不去的闯入性回忆，梦中反复再现创伤情景或做噩梦；在创伤事件后对与创伤相关的刺激存在持续的回避或情感麻木；表现出持续性焦虑和警觉水平增高。[4]

（十）精神分裂症

精神分裂症是精神病中发病率最高的一种，属于严重的心理异常，在大学生中的发病率约为 0.7%。主要表现是精神活动"分裂"，即患者行为与现实分离，思维过程与情感分离，行为、情感、思维具有非现实性，不能协调。精神分裂症的症状复杂多样，常表现为

---

[1] 严肃，陈先红. 大学生心理素养[M]. 合肥：中国科学技术大学出版社，2008：287.
[2] 邱鸿钟. 大学生心理健康教育[M]. 广州：广东高等教育出版社，2004：267.
[3] 王建平，张宁，王玉龙，等. 变态心理学[M]. 北京：中国人民大学出版社，2018：219.
[4] 钱铭怡. 变态心理学[M]. 北京：北京大学出版社，2006：227.

思维破裂、情感淡漠、言行怪异，出现幻觉、妄想等。①

尽管精神分裂症患者在大学生中很少见，但是由于早发现、早就医可以提高治疗效果，降低复发率，可避免其言行对周围同学造成困扰，因此有所了解是有必要的。一旦发现同学中有疑似情况，应及时联系有关老师和工作人员，通知其家人，使其能尽早接受治疗。

 拓展阅读　　　　　　心理异常的判断标准

要判断一个人是否有心理障碍或者说是否心理异常，是一个需要慎之又慎的问题，通常需要建立在专家对个体行为功能评估的基础上。这种评估依赖于评定者特定的视角、训练和文化背景，以及被评估者所处的情境和状况。以下七项标准可以用来衡量心理是否异常：

（1）痛苦或功能不良。个体经历痛苦或功能不良而造成身体或心理衰退或丧失行动的自由。比如一个男人离开家就要哭，就无法追求正常的生活目标。

（2）不适应性。个体行为方式妨碍达到目标，不利于个人幸福，或严重扰乱了他人的目标和社会的需要。一个人因为经常酗酒而对他人的安全造成威胁，就是不适应行为的表现。

（3）非理性。个体的行为或语言方式是非理性的或不被他人所理解的。如果一个人对事实上不存在的声音有反应，就是非理性行为。

（4）不可预测性。个体从一个情境到另一个情境的行为是不可预测的和无规律的，好像不能控制自己的行为。比如一个人无缘无故用拳头打碎玻璃，就表现出一种不可预测性。

（5）非惯常性和统计的极端性。个体的行为方式在统计学上处于极端位置，且违反了社会认为可接受或赞许性的标准。

（6）令观察者不适。个体通过令他人感到威胁或遭受痛苦而造成他人的不适。如果一个人走在大街中间，自言自语大声说话，就会使试图绕过他的车辆上的人产生不适。

（7）对道德和理想标准的违反。个人违反了社会规范对其行为的期望。比如一个不愿意工作的人就可能会被认为不正常。

需要注意的是，没有哪一条标准可以单独作为充分条件来区分异常行为和正常行为。正常和异常之间的差别，并不是两个独立行为类别之间的差异，而是一个人的行为合乎一整套公认的异常标准的程度。②

第四节　如何维护心理健康

影响人们心理健康的因素复杂多样，而生活在复杂社会中的个人，难免会出现心理失衡。如何减少心理上的失衡，如何在出现心理失调时尽快恢复心理平衡，避免出现较为严重的心理问题，对于我们每一个人都非常重要。以下建议有助于大学生维护和促进心理健康。

---

① 钱铭怡. 变态心理学[M]. 北京：北京大学出版社，2006：95-96.
② 李美华. 心理学与生活[M]. 长沙：湖南师范大学出版社，2017：247.

一、确立适当的人生目标

虽然大多数人的潜能基本相当,但我们应该客观地认识到,每个人的能力都有一定限度,具有各自的优势和劣势。只有当我们充分了解自己的能力和特点时,才能确定适合自己的人生目标,并通过努力最终实现预定目标。实现目标之后的成功体验会使个人心理需求得以满足,自我价值得以体现,自信心得以巩固和增强,并使自己的心理机能处于良好状态。相反,如果一个人不能客观估量自己的能力范围,仅凭良好的愿望和热情盲目制订过高的目标,结果往往是目标落空,使自己在心理上蒙受打击,产生挫折体验,对自信心和心境造成不良影响。

二、建立良好的人际关系

心理卫生专家丁瓒先生说过:"人类的心理适应,最主要的就是对人际关系的适应,所以人类的心理病态,主要是由于人际关系的失调而来的。"大学生主要的人际关系包括室友关系、同学关系、恋人关系、师生关系、与父母的关系、兄弟姐妹关系等。这些关系如果处理得好,会成为大学生重要的心理支持来源。如果处理不好,则可能影响自己的心理状态,继而影响到生活、学习与工作。我们知道,人是社会性动物,每个人都有着独特的成长背景、个性特征、价值观念和行为习惯等。如果能够本着真诚、尊重、宽容、互助的原则,在人际交往过程中学会换位思考,相信人际关系会和谐,心境也会因此而愉悦。

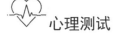 **心理测试** 　　　　你的社会支持情况如何?[①]

以下每个题后面有7个数字,其中:1表示极不同意,即你的实际情况与这一句子极不相符;7表示极同意,即你的实际情况与这一句子极相符;选择4表示中间状态,其余类推。请根据你的实际情况在每句后面选择一个数字。

(1)在我遇到问题时,有些人会出现在我身旁。　　　　1 2 3 4 5 6 7
(2)我能够与有些人共享快乐与忧伤。　　　　　　　　1 2 3 4 5 6 7
(3)我的家庭能够切实具体地给我帮助。　　　　　　　1 2 3 4 5 6 7
(4)在需要时,我能够从家庭获得感情上的帮助和支持。1 2 3 4 5 6 7
(5)当我有困难时,有些人是安慰我的真正源泉。　　　1 2 3 4 5 6 7
(6)我的朋友能真正地帮助我。　　　　　　　　　　　1 2 3 4 5 6 7
(7)在发生困难时,我可以依靠我的朋友们。　　　　　1 2 3 4 5 6 7
(8)我能与自己的家庭谈论我的难题。　　　　　　　　1 2 3 4 5 6 7
(9)我的朋友们能与我分享快乐和忧伤。　　　　　　　1 2 3 4 5 6 7

[①] 汪向东,王希林,马宏. 心理卫生评定量表手册[J]. 增订版. 中国心理卫生杂志社,1999.

（10）在我的生活中，有些人关心着我的感情。　　　1 2 3 4 5 6 7
（11）我的家庭能心甘情愿协助我做出各种决定。　　1 2 3 4 5 6 7
（12）我能与朋友们讨论自己的难题。　　　　　　　1 2 3 4 5 6 7

【评分】将各题后面所选数字相加即得总分。总分在12~36表明社会支持较弱；总分在37~60表明社会支持中等；总分在61~84表明社会支持状态很好。

三、正确对待挫折

我们在追求人生目标的过程中，不可能事事一帆风顺，难免会遇到这样那样的挫折。任何事物都有两面性，挫折也一样，它能给人以打击、痛苦，也能使人奋进、成熟。"不经一事，不长一智""自古英雄多磨难"等名言警句告诉我们，挫折其实是人生的一笔财富，经历一些挫折并不是坏事。人生之路，机遇与挑战并存，成功与失败相连。面对挫折时，人们可能会出现失望、愤怒、困惑、沮丧等负面情绪。如果因此而一蹶不振，意志消沉，不思进取，就可能会面临更多、更大的挫败，破坏个人的身心健康。其实，人生不可能步步都是美丽的风景，但我们可以努力创造一个美好的心境。在遭遇挫折时，积极的做法是坦然面对，理性分析失败的原因，调整应对的策略，为下一步取得成功奠定良好基础。

四、及时调节不良情绪

既然生活中难免遭遇挫折，那么不良情绪的产生也是难免的。假如负面情绪出现后不注意及时调节，就可能影响到日常生活、人际关系及身心健康。调节情绪的有效方法很多，包括自我安慰、转移注意力、适度宣泄等。比如，受挫时可以用"胜败乃兵家常事""塞翁失马，焉知非福"等道理安慰自己。还可以通过逛街、旅游、听音乐、看电影或逼着自己做一些别的事情来转移注意力，以免总想那些不愉快的事。再有就是通过向亲朋好友倾诉、写日记、做体育运动、在旷野中大喊甚至痛哭等方式来宣泄不良情绪。总之，有了不良情绪后，千万不要压在心里，而应采取适当方式，将不良情绪及时化解掉，把不良情绪对身心健康的负面影响降到最低程度。

五、寻求专业心理咨询人员的帮助

大学生在日常生活、学习与交往中，都可能由于这样那样的原因出现心理失衡，面临心理困扰。除了要注意自我调节、重视亲人与朋友的支持，还应该有寻求专业心理咨询人员帮助的意识。特别是在心理压力较大、内心冲突激烈、自我调节难以奏效时，更应及时主动寻求专业人员的帮助。心理咨询可以使人从不同角度看待自己和社会，用新的方式去体验和表达情绪情感，并产生新的思维方式。目前，高校大都设有心理健康教育与咨询中心，配有专兼职心理咨询与辅导老师，面向全体学生提供心理健康服务。因此，如觉得自己有需要，就应去充分利用这一资源，使自己更好地排解心理困扰，以良好的心理状态投入到生活与学习中。

 **拓展阅读**   **大学生心理咨询的意义**

心理咨询的主要目标是帮助心理正常的人群化解生活中的各种心理困扰，改善不良行为，协调人际关系，深化自我认知，增强适应能力，提高心理素质，使他们健康愉快地生活。

1. 全面认识自我，正确理解他人

心理咨询的一个重要作用是协助人们全面认识自我，客观评价自我，从而能够更好地适应社会和生活。当人们能够较为全面地认识自我，认识自己的需要、动机、态度、价值观时，就可以更加合理地安排自己的生活，使自己能够尽快获得人格上的成长，并增进个人幸福感。

心理咨询不仅能让人们更全面地认识自我，也能促使人们加强自我反省，找出真实的自我或解除对真实自我的困惑，使人们对自己的理解更加深入，不再局限于从同一角度或在同一水平上重复思考问题，而能逐渐深入地理解自己的情感和周围环境的联系。心理咨询能够帮助个体更好地理解他人，站在他人的角度思考问题，体察他人的内心，重新看待自己与他人的关系，恢复心理的平衡。

2. 纠正不合理的信念，构建合理的行为模式

人们一般认为"负性事件的发生"导致了负面情绪的出现，但事实并非如此，而是我们自己对这件事的看法引发了负面情绪。不同的信念会导致不同的结果，消极的、负面的、不合理的信念往往会导致负面的情绪结果，积极的、正面的、合理的信念会带来正面的情绪力量。心理咨询可以帮助来访者纠正不合理的信念和错误的思维方式，帮助他们重新看待所经历的事件和各种挫折，学会用新的思维和信念解决当前的心理困扰。

心理困扰能否最终得到解决，关键看人们能不能将思想转化为实际行动。心理咨询可以帮助人们改变先前不合理的行为模式，建立一种新的、合理的行为模式。这种改变是在咨询师的启发、鼓励和支持下发生的，按照这种新的行为模式，来访者的心理问题能够得以改善，从而摆脱心理苦恼。

3. 提高决策能力，增强心灵智慧

人的心理问题有各种类型和性质，其中许多问题并非心理疾病，它们是由纷繁复杂的社会生活引发的。当一个人处于生活旋涡之中时，往往由于认知偏差或强烈的内心冲突而无法辨明问题或做出决定，正所谓"当局者迷，旁观者清"。作为旁观者，咨询师的头脑相对冷静，思路更为开阔，能在咨询过程中通过纠正人们的认知偏差或减轻来访者的内心冲突帮助人们打开思路，提高人们的决策水平，使其在做出重大选择时更加从容和坚定。

心理咨询有两个基本目标：一是帮助人们有效处理现实生活中遇到的问题；二是提高人们以后处理问题和自我发展的能力。在具体的心理咨询活动中，在心理咨询师的协助下，将不愉快的经历当作自我成长的契机，积极地看待个人所经受的挫折与磨难，从危机中看到生机，从困难中看到希望，从挫折中认真反省，总结经验教训，增强生活和心灵智慧，以便能够更好地应对今后可能出现的各种生活挑战。①

---

① 胡晓. 悦纳·完善·成长：大学生心理健康教育[M]. 重庆：西南师范大学出版社，2019：203.

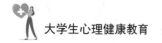 体验活动　　　　　跨越生命中的暗礁

生活中每个人都会遭遇或大或小的一些挫折，就像航行中的船有时难免遇到暗礁一样。正确地认识挫折并不是一件容易的事。在面临挫折时，人的许多不理智反应、不正确行动，都与缺乏对挫折的理性认识有关。有些心理障碍和心理疾病就是由于受到较大挫折后不能很好地调适而产生的。理性地对待挫折，会有助于我们增强挫折承受力。[①]

活动目的：帮助团体成员更好地应对挫折

活动时间：约 50 分钟

活动场地：班级教室或团体辅导室

活动程序：

1. 介绍活动主题
2. 分组
3. 挫折经验分享

第一步：小组内成员分享"你所经历过的一次挫折，你是如何自我调节的？"

第二步：班级内分享。每组选出小组成员认为做得好的一位代表，面向全班分享。

4. 名人名言分享

第一步：小组内成员分享关于挫折、逆境的名言警句（可事先让同学搜集）。

第二步：班级内分享。每组选出大家公认的佳句，由一位代表面向全班分享。

5. 欣赏歌曲《真心英雄》（最好视频播放）
6. 总结

放松训练

长期的精神紧张不仅会带来心理困扰，也会损害我们的身体健康，引发诸如失眠、注意力涣散、头痛、胃溃疡等疾病。人的身体和心理是密不可分的整体，因此帮助身体放松能明显改善心理紧张状态。心理学中有很多专门进行身心放松的方法，比较常用的有渐进放松法、冥想放松法、音乐放松法等。除此之外，日常生活中的体育运动、音乐、户外游戏等也能帮助我们放松身心。在这里我们提供的是冥想放松法。

活动目的：

1. 带领学生体验放松的感觉
2. 教会学生放松身心

活动时间：约 30 分钟

活动场地：班级教室或团体辅导室

材料准备：音响设施、音乐材料

活动程序：

1. 介绍活动主题
2. 环境准备

---

① 刘岷. 校园心灵氧吧：学生团体心理辅导与咨询[M]. 济南：山东教育出版社，2010：214.

尽量保持室内光线昏暗，排除外界噪声，并播放一些低缓优美的音乐作为背景。

3. 播放指导语或教师进行言语指导

教师应尽量使用温和、低缓的语调进行言语指导，减少语句中的起伏，有意识地处理句中留白。下面的指导语仅供参考，教师还可以通过查阅资料获得更多影音资料。

指导语：

请在你的座位上坐好，找一个让自己感到舒服的姿势坐好。我们要稍微停一下，好让你找好位置。让你的双脚微微打开，与肩同宽，双臂可轻轻地在身旁放松。

现在请闭上你的眼睛，倾听我的声音。当你听到我的声音，你将体验到一种美妙放松的感觉。你会发现全身肌肉都将完全地放松。去意识到你的呼吸，不要刻意用力地呼吸，只要感觉到你的呼吸变得缓慢而深沉。在你吸气的时候，气会被带到腹部下方，并且你会意识到在每次吸气时你的小腹会微微鼓起。在呼气时，将所有的气完全呼出，将自己的烦恼也一起呼出。你感到全身非常沉重，一直沉到地板里去了，感到你自己深深地陷入地板里，越来越深。你感到很平静，全身正在放松，而你在慢慢地呼吸，吸气、吐气、吸气、吐气。你的全身感到非常放松，所有的紧张和压力都随着你脖子后肌肉的放松而消失了。延伸到脊椎下方以及整个胸部的肌肉也放松了。你的全身已经放松了。你的手臂和双手感到非常沉重，松软地摆在身体两侧。而你的双脚延伸到你的脚掌也开始感到非常放松，你的全身正渐渐地往下沉，越沉越深，全身感到温暖而放松，在你下沉的时候放松吧，越来越放松。

让我们放松地倾听大自然美妙的声响。想象你现在站在一个充满阳光的海滩上。在这里每件东西都沉浸在阳光里，在你面前就是一望无际的大海，碧蓝色的海水温柔而沉静。湛蓝的天空中，太阳洒下柔和的光芒，你看到远处有白色的海鸥在飞翔，它们的歌声和海浪声一起组成了大自然的合唱。空气中充满了温暖的阳光，你可以听见海水在你脚边冲刷海岸的声音，一切都那么美好、安静、安详又充满生气，你就像是大自然的一部分。当你在海滩漫步时，你能感觉到细小金黄的沙粒从你的脚趾缝穿过，你甚至能闻到湿润的空气中有股淡淡的海咸味。你慢慢地沿着海滩走向一处宁静的港湾，你来到了这个港湾，阳光在海面闪闪发光，你整个人都融入了大自然，感到自己很平静安详。在海湾的一角，海水清澈见底。暂停一下看看自己在水中的倒影吧。在你的心中升起一股暖流，你的脸上浮现出微笑，因为你现在已经抛开了生活的压力，它们已经不再把你压得喘不过气来，你现在是充分自由的、健康的，可以尽情地享受阳光。尽管你会在生活中遭遇阻碍，却再也没有外在的力量可以掌控你，除非你将掌控权交给它们。现在把自己的心灵想象为一个充满阳光的海滩，而你正在这个美丽的海滩漫步……漫步……享受宁静与充实。

现在你要离开你的沙滩，温暖的阳光、金黄的沙滩、湛蓝的大海，都在你背后慢慢淡化，你回到了你的座位上。现在开始慢慢地恢复你的意识，感受你的呼吸，注意到在你休息的时候，你的呼吸变得多么的平静和缓慢。现在开始刻意地呼吸，让每次的吸气延长一点、加深一点。而当你呼气时，感受到精力散布在你的全身。现在开始活动一下你的脚掌和脚趾头，将你的头从一边转到另一边。张开你的双眼，眨眨眼睛来适应光线。现在伸展你的身体，高举双手超过头部，伸展，伸展，用力地伸展。呼气，开口用力呼出所有的气。这是新的一天，慢慢让自己坐起来，感受平静、安详。它们还深深地留在你身体里面，并将一直留在你心里。

4. 讨论与分享

邀请学生分享放松过程中的感受,鼓励学生把活动中的放松方法应用到日常生活中。①

好书推荐　　　　　　　　心理电影

---

① 全国少工委办公室,中国心理卫生协会,中国青少年发展服务中心.心理健康辅导:团体训练[M].北京:中国青年出版社,2007:139-140.

第一章　学会认同，笑对自我
——大学生自我意识发展

导入故事

认识你自己

张某，男，18岁，大一年级新生。他来自偏远贫困山区的农村，生活十分艰苦，但凭借自己的勤奋刻苦、吃苦耐劳，后来顺利地考上了大学。考上大学的他，本来应该对未来的学习和生活充满希望，可是入学后的他开始郁郁寡欢，甚至逐渐悲观失望起来。辅导员老师找到他后，了解到，原来他在与宿舍和班内其他同学相处的过程中，总是加以比较，觉得自己在许多方面和同学之间的差距较大，尤其是与周围来自城市的同学相比差距更是悬殊。例如，来自城市的学生英语基础较好，口语和表达能力较强，而他英语基础较弱，以前没有条件接受系统的训练；来自城市的学生人际交往能力较强，总是能结交到更多的朋友，而他不善于与人交往，身边朋友很少，总会感觉到孤独；来自城市的学生多才多艺，拥有多种特长，全面发展，而他没有什么过人的技能，学起东西来总会慢一点；此外，他与其他同学在经济上的差距就更加明显了。于是，小张越来越不适应大学生活，学习对他来说也成了沉重的负担，他逐渐失去了以往的信心与乐观，变得越来越自卑，认为自己不如别人，永远比不上别人。

第一节　我是谁——认识自我

一、什么是自我意识

自卑是家庭经济困难的学生表现最为突出的心理问题，这通常会导致学生自我封闭、自我鄙视；面对经济贫困、生活困难的现实，总是采取逃避、退缩的态度，不参加集体活动，不与他人交往，消极地对待人生，从而丧失生活的积极性和主动性。这样的学生应该认识到，贫困并不是"我"的错，最重要的是心理不能贫困，越是在这样的条件下，越应该努力。

在古希腊德尔菲神庙前的石碑上镌刻着一句话——认识你自己。我们都听过这句话，却往往会忽略它。大学阶段是人迅速成长的黄金时期，也是自我意识不断发展并走向成熟的重要时期。刚步入大学的学生通常会遇到学业、人际交往、情感、职业生涯规划等多方面的问题，虽然每个人的具体情况可能会有所不同，但总结起来主要围绕"我是一个什么样的人""我以后的目标是什么""我应该做些什么"等，这些都属于自我意识的范畴。对于当代大学生来说，自我意识是人生的重要课题之一，确立正确的自我意识对大学生的心理健康发展具有非常重要的作用。那么，自我意识到底是什么呢？

（一）自我意识的概念

心理学界对意识的理解分广义和狭义两种。广义的意识概念是指大脑对客观世界的反映，这表现了心理学脱胎于哲学的一种特殊的学术现象；而狭义的意识概念则是指人们对外界和自身的觉察与关注程度，现代心理学中对意识的论述则主要是指狭义的意识概念。[①]

自我意识是人类个体意识发展的高级阶段。首次提出"自我意识"概念的科学家是美国心理学之父——威廉·詹姆斯，他把"自我"从意识活动中区分开来，将"自我"概念引入心理学。[②]首次使用"自我意识"概念的是文艺复兴时期的法国哲学家笛卡尔，他还提出了"用心灵的眼睛去注意自身"的论断。

那么究竟什么是"自我意识"呢？一般而言，自我意识是指活动主体在实践活动中对自身生理、心理以及其他社会关系等的认识，并对自身的感受、经验、认知和行为加以反思和评价，从而获得一个清晰的自我概念。

自我意识是人类独有的能力，它使我们能够对自己的角色、性格、态度以及能力进行评价，帮助我们了解自己的内在需求、动机和欲望，帮助我们了解自己在社会生活中的角色和位置，以及在与他人互动时对行为和决策的影响。此外，自我意识还帮助我们检查和改进自己的行为，并在生活中做出更好的选择。通过增强自我意识，人们可以更好地理解自己的情绪和感受，进而更好地理解他人、社会的需要和期望，从而提高与他人的沟通能力和协作能力。

（二）自我意识的内容

1. 个体对自身生理状况及特征的意识

个体对自身生理状况及特征的意识是指个体对自己身体的感知和了解程度。这包括个体对自己的身体部位、大小、形状、颜色、气味、声音等感官特征的认识，以及对自己身体的功能、健康状况、疾病风险等方面的了解和认识。

这种自我意识对个体的健康和生活质量有着重要的影响，如果个体对自身的生理状况和特征缺乏意识，可能会导致个体对自己的健康状况忽视或无视，进而影响到健康。因此，加强个体对自身生理状况及特征的意识，可以帮助我们保持健康并提高生活质量。

2. 个体对自身心理状况及特征的意识

个体对自身心理状况及特征的意识是指一个人对自己的认知和理解，包括感受、情绪、思想、行为以及自我价值观。在日常生活中，人们可以通过各种方式表达和理解自己，例

[①] 霍涌泉. 意识心理世界的科学重建与发展前景：当代意识心理学新进展研究[D]. 南京：南京师范大学，2005.
[②] 段鑫星，赵玲，李红娇. 大学生心理健康教育[M]. 北京：科学出版社，2018：27.

如内省、对话、观察和反思等。对自己的自我意识的深入理解可以帮助我们更好地认识自己，从而更好地应对外界的挑战和压力。

3. 个体对自身与其他社会关系的意识

个体对自身与其他社会关系的意识通常被称为社会认知，它是指一个人对自己和他人的互动、交流和关系的感知和理解。社会认知通常包括一个人对自己所属的社会群体、他人在社会中的角色、社会规范和价值观等方面的理解。这种社会认知是通过个体在社会中的经验、教育和观察等方式慢慢形成的。

在社会交往中，人们会不断地感知和分析别人的行为、语言和情绪等信息，从而形成对他人和群体的认知。同时，人们也会意识到自己在社会交往中的地位、角色和价值，他们会基于这些意识来调节自己的行为和表达方式以适应社会环境。总之，社会认知是人们在社会交往中所表现的思考方式和行为方式的基础，对提升人们的社会适应能力和人际交往能力具有重要影响。

（三）自我意识的发展

自我意识的发展可以分为几个不同的阶段，这些阶段从婴儿期开始，一直延续到成年期。

1. 婴儿期

在婴儿期，婴儿会对自己的身体感到好奇。然而，他们并不完全意识到自己是独立的存在。当婴儿开始爬行和走路时，他们开始认识到自己与外部环境的联系，这是自我意识的第一步。

2. 幼儿期

在幼儿期，孩子们开始意识到自己的行为和意图，他们会在行为和言语中表达自己的需求和愿望。幼儿不仅能感知到自己的身体和自身行为的存在，也能注意到自己在周围环境中的位置。这个时期的自我意识也包括孩子对自己的外貌和特质的意识。

3. 儿童期和青少年期

在儿童期和青少年期，自我意识变得更加抽象和个性化。这一时期随着知识、经验的增长和教育环境的影响，个体的自主性明显提高，已经开始具备自我评价的能力。青少年时期形成的自我认知和个体认同进一步塑造了人们的自我意识。

4. 成年期

成年人的自我意识更加深入和复杂。他们对自己和周围环境的认知有更加精准的掌握，也更加理性和成熟。同时，自我意识随着时间和经验的积累而更加完善。

总的来说，自我意识发展的过程漫长而复杂，涉及心理、社会和文化等多方面因素，对于人的发展和成长有着巨大的影响。理解自我意识的发展阶段和特点对于我们更好地认识自己，更好地对自己进行管理和控制，以及更好地理解和应对他人的自我意识有重大意义。

二、认识自我的重要性

认识自我是个人成长和追求成功的关键之一。我们常常听到"自我认知"这个词，但是，你是否真正意识到了它的本质和意义呢？自我认知是指你对自己思想、情感、行为和

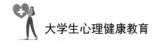

动机的了解和评估。它对于我们的生活和工作都有重要的影响，只有了解自己的弱点、优势、价值观和目标，才能更好地应对挑战、发掘潜力和实现自我价值。

（一）认识自我有助于个人成长和提高

了解自己的弱点和优势需要大量的自我反思。我们需要了解自己的性格、兴趣爱好和能力。除此之外，我们还可以通过各种方式来探索自己。例如，与他人沟通和观察他人的反应，寻求他人的反馈和评估，阅读有关人性和心理学的书籍，等等。通过这些方式，我们可以发现自己最擅长的事情，并投入更多时间和精力进一步提高这些技能。同时，我们还可以识别自己的弱点，并致力于改进这些方面。人无完人，但我们可以通过反思提高自己，让优点更加突出，弥补不足之处，更好地面对未来的机会和挑战。通过对自我认知的追求，我们可以不断开拓创新，推动自己在不断变化的社会环境中不断进步。

（二）认识自我有助于发现自己的潜力

认识自我可以挖掘自身的潜力，这些是我们可能意识不到的，但是可以让我们在学习和生活中实现更大的成就。作为大学生，对自己应该做什么和应该做到什么有一个清晰的认识，是个人成长和成功的关键。例如，通过认识到自己在某些领域具有天赋，我们可以去学习相关的知识和技能，进一步提高自己的能力。当我们认识自己的潜力时，我们可以更好地利用时间和资源，抓住机会，发挥自己的优势，增强自己的信心，在工作和生活中有更好的表现。

（三）认识自我有助于树立正确的价值观和目标

价值观和目标是人生中最重要的元素之一，因为它们会影响我们的生活，指导我们将来如何发展。通过认识自己的个性和需要，我们可以更好地理解自己的价值观，并为未来设定实际可行的目标。作为大学生，我们需要知道自己想要什么，在生活中希望获得什么，以及我们必须取得什么成就才能真正感到满足。通过对自我认知的深入探索，我们可以发现自己的价值观和目标，并努力朝着我们的目标不断前进。

总而言之，认识自我对于实现个人成长和成功至关重要。作为大学生，正确认识自己的长处和不足，发现自己的潜力，树立正确的价值观，设定目标并努力实现，是实现独特人生价值的关键因素之一。

三、如何清晰地认识自我

（一）通过他人认识自我

通过他人认识自我可以让我们更好地了解自己在别人眼中的形象。每个人的形象和性格都是不同的，别人对我们的评价和观点可以让我们了解到自己在别人眼中是怎样的。有时候我们对自己有一定的认识，但是别人的观点和看法往往可以让我们对自己有更深刻的认识。因此，我们应该善于倾听他人的评价和观点，并且积极进行反思。

与他人交谈时，通过观察他人的行为和反应，我们也可以更好地了解自己的沟通方式是否有效。我们经常能够从他人的行为和言语中了解到一些自己不易察觉的事情。比如，我们可以通过观察别人的行为和言语了解自己是否具有某些优点或缺点，或者了解自己在与他人交往时需要注意的事项。所以，我们应该时刻保持敏锐的观察力，多观察和分析周围的人和事物。

通过与他人的交流和互动，也可以发现自己的特点。在与他人交流的过程中，我们可以了解和观察到他人的想法和行为方式，也可以听取他人对自己的评价和建议。这些信息都可以让我们更好地认识自己，有利于我们改正缺点、发挥优点。所以，在日常的学习和生活中，应积极参加各种社交和群体活动，多与他人交流互动，从中发现自己的优势和不足，更好地认识自我。

（二）通过内省认识自我

内省是指一个人进行内心思考和自我反省，以寻找和发现自己的内在精神需求和价值取向的行为和过程。通过内省，我们可以深入反思自己，并且探索自己内心深处的真实想法，从而获得对自我的认知。

内省可以帮助我们更好地理解自己。在内省中，我们可以回想到自己以往的经历，从而发现自己的优点和缺点，进一步了解自己的性格特点和行为方式；同时，还可以帮助我们了解自己的内心需求，例如安全感、成就感、责任感等。

内省能够让我们更全面、深入地了解自己的价值和目标。通过内省，我们可以挖掘自己内心的愿望，例如对于自己的学业和未来职业的追求，对于人际关系和生活方式的期望，等等。

内省是一种深入探索自己内心世界的过程，对于内省的实践，需要我们长时间、持续地维持和努力，也需要我们在日常生活中不断地进行观察和反思，从而逐渐理解自己，认识自我。

（三）通过实践认识自我

通过实践来认识自我对大学生来说是非常重要的，因为我们不仅需要了解自己的主观想法和内在感受，还需要在外界的目光中不断观察、反思和认识自己。下面是几个通过实践来认识自我的方法：

1. 尝试新事物

我们可以在日常生活中有意识地尝试新的事物，例如新的运动、新的食物、新的城市、新的文化等，这样可以拓宽自己的知识范畴和经历，发现自己未知的能力和兴趣，并更好地了解自己的优点和缺点。

2. 接受挑战

主动接受挑战对大学生来说是一个很好的自我认识的方法，大学生活是丰富多彩的，例如参加比赛、公开演讲、参与社团活动等。这样可以锻炼自己的个人技能，挖掘自己的潜力，并锻炼自己发现困难、解决困难的能力。

3. 串联经验

初入大学的我们，经历过高考的洗礼，有着丰富的人生经历。回顾自己过去的经历，并将它们串联起来，有助于找到共性和规律，更好地了解自己的人格特征，以及在不同情况下如何应对问题和变化。

4. 持续反思

几分钟甚至几小时的反思，比如在早上或者晚上时，静静地坐下来厘清思路，回顾一天的经历，是非常易于操作且富有成效的认识自我的方式。通过反思自己的言语表达和行为方式等，我们可以了解自己的优点，改正自己的缺点。

通过实践来认识自我是一个长期的过程，作为大学生，我们需要不断地探索和反思自己，尽可能地接触不同的事物和人，让自己每次的实践和经历都成为认识自我的丰富源泉，在大学中成就更好的自己。

（四）从不同的自我内涵分析自我

从不同的自我内涵分析自我是一种探索个人价值和认识自我的方法。

1. 社交自我

社交自我是指个人在社会交往中扮演的角色和表现。当我们进行社交分析时需要考虑个人在不同社交情境中的表现和反应，以及对他人反馈的感受和反应。

2. 心理自我

心理自我是指个人对自己心理状况的认知和理解。在我们分析心理自我需要时，要结合个人的情感、动机、价值观等因素，并考虑在面对和处理自己的情绪和心理压力时的方式、方法。

3. 身份自我

身份自我是指个人对自己所处的社会身份和角色的认知和理解。我们在分析身份自我时需要考虑个人在不同社会身份中的表现和反应，以及对不同角色的认同和不同身份的压力和挑战。

4. 精神自我

精神自我是指个人对自身存在和意识状态的认知和理解。分析精神自我需要考虑个人的心理倾向、能力等方面，以及如何面对和处理生命中的意义和价值问题。

因此，通过不同的自我内涵分析自我可以帮助我们更全面地了解自己，发掘和认识自己内在的需求和意义，并且做出更好的决策来应对面临的挑战。

拓展阅读

乔哈里视窗（Johari Window），一种心理学工具，用于帮助人们了解自己和与他人的互动。乔哈里窗口分为四个象限，每个象限代表个人的不同特征。

公开区域（正在被自己和他人知晓）：包括个人的行为、态度、信仰等。

隐藏区（只有个人知道）：包括个人的恐惧、弱点、秘密等。

盲区（只有他人知道）：包括个人不知道的自己的缺陷和弱点。

未知区（个人和他人都不知道）：个人潜在的能力、未开发的天赋等。

通过了解自己和他人在这些区域的特征,个人可以发现他们如何与他人互动,并改进他们的自我认知和关系。

第二节 我喜欢自己吗——悦纳自我

一、什么叫悦纳自我

众所周知,对个人发展来说,心理方面的肯定"自我"其实非常重要,但生活中就是有一部分人不喜欢自己,他们可以喜欢世间的一切,唯独忘了喜欢自己。事实上,悦纳自我是自我发展的核心。悦纳自我,首先要做的就是全面地接受自己,无论是自己的优点还是缺点,无论是自己的成功还是失败;其次还要学会爱自己,肯定自己的价值,欣赏自己的努力成果,接受自己的个人能力;最后要善于发现自己的独特性,制订适合自己的计划,找到自己的目标,不断地提高对自己的要求,努力扩大自己的社交范围,不为了讨好他人而去做事,不为取悦他人而去处事,不因受外界的质疑而怀疑和否定自己,多对自己的成功做出鼓励和奖赏。

认识自我首先应该从明白什么是悦纳自我开始。总的来说,悦纳自我包括以下三个方面。第一,接受自己的全部,无论是优点还是缺点,无论是优秀还是普通。第二,始终接受自己,接受自己的程度不会因为自己是否做错事情而有所改变。第三,喜欢自己,肯定自己的价值感、自豪感、愉悦感、满足感和获得感。只有真正地做到这些,我们才可以真正地悦纳和认识自我。那么,具体什么是悦纳自我呢?

悦纳自我一般指的是个体能够正确地进行自我评价,正确地认识、理解自己并接纳自己,从内心深处接纳自己的完美、不完美,接纳自己的优点、缺点,在此基础上不断促使自己更加良好地发展。

悦纳自我就是要接受自己的一切,客观地看待自己的优缺点与成败,既不欺骗自己,也不消极回避现实,以发展的眼光看待自己的未来,不能产生负面情绪,以致对自己产生厌恶并全盘否定自己。

做到悦纳自己,并不代表自己的一切都是完美无缺、不可挑剔的,而是自己能发现自己的长处,且会找到并改正自己的不足。然后,不断弥补不足,完善自我,加强自我形象塑造,坚持自己的做人原则,更加积极地笑对生活,不断开拓自己前进的道路。

 拓展阅读

著名的古希腊哲学家苏格拉底在晚年意识到时间已不多,于是他想考验一下平时表现良好的一名学生。他将学生叫到床边,说道:"我的蜡烛将熄灭,这根蜡烛需要延续,你懂了吗?"

"我懂。"那位杰出学生快速回答,"您的思想将会永远留存……"

苏格拉底继续道:"然而我需要一名最优秀的继承人,一个足够自信、聪明和充满勇气的人,我现在没有找到符合条件的人。你能寻找到这样的人吗?"

"当然。"学生恭敬地回答,"我会尽全力寻找,来回报您的信任和栽培。"

苏格拉底静静地微笑着,不再多说。

那位忠诚而勤劳的学生开始在各处寻找,但苏格拉底委婉回绝了他带来的所有人选。

过了半年,最杰出的继承人还没有出现。学生愧疚地坐在床边,苏格拉底遗憾地说:"最棒的人就是你自己,只是你不相信自己而忽略了自我……"

接着,这位伟大的哲学家永别尘世。

【感悟】苏格拉底的遗憾是什么?是他喜爱的学生没有学会悦纳自我。实际上,每个人都是最杰出的,要正确地认识自己,发掘和悦纳自我。

二、悦纳自我的重要性

悦纳自我是积极发展自我意识的关键。当你愿意开始接受自己的时候,你的整个心胸便会变得开阔,同时你也会发现,你更加容易接受他人。要认识到每个人都不可能是完美的,都有各自擅长和不擅长的事情和领域,每个人在这个世界上都是独一无二的。只有学会悦纳自我,才能更好地实现自我价值。通过悦纳自我,可以对自己的身体、心理、情感、思维等方面进行肯定和满足,从而增强自信心和幸福感。

(一)悦纳自我有助于个体健康成长

悦纳自我非常重要,因为它对我们的身心健康有很大的影响。悦纳是指对美好事物产生愉悦和喜爱心理的能力。这种能力在很大程度上可以帮助个体保持健康。悦纳可以改善我们的心理状态。当我们感到愉悦时,身心会轻松愉快,并释放出许多正向的情绪。这有助于我们降低压力并缓解焦虑、抑郁等情绪困扰,从而增强我们的心理健康。

(二)悦纳自我有助于个人克服缺点,完善自我

每个人对自己或多或少都会有不满意的地方,但人无完人,每个人都应该学会悦纳自我。悦纳自我,即在看到自身优点、肯定自己价值的同时,也能够坦然地承认自己的不足之处,辩证地看待自己的不足。接受自己的缺点和不足,努力找寻自己正确的发展目标和方向并为之不断努力,通过克服缺点、弥补不足不断完善自我,最终走向成功。

三、如何做到悦纳自我

理解了悦纳自我的概念和重要性,我们又该如何做到悦纳自我呢?具体来说,积极地悦纳自我主要包括以下几个方面:

(一)全面客观地评价自我

作为个体,我们时常需要对自己进行评价,从而不断优化和提升自我。但是,很多人对于自我评价产生了恐惧,因为他们害怕看到自己的不足。事实上,全面客观地评价自我不仅可以让我们更好地认识自己,也可以帮助我们更好地发展。

首先,全面客观地评价自我,我们需要先了解自己的优点和不足。我们可以通过询问朋友和家人、回忆过去的成功经历以及在工作中表现得如何来了解自己的优点。同时,我

们也需要诚实地反思自己的不足，不断寻找自我提升的方向。

其次，我们可以将自己的优点和不足总结在一张纸上，形成两栏列表。我们可以将这个列表传递给一些朋友，请求他们反馈，以帮助我们更好地评价自我。除了了解自己的优点和不足，我们还需要认识自己的情绪和情感。我们在生活中会经历很多情绪：有些情绪可能是积极的，有些可能是消极的。了解自己的情绪和情感可以帮助我们更好地控制自己的情绪，在面对挑战和压力时表现得更加成熟和自信。

最后，我们需要学会从错误中吸取教训。当我们评价自己时，不要只看到自己的不足，也要看到自己的进步和成功。当我们犯错时，不要只纠结于错误的后果，而要吸取教训，找到改进的方向。

总之，全面客观地评价自我需要我们了解自己的优点和不足、认识自己的情绪和情感，并且能够从错误中吸取教训。通过这样的评价方式，我们可以更好地认识自己，找到提升自我和发展的方向。

（二）接受不可改变的自我

作为个体，我们都是不同的自我，包括自己的性格、地位、经验、情绪和个人观念等。我们可以通过不断努力来改变自己，但有时候自己的某些特质是无法改变的。在这种情况下，我们需要学会接受和悦纳自己。

首先，我们需要意识到无论我们做什么，有些特质是不会改变的，如身体特征、家庭背景或者性格特点等，但它们是我们的一部分，我们需要接受它们。

其次，我们需要尝试理解自己。从时间的角度，我们可以通过回忆过去，了解自己的成长历程，感受自己独特的人生经历。从心理学的角度，我们可以通过自我反省，反思自己的内心，以便更深入地了解自己。通过这种方式，我们可以建立与自己的联系，并学会倾听和理解自己。

再次，在悦纳自我的过程中，我们需要学会自我关怀。我们要学着多关心、关注自身，例如保证睡眠时间充足、合理健康饮食、养成锻炼习惯、培养高尚情操等，让身心得到全面发展。

最后，我们可以通过接受自己获得更多的自信。自信可以帮助我们更好地发挥自己的优势，通过接受自己所拥有的，我们可以更好地认识自己并发掘自己的潜力，从而建立信心。

总之，接受自己的所有特点，包括一些无法改变的部分，可以帮助我们更好地了解自己，学会自我关怀并获得更多的自信。这个过程并不容易，但是它可以帮我们更好地面对自己的一切，并让我们变得更强大。

（三）欣赏独特的自我

作为个体，我们都是独特的。我们都拥有独特的个性、特征、习惯和生活经历等。有些人可能会因为自己的某些特点而感到自卑或不被理解，对此应该尝试从不同的角度欣赏自己的独特之处，从而悦纳自我。

首先，我们需要认识到自己的独特之处和价值。人类文化发展到今天，人们已经能够意识到每个人都有其独特的价值。我们应该尝试发掘自己的才能和优势，认识到自己的独特之处并利用它们。

其次，我们需要改变自己的思维方式，从负面思维转换为积极思维。我们需要从不同的角度看待自己的特点和行为，明白每个人都有其独特之处。例如，某个人可能因为自己的内向性格而自卑。但是，当我们运用积极思维去看待这个问题时，我们会发现内向的人心思更加细腻，不易被外界干扰。

再次，我们要学会在生活中利用自己的独特之处。我们可以发掘自己的优势，并利用它们去实现个人价值和目标。例如，如果某个人擅长创作，他可以将这个特点应用于创新创业等工作中并获得成功。

最后，我们要学会尊重和欣赏他人的独特之处。当我们能够欣赏他人的独特之处时，我们也会变得更擅长欣赏我们自己的独特之处。我们应该接受和尊重不同的人，了解他们的思维方式和长处，从而建立更加良好的人际关系，并为个人的发展打下基础。

总之，欣赏独特的自我，需要我们认识到自己的独特之处和价值，改变自己的思维方式，利用独特之处获得成功，还要学会尊重和欣赏他人的独特之处。这个过程需要我们用心感受和体会，当我们真正感受到自己的独特价值时，我们将会变得更加自信和从容。

（四）超越可改变的自我

作为个体，我们的一生都在不断地追求完美。我们渴望成为最好的自己，并希望自己的外貌、性格、工作和职业生涯等方面都达到完美的状态。然而，在面对自己无法改变的缺陷时，我们可能会陷入挫败和失落的情绪中。因此，如何从超越可改变的自我中寻找自己的价值和意义并悦纳自我，是至关重要的。

首先，我们需要理解并认识自己可改变和不可改变的方面。我们需要为自己设定明确的目标，并制订行动计划来追求我们想要的生活。我们可以采取积极有效的方式去改变那些我们可以改变的部分，例如通过健康的饮食和锻炼来强健我们的身体，通过提升自我能力获得更多的机会等。但同时，我们也需要认识到，有些方面我们是无法改变的，例如我们的家庭背景和基因等。我们需要接受这些现实，同时尝试超越这些不可改变的限制，寻找自己的价值和意义。

其次，我们需要尝试从不同角度挖掘自己可能存在的优点和价值。这需要我们认识自己的强项并加以发扬。我们可以利用这些优点和价值丰富和充实自己的生活，追求我们想要的人生。例如，如果你觉得自己的外貌无法改变，那么你可以尝试通过了解自己的优点和长处，比如聪明、果敢、认真等，从而建立起自信、积极的态度，努力成为更好的自己。

最后，我们需要享受当下，拥抱未来。过去的经历和痛苦可能无法改变，但我们可以通过学习和成长以更加积极和乐观的态度面对未来。享受每一天的生活，尝试新事物和体验，这样我们可以找到自己的价值和意义所在，并超越过去的限制。

总之，超越可改变的自我需要我们认识自己的可改变和不可改变的方面，从不同角度挖掘自己的优点和价值，享受当下，拥抱未来。这个过程需要我们打破过去的桎梏，放下负面情绪，迎接一个更加充满活力和意义的未来。

第三节 我如何才能更喜欢自己——完善自我

一、什么是自我调控

作家莫言小时候跟随爷爷到荒草甸子里割草，回去的时候天气大变，风起云涌，黑色圆柱向他们逼来，只见爷爷双手攥紧车把，脊背绷得像一张弓，褂子被风吹破，正与大风对抗。风来时，爷爷没有躲避，尽管草都被吹散，他们和车子没有前进，但也没有后退，在自我调控中，不被大风吹倒，奋勇前进，从而击败困难。从这个意义上来讲，莫言认为他们已经胜利了。道阻且长，行则将至，我们在大学生活中难免会遇到各种挫折，只有学会调控自我，才能更好地完善自我。那么，什么是自我调控呢？

（一）自我调控的概念

一般来说调控目的在于始终保持优良状态或在中途出现问题时及时进行纠错调整。大学生在学习生活中凭借自己监测、评估、调节自己的情感、行为，并优化自身周围环境，实现自身更好发展的心理活动，即自我调控。自我调控是个体、环境和行为表现三者相互作用的结果，个体自己能调节环境和行为时，自我调控才可能是有效的。

（二）自我调控的影响因素

1. 自我效能感的影响

自我效能感是指个体对自己是否能胜任某项活动的自信程度。有较高自我效能感的大学生，往往能表现出更好的自我调控倾向。自我效能高的大学生对自己的调控能力更自信，会对自我完善提出更高的要求。

2. 内在动机的影响

较好的内在动机表现为：相信努力总会有收获，长期保持积极主动投入学习，直面困难。此类大学生基本能独立地完成任务而不依赖于他人，并且愿意接触新事物，尝试新方法，以自己的内部标准评判自己的表现，从而更好地调控自我、完善自我。

3. 归因的影响

优秀的大学生之所以优秀，是因为他们能够把握住可控制的非稳定内部因素，凭借努力、时间安排、方法选择等手段，进行全过程自我调控，更好地完成任务。

4. 认知风格的影响

认知风格体现个性特征在具体活动时的表现。冲动型大学生面对问题时，反应快速但正确率较低，很少考虑对自己的准确性评价，表现为自我调控能力差；而反省型大学生反应速度相对较慢，但会考虑行动方案是否适宜，对活动监察调节的意识较强，自我调控能力强。

5. 环境因素的影响

首先是对学习榜样的模仿。榜样可以是著名人物，是英雄，也可以是身边的人。他指引你学习，对提升自我调控能力会有所帮助。其次是社会支持。第一种社会支持来自教师。教师的教学方法、内容和以身作则会对大学生自我调控能力产生重大影响，比如教师可以教给大学生解决问题的方法，引导大学生学会反思，帮助大学生提高自控力。同伴帮助是第二种社会支持，朋友就是能看见彼此头顶上光环的人，他们可以自发地互相模仿、交流，在不断提高自控能力的同时，肩并肩一起成为更好的自己。

二、如何逐步完善自我

完善自我是个体确定理想并积极追求自我实现的过程。在完善自我的过程中，我们可以通过自我调控，对自己的心理活动和行为表现进行调节和控制，培养良好的习惯，改正自身的缺点，全面提升自己的水平。想要逐步完善自我，有如下几个方法。

（一）读好书

大学阶段是个人发展自我的重要时期。所以，我们在大学阶段需要不断完善自我，提高各方面的能力，为社会发展做出贡献。完善自我的过程不能只依靠课内学习，更要注重由内而外地提升自我意识。读书能够帮助我们汲取营养、获取知识，是我们完善自我的一种高效率的途径。

"鸟欲高飞先振翅，人求上进先读书。"读书是一个永不过时的话题。好的书籍中蕴含着巨大的能量，能够满足个体精神需求，指引前进的方向。我们可以通过读书汲取知识，拓宽眼界，开阔胸怀，丰富精神。读书能够帮助我们树立理想信念、提升自我修养、养成良好习惯。因此，读好书是我们完善自我的重要途径。大学生在课余时间应该经常读书。但是如何读书才能帮助大学生逐步完善自我呢？

1. 阅读经典好书，树立理想信念

阅读的书籍类目对于大学生的影响很大，尤其是对于大学生树立正确的人生价值观，培养良好的品德修养起到至关重要的作用。因此，书籍的选择尤为重要。经典书籍是大学生的必读类目。经典书籍包括红色经典、中华优秀传统文化经典等。红色经典不仅是珍贵的文学作品，更是代表着超越书本的坚定的理想信念、为崇高理想信仰奋斗终生的伟大精神境界。红色经典可以帮助大学生培养良好的阅读习惯，可以不断地丰富大学生的精神世界。我们可以通过读红色经典好书，重温百年峥嵘岁月，充分感悟艰苦卓绝的百年奋斗历程，激发爱国主义情怀，传承红色精神。中国传统文化是中华民族的根基，我们肩负着将传统文化发扬光大的重任，我们可以通过读好书，学习蕴含中华民族自强不息精神的传统文化，深入了解中华民族源远流长的历史与文化，增强文化自信和民族自豪感，树立坚定的理想信念。

2. 端正读书态度，避免功利化读书

大学生在大学学习阶段，需要参加各类专业考试与资格证考试，有部分同学把大量的时间用在阅读专业书籍上。然而，在我们完善自我的过程中，读书不能仅局限于完成应试之需，而应该是我们不断拓宽视野、提升自我意识的途径。我们读书应注重深入思考和提升意识，不能为了功利而读书，而应该本着完善自我、感受社会百态、领略经典文化、充实精神世界的目的读书。书籍的选择范围不能仅局限于娱乐和兴趣,我们应该有意识地向完善自我方向努力,多读有价值的好书,主动拓宽自己的视野、补充自身短板、提升阅读品位。

(二)多社交

踏入大学,我们就需要开始面对各种人际关系,包括师生之间、同学之间、舍友之间以及个人与集体之间的关系等。大部分大学生会在社交中遇到问题:有的大学生处理人际关系的方法不对,每天消极颓废,心情沮丧;有的大学生因为担心自己处理不好人际关系,每天都精神紧张,拒绝社交。然而,好的人际关系是我们大学生活中非常重要的一部分,也是提高情商、完善自我的一个好的途径。

1. 主动社交,促进自我完善

在大学阶段,不仅要学习丰富的专业知识,更要获得在社会生存的能力。社交是学生增长知识、适应社会、找准定位、认识自我、悦纳自我、完善自我、解决问题的有效途径。我们在完善自我的过程中,不仅受社会自然环境的影响,而且受身边的社交环境的影响。大学阶段是大学生由学生身份转变为社会人身份的关键节点。

在学校的日常生活中,难免需要与各种各样的人进行沟通,但因为刚踏入大学,有些同学在陌生的环境容易紧张,不敢与他人社交。然而,主动社交对于我们完善自我起着关键的作用。主动社交能够增强我们的自信心,锻炼语言表达能力,也可以帮助我们掌握不同的交流方式,学习到丰富的社会知识、技能与文化,使我们在主动与他人交往的过程中慢慢变得轻松自然。通过社交中与他人的相处,我们可以发现自己的长处和短处,找到自己的定位。社交可以帮助我们加深对他人的了解,提高对自己的认识,获得社会生活经验,不断地完善自我。

2. 有效社交,保障身心健康

我国医学心理学家曾指出:人类的病态心理,就是由于人际关系失调导致的。社交关系融洽,心情就会愉悦,容易保持心理健康,从而促进身体健康;社交关系紧张,会导致人的精神压力增大,心情抑郁,产生各种身心疾病。青年关注社交,需要他人理解,渴望真挚友谊。通过社交,我们可以相互沟通交流、相互倾诉情感和相互排忧解难。我们还可以通过社交与他人交流情感,获得心灵慰藉。但是大学期间的社交并不完全是有效社交,一些浪费时间、对于完善自我没有帮助的无效社交不仅把我们的时间浪费在无意义的事情上,还会影响我们的身心健康。所以,能够帮助大学生完善自我的有效社交才是我们真正应该关注的。

大学生是现代社会的新兴力量,他们思想活跃、动手能力强,但是由于知识面窄、社会经验不足,在为人处世等各个方面难免会出现纰漏。所以,进行有效社交是十分必要的。有效社交可以帮助我们增加经验,改善缺点。而无效社交往往带有功利性,大都是泛泛之交,不会真心向对方提出建议,也不会对彼此提供情绪价值。当我们因为种种原因心情沮丧时,进行无效社交不能帮助我们及时排解,还容易影响到我们的身心健康。因此,进行有效社交是完善自我的必要途径。在有效社交中大学生彼此可以有效沟通、畅所欲言,在思想的碰撞中能够产生新的想法,增加对社会、生活和未来人生的认识。"独学而无友,则孤陋而寡闻。"对于我们来说,大学期间应该积极进行有效社交,在与不同专业领域人

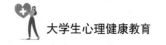

才交流的过程中,互相学习、共同进步。

(三)学榜样

榜样在社会中有着不可替代的作用。刚踏入大学的我们正处于迷茫时期,对自己的未来没有清楚的认识,容易跟风、误入歧途。因此,学习榜样在我们完善自我的过程中起着不可或缺的作用。进入大学,有许多优秀的学长学姐可以做我们的榜样,授课的老师也可以做我们的榜样。我们可以找一个与自己实际情况相符的榜样,制订一个目标,向榜样学习,向目标努力。

大学阶段,榜样影响着大学生的行为习惯,指引他们找到自己的前进方向,拼搏奋斗。榜样是大学生学习的楷模,是大学生大学生活中的一面旗帜。通过向榜样学习,大学生可以找到自己的前进方向,在努力向前迈进的过程中,学习榜样的优秀品德、光荣事迹,对自己的未来进行清晰合理的规划,更好地完善自我。

向榜样学习,可以帮助我们树立远大理想。一个好的榜样,能对一个人的一生产生积极影响。大学阶段,通过学习榜样,我们能在潜移默化中向好的方向发展,能够树立阶段性目标并逐步完成,不懈奋斗,在向榜样学习的过程中完善自我。我们应该在每一阶段都找到合适的榜样,以他们的光荣事迹、高尚品德鞭策自己,努力完善自我。我们该如何向榜样学习呢?

第一,认真观察他们的行为举止,看看他们是如何做的,以及他们在取得成就时都用了哪些方法和策略。

第二,多交流和沟通,向他们询问和请教,从他们身上学到更多经验和技巧,有针对性地进行学习和实践。

第三,模仿他们的行为和思维方式,进一步学习和吸收他们的优点。

第四,对他们的意见和建议要虚心听取和接受,有必要时做出改变和调整。

最后,建立自己的学习计划和方法,不断地实践和总结,不断地调整和改进自己的方法和策略,努力实现自我提升和进步。

但是向榜样学习的时候,我们要有自己的想法,不能照搬别人的生活方式和学习习惯,要找准自身的定位,根据自己的实际情况做出改变。

(四)勤参与

完善自我是一个实践过程。我们不仅要学习课本上的知识,还要学会将知识运用在实际生活中。因此,我们在大学阶段应该积极参加社会实践活动。

刚进入大学的我们常常因为迷茫而找不到自我定位。在参与活动的过程中,我们能通过活动认清自己的责任与义务,利用所学知识为他人服务,找到自我定位;能够在活动过程中找到自己的短板,并不断改正不足,完善自我。多参与活动可以帮助我们进一步提高自我认识的能力,发现自己的潜在价值,激发自己的潜能。

课堂学习是我们接受知识的主要方式,但是课程学习的理论知识不能代表我们的实际能力。"纸上得来终觉浅,绝知此事要躬行。"参加各类活动能够帮助我们接触社会,使我们获得社会经验和各个专业领域的新知识,同时我们能够在活动中运用自己所学知识,将抽象的理论知识转变为个人的生活经验。我们积极投入各类活动,能够在活动中了解社会,获得生活经验,同时可以全面提升自身素质。通过多参加活动拓宽视野,提高个人的合作能力,理解人与人之间的关系。此外,活动过程中充满了不确定性,为我们提供了锻炼灵活应变能力的机会,调动我们的积极性。所以我们应该积极主动地去参与一些活动。

(五)常反省

曾子说"吾日三省吾身",逐步完善自我,就需要经常进行自我反省。反省是完善自我的一种途径。要经常进行自我反省,分析自己的优点与缺点,严于解剖自己、善于批评自己、提高自我意识,逐步完善自我。在实际生活中,我们每个人都有自己的缺点和瑕疵,只有通过不断自我反省,才能发现这些问题,并努力改善自己。我们通过自我反省提高了自我认知,增强了自信心;同时也能促进我们改进为人处世的方式;自我反省还可以提高我们的思维水平,让我们从辩证的角度看待问题。自我反省是完善自我过程中非常重要的一步,个体想要对自己有准确客观的认识,首先就要经常进行自我反省。反省自己在为人处世、沟通方式、学习习惯等方面是否有所欠缺,反省接下来该采取什么样的方式去弥补自己的短板,改正自己的缺点。

自我反省是一个发现问题的过程。我们往往意识不到自己的错误和缺点,往往会忽略自己在行为上的一些问题。通过反思,我们能够发现自己的缺点和短处,这是我们改善自己的第一步。同时,自我反省也是一个自我提高的过程。通过自我反省,我们可以认识到自己需要改进的方面,并找到适合自己的方法和策略来解决这些问题。

我们在反省过程中,首先要对自己在社交活动中的言行举止进行自我观察,观察自己在当时情况下的心理活动,在自我观察过程中增强自信心;其次,自我观察过后要进行合理的自我分析,对个人的言论、行为和心理活动进行分析;最后根据自我分析得出自我报告,进一步反省自我,逐步完善自我。

心理测试

请认真阅读下列测试题并选择最符合你实际情况的选项的代号,即A或者B或者C。

(1)有人评价你的长相一般,你会怎么想?

A. 平静,自己有心理准备;B. 沮丧,因为自己并不期望得到这个答案;C. 开心,因为平时对自己的印象更差。

(2)你是否喜欢称呼兄弟姐妹的姓名?

A. 是,从小到大一贯如此;B. 是,因为父母同意这样的叫法;C. 不知道为什么,就是喜欢直呼他们的大名。

(3)如果你将要去做一件非常重要的事,你从未有过相关的经历。你的朋友告诉你:"希望我能有你这样的信心!"你会:

A. 认为这是朋友安慰你的话;B. 向朋友说明自己乐观,但是并没有十足的把握;C. 沉默并暗想:你要是能感受到我有多紧张就好了。

(4)你决定今天上午逃课,或者去网吧打游戏。你觉得:

A. 太棒了,今天我肯定能玩个痛快;B. 很放松,但是心里会有一些愧疚感;C. 心里有罪恶感，玩的时候并不开心。

（5）你会不会觉得别人并不能发现你的特长？

A. 从来不觉得；B. 偶尔会觉得；C. 经常这么觉得。

（6）当你感到不开心的时候，你通常的表现是：

A. 不怎么表露出来；B. 直接表现出来；C. 不愿意表现出来，但是很容易发现。

（7）如果你第6题的答案是A，你是否觉得，当你非常愤怒时，别人看到的你是十分平静的？

A. 很少会这么觉得；B. 有时会这么觉得；C. 经常这么觉得。

（8）如果你第6题的答案是B，你是否觉得，在你假装生气的时候，别人都会当真？

A. 很少会这么觉得；B. 有时会这么觉得；C. 经常这么觉得。

（9）下列情况，哪一种可能最适用于你？

A. 我十分了解自己的才能，并善于利用自己的优点；B. 我常常会觉得，自己在某些事情上还没有发挥自己的全部能力，但一般而言，我得到的结果还算可以，我比较满意；C. 我认为自己只要愿意花时间去做，就可以完成任何事情。

（10）当你告诉你认为的最了解自己的人（朋友），你在某些场合会有一些奇怪的感觉或行为时，朋友是否会说"我不敢相信你竟然会这样！"？

A. 从来没有这样说过；B. 几乎没有说过；C. 有时候会说。

（11）如果有一件你非常喜欢的工作任务，但是并没有规定的完成时间，这时你应该：

A. 立刻投入地去做事；B. 容易分心，但很快就能进入工作状态；C. 不是很愿意安安心心去做，或注意力容易分散。

（12）当感到某个人对你不是很喜欢时，你会：

A. 很轻松地接受这件事；B. 想知道为什么会这样；C. 认为他是因为嫉妒自己才这样。

（13）你是否担心自己会辜负别人的期望？

A. 几乎很少会；B. 有时候会；C. 经常会。

（14）如果在火车站通过安全检查的时候，你被拦下来要求全面检查行李，而你并没有带违禁物品，你会：

A. 因为被这件事耽误了时间，心里有些烦恼；B. 心里觉得庆幸自己并没有携带违禁物品；C. 感到十分紧张，就好像自己真的做错了事情一样。

（15）你经常会做不切实际的幻想吗？

A. 几乎不会做；B. 偶尔会做；C. 经常会做。

（16）如果你第15题的答案是B或C，那么你的幻想是：

A. 和现实的情况十分接近；B. 幻想自己功成名就，别人都很钦佩、敬仰自己。

（17）过去的时间里，是否有人评论过你？（无论是赞扬还是批评，或者中肯的评价）

A. 几乎没有过；B. 没有很多，但是有几个；C. 很多人对我做出过评价。

（18）当你在学校里做了错事，或者在家里犯了错误，你应该：

A. 并不觉得有什么，每个人都会做错事；B. 需要进行自我安慰；C. 内心十分着急，而且想为自己辩护找借口。

（19）如果有人得罪了你，你会：

A. 非常生气，并且对这个人会有一段时间的厌恶；B. 觉得难以原谅，想到就很生气；

C. 非常想报复他，让他得到惩罚。

（20）你要去参加一个十分重要的考试。对于这些，你已经准备得很充分了，你会：

A. 仍然会担心自己准备不够充分；B. 担心自己的表现不好，反复检查准备情况；C. 内心十分平静，觉得自己准备得十分充分，没有任何问题。

评分规则：

每个题目，选A得0分，选B得1分，选C得2分。依次累加。

测试报告：

0~15分：你对自己的看法和别人对你的看法很相似。

15~20分：你对自己的看法与别人对你的看法有点不同。

20~25分：你对自己的看法与别人对你的看法有很多不同。

36分以上：假如你分数计算没有错误，而且认真地做了测试，表明你对自己的看法与实际极不相符。

体验活动　　　　我是谁

活动准备：一张白纸、一支笔

活动过程：

学生两人为一组，分别为同学甲、同学乙。

（1）教师宣布活动规则：自我介绍者在说了自己的一个缺点后，必须说一个优点。

（2）同学甲向同学乙介绍自己，包括自己的个性特点、为人处世能力、自律能力等方面与别人的不同之处，同学乙在白纸上记录同学甲所说的特点。用时3分钟。

（3）3分钟后，同学甲和同学乙互换角色。同学乙向同学甲自我介绍3分钟，同学甲记录。

（4）3分钟后，两名同学分别取回对方所记录的特点，在纸张空白面的左上角签上自己的名字。然后互相分享在这次活动中的心得体会，讨论：在认识自己的过程中，容易发现自己的优点还是缺点？（两人中选一人负责整理讨论结果，在班级中交流。）

学生3或4人为一小组，小组并为一个大组，每个大组有6至8人。

（1）每个小组中选出的负责整理讨论结果的人向其他人报告小组讨论的结果。

（2）分享结束后，每位同学将自己签过名的纸传给旁边的同学，每位同学根据对纸张对应的同学的观察了解，不看这位同学的自我描述，对该同学进行评价"我觉得（欣赏、认为）你……，因为你……"写完之后按顺序继续传，直至纸张传回本人手中为止。

（3）每个人对其他组员分享自己看到自己纸张内容时的感想与收获。

活动意义：希望每位同学都能认识到每个人都拥有不同的特质。

自画像

活动准备：彩色笔、一张白纸

活动过程：

（1）每人在白纸上画一张自画像。不需要完全按照自己的长相画，同学们可以充分发挥自己的想象力，用任何形式的图画代表你心中的自己，如花草树木、动物、环境、物品等。

（2）想想自己与别人的不同之处（可以从经历、遗传特征、兴趣爱好、性格特点等方面进行考虑）。

（3）在纸的背面写一段话，说明哪些因素让你变得独一无二。

（4）同学相互交换自画像。互相观察对方的特点，分析对方的独特之处。

（5）同学相互讨论与分享：对方的自画像给自己的感受；自己的自画像的绘画根据：为什么要这样画。

（6）在班级中分享小组的讨论结果。

活动意义：希望同学们在活动过程中能够正确认识自己，在对自己的经历、个性等方面进行考虑后，可以了解自己，悦纳自己，接受自己是独一无二的。在未来的生活中积极展现自己，有所作为，不断完善自我。

 好书推荐　　　　　　　 心理电影

第二章　职涯启航，成就未来
——大学生职业生涯规划

导入故事

两位大师的职业生涯规划

　　首先说的是中国观众最熟悉的大师——帕瓦罗蒂。帕瓦罗蒂自从踏进男高音这扇门的那一刻，就没打算出去。他从初出茅庐到走上神坛，一直在唱，直到去世的前一年，还在坚持演出。说到这儿，大家可能会想象到年迈的帕瓦罗蒂，出于对音乐和舞台的热爱，顽强地克服了身体的虚弱，为大家带来一场又一场的精彩表演，但事实还真不是这样的。帕瓦罗蒂在晚年的时候，是非常懂得量力而行的。

　　他从不会演出过量，每个月只演4～5场，演出地点就固定在纽约的大都会歌剧院。而且他从来不演重角色，也就是对嗓音消耗大、费嗓子的角色，并且一旦感冒发烧、身体不适，就会直接取消演出。他之所以这么爱惜自己的嗓子，无非是要确保一件事，那就是能够一直保持完美的嗓音，直到生命的最后一刻。要知道，男高音其实是一个对生理硬件高度依赖的职业。这就导致他们一旦年迈、声线老化，就会唱不动。所以要想唱得久，必须在年轻的时候就保护好自己的本钱，杜绝一切不必要的损耗。帕瓦罗蒂在这点上做得非常好。总之，帕瓦罗蒂从年轻时就已经有了唱一生的打算，为此，他分外珍惜自己的嗓子。

　　你看，这就是帕瓦罗蒂管理职业生涯的思路——我只做一件事，而且要做到最好，只做头部，不做二、三名，不做长尾。同时，我还很谨慎地使用自己的"本钱"，小心翼翼地呵护，这能确保我直到最后一刻依然是最好的。

　　但是另一位大师——多明戈就不一样了。他的称号是"歌剧之王"。要知道，很多男高音在上了年纪之后，把事业重心放在了演唱会上，因为纯粹地唱歌肯定要比歌剧那样又演又唱要省劲儿。但是多明戈一直坚持演歌剧，会在舞台上毫不保留地挥洒激情。多明戈难道就不怕透支，老了以后唱不动？

　　不是不怕，而是因为早有准备，多明戈早早就为自己规划了职业生涯。

　　第一个举措是回归男中音。2009年，已经唱了50年高音的他，居然宣布转型，回归男中音。按照当时评论员的说法，多明戈转型的原因之一是延长自己的职业生涯，毕竟随着年龄增长，中音比高音更好驾驭。

第二个举措是着手转型做指挥。从40多岁的时候,多明戈就经常利用自己的知名度和一些二线的歌剧院做交易:你想请我唱,可以,但是得有一些剧目让我来指挥。这其实就是多明戈在逐步磨炼技艺,树立品牌,万一哪天唱不动了,可以随时拿起指挥棒,开始第二个职业生涯。要知道,指挥是可以一直干到老的。

这是多明戈的职业生涯规划,和帕瓦罗蒂的"从一而终"不一样,他是多段式的规划。他虽然在男高音这个领域已经取得非常高的成就,但他不留恋过去,能够放下存量的荣誉,并且在周边的资源中发现新的增量,找到新的方向转行。这就确保他在每个年龄段都能找到一个最适合自己的职业。

第一节 我适合做什么工作

一、了解自己的个性特点

俗话说"性格决定命运",因为每个人的个性特点都是不一样的,比如通常我们所说的性格,其实是人格中最具有核心意义的部分,与大学生的职业选择、职业生涯息息相关,而且影响着今后的工作效率。

性格是指人们对现实和周围世界的态度,主要表现在对自己、对别人、对事物的态度和所采取的言行上。性格表现了一个人的品德,受人的价值观、人生观和世界观的影响,是在后天社会环境中形成的。性格有好坏之分,能直接反映一个人的道德风貌。例如,有的人对待工作总是一丝不苟,踏实认真;在待人处世中总是表现出高度的原则性,坚毅果断,豪爽活泼,谦虚、自信。这些特征的总和就是他的性格。

性格的分类有很多,按照心理功能优势,可以分为理智型、情绪型、意志型;按照心理活动的倾向,可以分为外倾型和内倾型;按照个体独立程度,可以分为独立型和顺从型。

职业心理学研究表明,性格影响着一个人对职业的适应性。不同的性格适合于不同的职业,不同的职业对人有着不同的要求。比如,在上述的外倾型和内倾型的性格分类中可以看出,外倾型性格的人更适合与人打交道的职业,比如销售人员、记者等,而内倾型性格的人更适合有计划、稳定且与人接触较少的职业,比如会计、档案管理员等。

目前通常使用的探索性格的工具是 MBTI。通过下面的小测试可以测一下自己的性格类型。

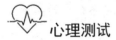 心理测试

目前在全世界,MBTI 应该说是在正常人群里面进行性格研究最好的工具,而其他如明尼苏达多项人格测验(Minnesota multiphasic personality inventory,MMPI)、加利福尼亚心理调查表(California psychology inventory,CPI)等工具一般是针对病态倾向的人群进行区分的人格测评工具。MBTI 理论根据4组维度、8个向度将人的性格划分为16种类型。

（1）能量指向：外向—内向（extraversion-introversion，E-I），是指我们与世界相互作用的方式和能量的疏导方式。外向型的人心理能量指向外部世界，与他人相处的时候感到兴奋，希望成为注意的焦点，愿意与他人共享个人信息，先行动后思考；内向型的人心理能量指向内部世界，喜欢独处，不愿意成为注意的焦点，只与少数人共享个人信息，先思考后行动。

（2）接受信息：感觉—直觉（sensing-intuition，S-N），是指接受信息的方式。感觉型的人注意和留心事物的细节，用感官接受信息；直觉型的人相信灵感，从整体看事物。

（3）处理信息：思考—情感（thinking-feeling，T-F），是指做决策的方式。思考型的人崇尚逻辑、公正，根据事实和数据做决策，很少牵涉个人感情；情感型的人根据个人的价值观和感受做决定，注重人际和睦。

（4）行动方式：判断—知觉（judging-perceiving，J-P），是指日常生活方式。判断型的人先工作后玩，确立目标并按时完成，注重结果，通过完成任务获得满足；知觉型的人如果有时间就会先玩后工作，有新情况时便改变目标，注重过程，通过接触新事物获得满足。

对以上4个维度进行两两组合，便可以得到16种性格类型。每个人通过专门的问卷测试，可以了解自身的性格特点，从而选择适合自己性格类型的职业。

MBTI各种性格类型的主要特征及适合的职业解读：

1）内向感觉思考判断型（ISTJ）

性格特征：安静、严肃，可专注且透彻地学习；实际，有责任感；决定有逻辑性，并一步步地朝着目标前进，不易分心；喜欢将工作、家庭和生活都安排得井井有条；重视传统和忠诚。

适合的职业：首席信息系统执行官、天文学家、数据库管理员、会计、房地产经纪人、侦探、行政管理、信用分析师。

2）内向感觉情感判断型（ISFJ）

性格特征：安静、友好，有责任感和良知，坚定地致力于完成他们的义务，全面、勤勉、精确、忠诚、体贴，记得他们重视的人的小细节，关心他们的感受，努力把工作和家庭环境营造得有序而温馨。

适合的职业：内科医生、营养师、图书管理员、档案管理员、室内装潢设计师、客户服务专员、记账员、特殊教育教师、酒店管理人员。

3）内向直觉情感判断型（INFJ）

性格特征：寻求思想、关系、物质等之间的意义和联系；希望了解什么能够激励人，对人有很强的洞察力；有责任心，坚持自己的价值观；对于如何更好地服务大众有清晰的愿景；在目标的实现过程中有计划且果断坚定。

适合的职业：特殊教育教师、建筑设计师、培训经理/培训师、职业策划咨询顾问、心理咨询师、网站编辑、作家、仲裁人。

4）内向直觉思考判断型（INTJ）

性格特征：在实现自己的想法和达成自己的目标时有创新的想法与非凡的动力；能很快洞察外界事物间的规律并形成长期的远景规划；一旦决定做一件事就会开始规划，直到完成为止；多疑、独立，对于自己和他人能力及表现的要求都非常高。

适合的职业：首席财政执行官、知识产权律师、设计工程师、精神分析师、心脏病专家、媒体策划、网络管理员、建筑师。

5）内向感觉思考知觉型（ISTP）

性格特征：灵活、忍耐力强，是安静的观察者，有问题发生就会马上行动，找到实用的解决方法；分析事物运作的原理，能从大量的信息中很快地找到症结所在；对于原因和结果感兴趣，用逻辑的方式处理问题，重视效率。

适合的职业：信息服务业经理、计算机程序员、警察、软件开发员、律师助理、消防员、私人侦探、药剂师。

6）内向感觉情感知觉型（ISFP）

性格特征：安静、友好、敏感、和善；享受当前，有自己的空间，能按照自己的时间表工作；对于自己的价值观和自己觉得重要的人非常忠诚，有责任心；不喜欢争论和冲突，不会将自己的观念和价值观强加到别人身上。

适合的职业：室内装潢设计师、按摩师、客户服务专员、服装设计师、厨师、护士、牙医、旅游管理人员。

7）内向直觉情感知觉型（INFP）

性格特征：理想主义者，对于自己的价值观和自己觉得重要的人非常忠诚；希望外部的生活和自己内心的价值观是统一的；寻求理解别人和帮助他们实现潜能；适应力强，灵活，善于接受，除非是有悖于自己的价值观的。

适合的职业：心理学家、人力资源管理人员、翻译、大学教师（人文学科）、社会工作者、图书管理员、服装设计师、编辑/网站设计师。

8）内向直觉思考知觉型（INTP）

性格特征：对于自己感兴趣的任何事物都寻求找到合理的解释；喜欢理论性的和抽象的事物，热衷于思考而非社交活动；安静、内向、灵活、适应力强；对于自己感兴趣的领域有超凡的集中精力深度解决问题的能力；多疑，有时会有点儿挑别，喜欢分析。

适合的职业：软件设计师、风险投资家、法律仲裁人、金融分析师、大学教师（经济学）、音乐家、知识产权律师、网站设计师。

9）外向感觉思考知觉型（ESTP）

性格特征：灵活、忍耐力强，实际，注重结果；觉得理论和抽象的解释非常无趣；喜欢积极地采取行动解决问题；注重当前，自然，不做作，享受和他人在一起的时刻；喜欢物质享受和时尚；学习新事物最有效的方式是通过亲身感受和练习。

适合的职业：企业家、股票经纪人、保险经纪人、土木工程师、旅游管理人员、职业运动员/教练、电子游戏开发员、房产开发商。

10）外向感觉情感知觉型（ESFP）

性格特征：外向、友好、接受力强；热爱生活、人类和物质上的享受；喜欢和别人一起将事情做成功；在工作中讲究常识和实用性，并使工作显得有趣；灵活、自然，不做作，对于新的任何事物都能很快地适应；学习新事物最有效的方式是和他人一起尝试。

适合的职业：幼儿教师、公关专员、职业策划咨询师、旅游管理人员/导游、促销员、演员、海洋生物学家、销售人员。

11）外向知觉情感直觉型（ENFP）

性格特征：热情洋溢，富有想象力，认为人生有很多可能性；能很快地将事情和信息联系起来，然后很自信地根据自己的判断解决问题；总是需要得到别人的认可，也总是准备着给予他人赏识和帮助；灵活、自然，不做作，有很强的即兴表达的能力，言语流畅。

适合的职业：广告客户管理、管理咨询顾问、演员、平面设计师、艺术指导、公司团队培训师、心理学家、人力资源管理人员。

12）外向直觉思考知觉型（ENTP）

性格特征：反应快、睿智，有激励别人的能力；警觉性强、直言不讳；在解决新的、具有挑战性的问题时机智而有策略；善于找出理论上的可能性，然后用战略的眼光分析；善于理解别人；不喜欢例行公事，很少会用相同的方法做相同的事情，倾向于一个接一个地发展新的爱好。

适合的职业：企业家、投资银行家、广告创意总监、市场管理咨询顾问、文案、广播/电视主持人、演员、大学校长。

13）外向感觉思考判断型（ESTJ）

性格特征：实际、现实主义；果断，一旦下决心就会马上行动；善于将项目和人组织起来完成事情，并尽可能用最有效率的方法得到结果；注重日常的细节，有一套非常清晰的逻辑标准，并有系统性地遵循，并希望他人也同样遵循；在实施计划时坚定而有力。

适合的职业：公司首席执行官、军官、预算分析师、药剂师、房地产经纪人、保险经纪人、教师（贸易/工商类）、物业管理人员。

14）外向感觉情感判断型（ESFJ）

性格特征：热心肠、有责任心、忠诚合作；希望周边的环境温馨而和谐，并为此果断地执行；喜欢和他人一起精确并及时地完成任务；事无巨细，能体察到他人在日常生活中的所需并竭尽全力帮助；希望自己和自己的所为能受到他人的认可和赏识。

适合的职业：房地产经纪人、零售商、护士、理货员、采购员、按摩师、运动教练、饮食业管理人员、旅游管理人员。

15）外向直觉情感判断型（ENFJ）

性格特征：热情、为他人着想、易感应、有责任心；非常注重他人的感情、需求和动机；善于发现他人的潜能，并希望能帮助他们实现；能成为个人或群体成长和进步的催化剂；忠诚，对于赞扬和批评都会积极地回应；友善、好社交；在团体中能很好地帮助他人，并有鼓舞他人的领导能力。

适合的职业：广告客户管理、杂志编辑、公司培训师、电视制片人、市场专员、作家、社会工作者、人力资源管理人员。

16）外向直觉思考判断型（ENTJ）

性格特征：坦诚、果断，有天生的领导能力；能很快看到企业或组织程序和政策中的不合理性和低效能性，发展并实施有效和全面的系统来解决问题；善于做长期的计划和目标的设定；通常见多识广，博览群书，喜欢拓展自己的知识面并将此分享给他人；在陈述自己的想法时非常强势有力。

适合的职业：公司首席执行官、管理咨询顾问、政治家、房产开发商、教育咨询顾问、投资顾问、法官。

二、了解自己的职业兴趣

大学生在每年毕业的时候，所选择的职业千差万别。即使是同一个专业的毕业生，其选择的职业类型也不同，即便选择了相同的职业类型，选择的理由也不尽相同。比如同样选择教师这个职业，有些人之所以选择教师是因为"可以诲人不倦"，有些人选择教师却是因为"能充分享受站在讲台上展示自己的过程"。这些选择差异的背后就是兴趣。

兴趣是指建立在需要的基础上，带有积极情绪色彩的认知和活动倾向，是个人对环境中的人、事、物所产生的喜爱程度，是个人力求认识、掌握某事物，并经常参与该种活动的心理倾向。人对感兴趣的东西会表现出极大的积极性，并伴随产生某种肯定的情绪体验。

职业兴趣是兴趣的重要内容，指一个人力求了解某种职业或进行某种职业的心理倾向，表现为对某种职业的选择性态度或积极的情绪反应。

职业兴趣在大学生求职的过程中具有十分重要的作用。职业兴趣会影响大学生的职业定向、职业选择；职业兴趣还有助于开发人的工作能力、激发探索创新能力；职业兴趣还会增强人的职业适应力，使人更快地适应职业环境和职业角色。

你的职业兴趣是什么？你可以通过下面的"兴趣岛"小测试一探究竟。

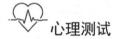
心理测试

下面是一个单人游戏，请你调整好情绪，静下心来体验和思考游戏中的情境，选择你感兴趣的。

假定你有机会到以下6个岛屿去旅游，如果不考虑费用等问题，你最想去的是哪个岛屿？可以按照你个人的喜欢程度选出3个岛并排序。

这6个岛屿分别如下：

（1）R岛——自然岛。自然原始的岛，岛上自然生态保持得很好，有各种野生动物。居民以手工业见长，自己种植花果蔬菜、修缮房屋、打造器物、制作工具，喜欢户外运动。

（2）I岛——冥想岛。深思冥想的岛，岛上有多处天文馆、科技博览馆及图书馆。居民喜欢观察、学习，崇尚和追求真知，常有机会和来自各地的哲学家、科学家、心理学家等交流心得。

（3）A岛——浪漫岛。美丽浪漫的岛，岛上充满了美术馆、音乐厅，街头雕塑和街边艺人，弥漫着浓厚的艺术文化气息。居民保留了传统的舞蹈、音乐与绘画。许多文艺界的朋友喜欢来这里寻找灵感。

（4）C岛——井然岛。现代、井然的岛，岛上建筑十分现代化，是进步的都市形态，以完善的户政管理、地政管理、金融管理见长。岛民个性冷静保守，处事有条不紊，善于组织规划，细心高效。

（5）E岛——富庶岛。显赫富庶的岛，岛上居民善于企业经营和贸易，能言善道。经济高度发达，处处是高级饭店、俱乐部、高尔夫球场。来往者多是企业家、经理人、政治家、律师等。

（6）S岛——友善岛。亲切友善的岛，岛上居民个性温和、友善，乐于助人，每个社区均自成一个密切互动的服务网络，人们重视互助合作，重视教育，关怀他人，充满人文气息。

我最想去的是＿＿岛，＿＿天；其次是＿＿岛，＿＿天；最后是＿＿岛，＿＿天。

请大家按照下面的要求做：

（1）按自己第一选择的岛分组就座。

（2）选同一岛的人交流一下：自己为什么选这个岛，看看大家有什么共同的兴趣爱好，归纳为关键词。

（3）根据大家的交流给自己的岛命名，在大白纸上制作一张本岛的logo。

（4）每个小组请一位学生用2分钟时间展示自己小组的画作并在全班介绍一下自己小组成员共同的特点。

【总结要略】 遵循自己内心的第一感受，不能盲从；画作重在传神，不必在意画得如何；重点强调每一小组成员的共同特质，引导学生发掘自身的特质。

6个岛代表6种典型的职业生涯兴趣类型，在你所做的3个选择中，第一个是主要兴趣，第二、第三个是辅助兴趣。

1）选择R岛

类型：实用型（realistic）

性格特征：愿意从事事务型的工作，喜欢户外活动或操作机器，喜欢在办公室工作。

喜欢的职业：制造业、渔业、野外生活管理业、技术贸易业、机械业、农业、技术、林业、特种工程师和军事工作。

2）选择I岛

类型：研究型（investigative）

性格特征：抽象能力强，求知欲强，喜欢探索和研究那些需要分析、思考的抽象问题；喜欢独立和富有创造性的工作；知识渊博，有学识，有才能；不善于领导他人，喜欢独立工作。

喜欢的职业：自然科学和社会科学方面的研究人员，化学、冶金、电子、无线电、电视、飞机等方面的工程师、技术人员、飞机驾驶员、计算机操作员等。

3）选择A岛

类型：艺术型（artistic）

性格特征：喜欢以各种艺术形式的创作表现自己的才能，实现自身价值；具有特殊艺术才能和个性；乐于创造新颖的、与众不同的艺术成果，渴望表现自己的个性；喜欢写作、音乐、美术或戏剧。

喜欢的职业：音乐、舞蹈、戏剧等方面的演员、艺术家、编导、教师；文学、艺术方面的评论员；广播节目的主持人、编辑、作家；绘画员、书法家、摄影家、音乐家、诗人、漫画家、戏剧导演、作曲家、乐队指挥；艺术、家具、珠宝、房屋装饰等行业的设计师或室内装潢人员。

4）选择S岛

类型：社会型（social）

性格特征：喜欢从事为他人服务和教育他人的工作；喜欢参与解决人们共同关心的社

会问题，渴望发挥自己的社会作用；比较看重社会义务和社会道德。

喜欢的职业：主要是各种直接为他人服务的工作，如医疗服务、教育服务、生活服务等，包括教师、社会工作者、保育员、行政人员、医护人员、心理咨询员、服务性行业人员。

5）选择 E 岛

类型：企业型（enterprising）

性格特征：精力充沛、自信、善交际；喜欢竞争，敢冒风险；喜欢权力、地位和物质财富；喜欢领导和影响别人，或为了达到个人或组织的目的而善于说服别人；希望成就一番事业。

喜欢的职业：商业管理、律师、政治家、营销人员、市场或销售经理、公关人员、采购员、投资商、电视制片人和保险代理。

6）选择 C 岛

类型：事务型（conventional）

性格特征：希望确切地知道工作的要求和标准，喜欢按计划办事，擅长组织和处理数据；喜欢固定的、有秩序的工作或活动，习惯接受他人的指挥和领导，自己不谋求领导职位；不喜欢冒险和竞争；工作踏实，忠诚可靠，遵守纪律。

喜欢的职业：行政助理、秘书、档案文书、税务员、计算机操作员、会计、出纳、统计人员、图书管理员、旅游工作人员、外贸职员、保管员、邮递员、审计人员、人事职员等。

【活动说明】

兴趣探索测试是对职业指导有直接用途的工具之一。兴趣探索测试之所以对职业指导有直接作用，是因为通过兴趣探索测试可以测出求职者未觉察的兴趣，或者证实求职者所谓的兴趣，等等，通过兴趣探索测试可以发现一个人真正的兴趣所在。因此，兴趣探索测试被越来越广泛地应用到职业指导方面，在高考专业选择、人员安置、劝导改行等方面发挥着特有的效能。

三、了解自己的职业能力

了解自己的职业能力，即探索自己到底能干些什么。

能力是人们解决问题的个性心理特征，是完成任务或达到目标的必备条件。能力表现在所从事的各种活动中，并在活动中得到发展。人的能力是各种各样的，通常能力指狭义的智能。

职业能力，通常指技能，即经过后天学习和练习培养而形成的能力，如阅读能力、人际交往能力、表达能力等，包括发展和习得的知识与躯体行为。通常情况下，技能会被分为专业知识技能、自我管理技能和可迁移技能（通用技能）。

专业知识技能是指那些需要通过教育或者培训才能获得的特别的知识或能力，一般用名词表示，不容易迁移到其他工作中去，一般需要经过有意识的、专业的培训，常常与专业学习或工作内容直接相关。比如，你是否掌握外语、电脑编程、化学实验等知识。

自我管理技能经常被看作个性品质，而不是技能，因为它被用来描述或说明人具有的某些特征。这些特征能够帮助个人更好地适应周围的环境，在个体应对工作中出现的问题时不可缺少，被称为"适应性技能"。它涉及个体在不同的环境中如何管理自己。比如是勇于创新还是循规蹈矩，是认真还是敷衍了事，能否在压力下保持镇定，是否对工作有热情，是否自信，等等。通常以形容词和副词的形式出现，如"正直的""雄辩的""精通的"等。

可迁移技能就是你会做的事。其特征是它可以从生活中的方方面面，特别是工作之外得到发展，却可以迁移应用于不同的工作之中。或者说，可迁移技能指在日常生活中就能够获得或改善的，并对所有工作都适用的有价值的能力。可迁移技能通常用行为动词来表达，如"计算""管理""处理""建立"等。

四、了解自己的职业价值观

价值观是指一个人对周围的客观事物（包括人、事、物）的意义、重要性的总评价和总看法。

职业价值观是人生目标和人生态度在职业选择方面的具体表现，是指一个人对职业的认识和态度以及他对职业目标的追求和向往。俗话说，"人各有志"，这个"志"表现在职业选择上就是职业价值观。也就是说，职业价值观表明了一个人通过工作所要追求的理想，是钱、权还是自我实现等。它支配着人们的择业心态、择业行为以及对某一职业的价值判断等。

大学生的职业选择倾向受其就业动机支配，而就业动机是大学生职业价值观的重要组成部分。

对自己的职业价值观的认识，可以通过 3 个阶段、7 个步骤来明晰。

3 个阶段：

第一阶段是自由地选择一个价值观，不考虑他人的压力，也不考虑其他的价值观，然后思考每一个选择的后果。

第二阶段是珍视你的价值观，包括珍爱和喜欢你的价值观，愿意在合适的时候向他人公开声明自己的选择。

第三阶段是对自己的工作成果进行评估和确定，获得职业满足感。

7 个步骤：

（1）自主选择：自发地提出所有自己可能会考虑的价值观。

（2）从多个选择中选：在同一领域的其他价值选项面前，能够抛弃其他价值，选择这种价值。

（3）对每个可选项的后果都有周到的思考：能够清楚地知道每种价值到底意味着什么，会带来什么、失去什么，在信息和认知完全充分的情况下，经过全面的思考和比较，深思熟虑后，仍然选择这一价值。

（4）对所选择的价值的珍视和爱护：为自己的选择感到骄傲，不为放弃其他的价值选项而后悔，内心对这一价值是满意的、珍视的。

（5）对该价值的坚持和维护：愿意公开宣布自己的价值选择，愿意公开为它辩护。

（6）按照自己的选择来实践：用这项价值观指导自己的各项选择。

（7）重复或一贯地如此行动：长期地、多次地实践这种价值观。[1]

---

[1] 田兆富. 新时代大学生职业生涯规划与就业指导[M]. 北京：清华大学出版社，2023：83-84.

 **拓展阅读　　　　　　斯皮尔伯格的故事**

对于大导演斯皮尔伯格的电影，同学们都喜欢看，比如《侏罗纪公园》等。他在 36 岁时就成为世界上最成功的制片人，电影史上十大卖座的影片中，他一个人就有四部。他在 17 岁的时候，有一次去一个电影制片厂参观，尔后，就偷偷立下了目标：要拍最好的电影。第二天，他穿了一套西装，提着爸爸的公文包，里面装了一块三明治，再次来到制片厂。他故意装出一个大人模样，骗过了警卫，来到了厂里面。然后，他找到一辆废弃的手推车，用塑胶字母在车门上拼出了"斯蒂芬·斯皮尔伯格""导演"等字样。然后，他利用整个夏天去认识各位导演、编剧等，天天以一个导演的生活来要求自己。他在与别人的交谈中学习、观察、思考，并最终在 20 岁那年成为正式的电影导演，开始了他的导演职业生涯。这里面，我们可以看到他是如何确立自己的目标，并为之奋斗的。

五、做出科学合理的职业选择

通过对自己个性特点的探索，我们可以发现自己可能适合干什么；通过对自己职业兴趣的探索，我们可以发现自己喜欢干什么；通过对自己职业能力的探索，我们可以发现自己能干什么；而通过对职业价值观的探索，我们可以发现自己内心的真实需求。

但了解自我并非通过本节的学习就能完成，因为认识自我是一个漫长和渐进的过程，会伴随我们一生，它需要大家在对生活中一件件事情的不断澄清和思考中最终趋于理性化和科学化。

第二节　求职存在哪些心理误区

当毕业季即将来临，有的同学早已定下目标，有了心仪的职业岗位。但是有的同学还深陷迷茫，仍在苦苦寻找工作机会。还有一些同学处于懵懂状态，即没有任何的想法和准备，也不愿面对即将毕业的现实。

就业是大学生人生中的重大阶段，在这个转折性的关键时期，会迫使大学生面对各种未知的挑战，带来很大思想、心理压力，同时也使很多大学生产生各种各样的心理问题，这既影响了日常的生活状态，也不利于后续的学习和就业准备。

一、焦虑心理

处于焦虑心理状态下的个体感到害怕、担心、紧张不安、烦恼，甚至感到惊恐或产生濒死感。在行为举止上他们表现为坐立不安，面部紧绷，愁眉苦脸，肢端震颤，搓手顿足，辗转反侧，夜不能寐，惶惶然不可终日。若适度，则可提高人的警觉水平，调动人的应对资源，促使人投入行动；若过度，则会损害认知功能。在不良情绪体验同认知功能损害之间，有时甚至可形成恶性循环。社会支持和心理防御机制有助于人摆脱困境。

对于大学毕业生而言，既希望谋求到理想的职业，又担心被用人单位拒之门外，担心自己在择业上的失误会造成终身遗憾,并对未来的职业生活感到心中没底,因此在就业过程中存在一定焦虑,成天因各种不必要的事情而担心,造成精神上紧张、忧心忡忡、烦躁不安、意志消沉,甚至产生彻夜难眠现象,在行为上表现出反应迟钝、手忙脚乱、无所适从,这些都会影响用人单位对其做出正确评价。

二、依赖心理

依赖心理指的是个体出于自己无法选择的关系之中,被迫做违心的事,虽然他也讨厌被迫行事。而只要存在依赖心理,就必然不会有选择权,也就必然会有怨恨和痛苦。一旦感觉需要别人,那么当这个人离开后你便成了一个脆弱的人。也就是说,如果你所需要的人离开了你、变了心,那么你就会感到被人抛弃,茫然不知所措,精神极为痛苦,甚至崩溃。依赖别人(如父母、师长、领导、朋友等)的人,会把别人看得比自己重要,期待别人的安抚与赞许,会自觉或不自觉地迎合别人的意愿说话、做事,以取悦对方,而将自己置于依附的地位,这样就丧失了自我,事后会感到怨恨,心中不平,而不如此又感到内疚和不安。

绝大多数毕业生没有经历过社会的磨砺,虽然接受了大学教育,但是在很多事情上还缺乏分析问题和解决问题的能力。他们的心理承受能力较弱,缺乏必要的心理素质,在择业就业时,常常不知所措。对于一个单位是否适合自己,他们往往不是凭自身思考来决断,而是一味地依赖学校的联系,或是听从家长的安排,抑或是学长学姐的建议,表现出较强的依赖性。这种依赖心理不仅会导致毕业生失去就业机会,还会严重影响他们的就业动力。

三、自卑心理

自卑心理主要表现为对自己缺乏正确的认识,在交往中缺乏自信(主要因素),办事无胆量,畏首畏尾,随声附和,没有自己的主见,一遇到挫折就认为是自己不好。这类大学生通常表现为对自己的能力、品质评价过低,同时可伴有一些特殊的情绪体现,诸如害羞、不安、内疚、忧郁、失望等。

对于大学毕业生而言,部分大学生会因为屡屡受挫,对自身的能力产生怀疑;也可能是因为来自非重点高校,在面对竞争对手时缩手缩脚,不能充分向用人单位展示自己的才华;或者是由于所学专业较冷门,对自己的前途持消极态度;等等。这些自卑心理,对于大学生顺利就业都会产生负面影响。

四、自负心理

自负心理就是盲目自大,过高地估计个人的能力,失去自知之明。自负的人难免心高气傲,有的自视过高,总爱抬高自己、贬低别人,把别人看得一无是处,总认为自己比别人强很多;有的固执己见,唯我独尊,总是将自己的观点强加于人,在明知别人正确时,也不愿意改变自己的态度或接受别人的观点。自负的人也很少关心别人,与他人关系疏远。他们经常从自己的利益出发,不太顾及别人。

在目前的大学毕业生中,"先就业后择业再创业"的观念还没有完全建立,在就业时很多大学生总想一步到位找到满意的工作。还有一部分大学生对自己的评价过高,认为自己知识丰富、各方面条件都不错，理所当然地应该能够得到一个理想的职业。拥有自负心理的毕业生总是向往高薪水、高职位、高收入，即使找不到合适的单位，也不肯降低就业期望值。这种自负心理对即将就业的毕业生会产生很大的不良影响，常常会使他们错失良机。

五、从众心理

从众心理，即个体在群体的影响或压力下，放弃自己的意见或违背自己的观点，使自己的言论、行为保持与群体一致的现象，即通常所说的"随大流"。而从众行为，一般指群体成员的跟从群体的行为倾向，即当他发现自己的行为和意见与群体不一致或与群体中大多数人有分歧时，会感受到一种压力，这会促使他采取与群体一致的行为。①

目前部分高校毕业生由于对自身定位不准确，对自己所学专业不了解，又缺乏一定的自我决断能力，在整个社会大环境下，就很容易人云亦云，跟随他人的脚步。他们甚至固守着"一次就业定终身"的思维模式，只要是社会上受追捧的职业，不管它们是否适合自己，是否与自己的专业相关，都竭尽全力去争取，希望一次择业就能抢占到生活的制高点，一劳永逸。而这样一味地追求"铁饭碗"，部分同学可能就会因为残酷的竞争而失去求职信心，最终事倍功半、得不偿失。

六、攀比心理

攀比心理是消费心理的一种。它最开始是指脱离自己实际收入水平而盲目攀高的消费心理。后来这种消费心理引申为产生攀比心理的个体与被选作为参照的个体之间往往具有极大的相似性，导致自身被尊重的需要过分夸大，虚荣动机增强，甚至产生极端的心理障碍和行为。通常表现为"面子问题"和"嫉妒问题"。②

对于目前的大学生而言，由于缺乏正确认识自我的能力，缺乏对外界就业环境的理性认识，导致他们无法摆正自身的就业位置，尤其是在身边同学陆续签约、找到工作的情况下，就会产生和他人比较，或者是"我在校期间的表现各方面都比他优秀，凭什么他能找到这样的工作。我一定能找到比他更好的工作"等攀比心理。适当的攀比心理可以帮助求职毕业生提高就业动机，激发潜能，但过度的攀比心理会导致求职毕业生好高骛远，不切实际，甚至错过最适合自己的就业机会。

第三节　如何调整就业心态

一、克服畏难退缩心理

求职毕业生要学会自我欣赏与自我接纳，提高耐挫折的能力。在求职择业过程中遭受挫折在所难免。大学生要正确对待挫折和失败，要学会自我欣赏与自我接纳，对自己的真

---

① 李云捷，伍永亮，张同航. 从众行为的心理探析[J]. 山东省青年管理干部学院学报，2008（1）：75-76.
② 林崇德. 心理学大辞典[M]. 上海：上海教育出版社，2003：883.

正水平抱认可、肯定的态度，敢于竞争，不怕失败。

如求职失败时，可以借助"自我暗示激励法"。因为就业难不难是认知问题，在当前形势下，感到就业难是绝大多数人的普遍心理现象。还没有就业，就感到自己不行了，被困难打败，自己等于未战先输了，所以可以每天用"你行，我也行！""我一定能行！"不断暗示自己。即使因意外事件而使就业受挫，也要鼓励自己不要惊慌失措、冲动、急躁，开动脑筋、冷静思考、寻找对策。大学生在择业过程中要相信自己的实力和潜力，通过自我激励，增强自信心，消除自卑感，保持良好的情绪和心态。

二、克服自卑胆怯心理

求职毕业生要客观冷静地认识社会和评价自己。正确认识社会和评价自我是进行自我调适的基础。大学生作为社会的个体，不可能脱离社会而存在，在求职择业前，首先应认清就业形势，了解职业对择业者的要求，同时正确地认识和评价自我，从而正确定位，科学地进行人职匹配，并为了理想的职业做好知识、能力、心理准备。

如果在此过程中遇到挫折，可以借助"自我安慰法"。因为处于择业过程中的大学生常常会遇到挫折，当经过主观努力仍无法改变时，可适当地进行自我安慰，以缓解矛盾冲突，解除焦虑、抑郁、烦恼和失望情绪，这样有助于保持心理稳定。在因受挫折而使情绪遭受困扰时，可用"亡羊补牢，犹未为晚""塞翁失马，焉知非福"等话语来做自我安慰，解脱烦恼。

三、克服盲目从众心理

求职毕业生要学会冷静分析自我、积极抉择，形成正确的自我认知和定位。在毕业季，毕业生可以结合职业锚测试、霍兰德职业兴趣量表测试等方式，对自己的性格、兴趣爱好、知识能力进行发掘，结合就业形势等多方面因素选择适合自己的发展方向，克服盲目从众，结合实际情况谨慎评估，对自己清晰定位，准确找到与自己匹配度高的工作。明确目标后要付诸行动，无论是研究生考试，还是公务员考试，在行动之前都要制订详细的计划，不打无准备之仗。

四、克服好高骛远心理

求职毕业生应该不断增强能力，找准定位。大学毕业生在就业时要尽量扬长避短，要有长远的眼光，不能只追求目前待遇和地域条件，避免"高不成，低不就"的状况出现，要尽量增强自己的就业能力，学习就业面试技巧，主动把握机会，失败后尽量多用休闲方式缓解心理压力，然后分析原因，继续争取。

可以借助合理情绪疗法。合理情绪疗法认为，人们的情绪困扰是由不正确的认知即非理性信念所造成的。非理性的信念有：绝对化要求，如"我一定要成功，我绝对不能失败……"；过分概括化（以偏概全），如一旦遇到挫折就认为自己一无是处或一文不值或丢尽了人；糟糕之极（灾难化），如一旦遇到挫折就认为自己彻底失败了，世界末日到了，全完了……此法可用于改变自己的非理性的、不合理的信念。通过认知纠正，以合理的思维方式代替

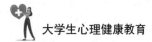

不合理的思维方式,就可以最大程度地减少不合理的信念带给人的情绪困扰。例如,认为"大学生择业应当是自信的",要允许自己在择业中可能会失败,即使失败也不能全盘否定自己,"东方不亮西方亮",相信天无绝人之路,总会有适合自己的工作岗位。

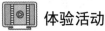 体验活动　　　　　　　　心理时光机

　　将自己的期许写在信笺中,让时光机传送给十年后的自己。"两岸猿声啼不住,轻舟已过万重山",十年之后的你,依然可以风度翩翩。

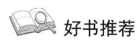 好书推荐　　　　　　　　 心理电影

第三章 明确目标，高效学习
——大学生学习状态优化

导入故事

寒门学子小 C 靠"笨"方法突飞猛进

小 C 来自偏远山区的农村，父母均是面朝黄土背朝天的农民，家中还有三个在读书的兄弟，生活十分艰苦。小 C 的大学学费也是父母借来的，缴完学费所剩无几，因此她总是最节俭的那个。物质的匮乏并没有阻碍她的斗志，她将来想考重点大学研究生。但是英语基础薄弱、发音不够标准的她，刚进入大学学习就遇到了困难，每次被英语老师提问，回答问题后，随之而来的就是同学们的嘲笑。不过小 C 并未因此自暴自弃，而是用看似最"笨"的重复练习法开始提升自己的英语水平。每日清晨六点半，无论严寒酷暑还是下雨刮风，她总能坚持晨读，发音不准就多听、多练，一坚持就是四年。正是这份执着，让小 C 的发音十分标准，一次性高分通过英语四级、六级考试，还拿到了全国英语竞赛的证书。除了英语成绩突飞猛进，由于学习刻苦，每年小 C 都能拿到奖学金，加之助学贷款，从大二开始，她已经不向家里要一分钱，最终以优异成绩考取了某理工大学研究生。同样凭借努力、执着、笃定，她在研究生期间申请到了美国某知名大学的全额奖学金攻读博士学位。

思考：通过小 C 的故事，你认为她的学习动机、学习目标各是什么？她学习成功的方法是什么？她又是如何管理自己时间的呢？

第一节 我为什么学习——学习动机

任何人做任何事情都有动机，学习亦如此。周恩来总理在年少时就说过"为中华之崛起而读书"，他读书的目的是为振兴国家和民族，这就是他的学习动机。学习动机是什么？学习动机就是为了实现一定的学习目标而引发、维持学习行为的一种动力倾向，简单来讲，学习动机就是"为什么学习"这个问题的答案。

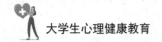

一、学习动机的分类

按照不同的划分标准，学习动机可以分为多种类型。这里将学习动机分为近景动机与远景动机、内部动机与外部动机、主导动机与辅助动机、正确动机与错误动机等。

（一）近景动机与远景动机

根据学习动机的长远程度不同，学习动机可分为近景动机与远景动机。打个比方：一名摄影师在拍照，取景角度有近有远，近处景色微观具体，远处景色宏观广阔。与之类似，近景动机指向的学习活动往往与具体的结果相关联，具有较好的实效性，短期内更容易达到个体的目标，不过近景动机受个体所处的情境影响相对较大，对学习活动的推动作用相对不稳定；远景动机指向的学习活动往往与宏大的目标相关联，具有较高的稳定性，是一种相对持久的动力，受个体所处的情境变化影响相对较小。这里举例说明一下，小夏是某高校农学专业的大一新生，一入校她就与班主任交流了自己关于未来的想法：她想成为像袁隆平那样的英雄，用自己的技术为国家粮食安全做出贡献。不过她的英语基础不是很好，她想在大一、大二将英语四级、六级考过，大三准备考研，在自己的专业方向上继续深造。对小夏而言，为国家粮食安全贡献自身力量属于远景动机，大学期间通过英语四、六级考试并考研属于近景动机。

（二）内部动机与外部动机

根据学习动机的引发机制不同，学习动机可分为内部动机与外部动机。如果一个人学习是出于热爱，认为学习可以帮助自己实现人生的某一个目标，这个学习动机就是内部动机；如果他认为学习是为了获得好成绩、拿奖学金、让父母和老师感到满意，这个学习动机就是外部动机。由学习本身的意义和价值引发，无须外部激励或惩罚的动机为内部动机，它还是一种寻求挑战并征服挑战的自然倾向；由学习外部后果引发，为了获得学习活动之外满足的动机是外部动机，它的个体自主性较弱①。

（三）主导动机与辅助动机

根据学习动机所发挥作用的主次不同，学习动机可分为主导动机与辅助动机。学习活动中发挥主导作用并处于支配地位、影响强烈而稳定的动机为主导动机，发挥辅助作用并处于从属地位、影响相对微弱且不稳定的动机为辅助动机。一般情况下，个体在某一个时间段具有一个主导动机与多个辅助动机，两者之间可以相互转化。如图 3.1 所示，一个人在小学阶段获得师长肯定是主导动机，承担社会责任是辅助动机；到了大学阶段后，承担社会责任变成主导动机，获得师长肯定变成辅助动机②。

---

① 崔丽娜. 心理健康教育与拓展训练[M]. 西安：陕西师范大学出版总社，2020：204.
② 朱金卫. 教育心理学[M]. 西安：陕西师范大学出版总社，2012：83.

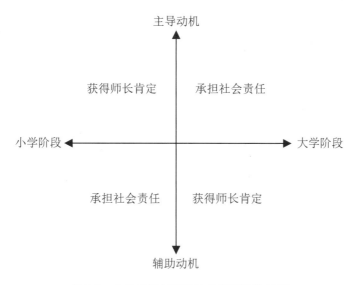

图 3.1 主导动机与辅助动机相互转化示例

(四) 正确动机与错误动机

根据学习动机的内容性质不同,学习动机可分为正确动机与错误动机。动机正确与错误的标准并不是一成不变的,这与个体所处的社会性质相关。在我国,符合社会主义制度、利于社会发展与进步的动机是正确动机。北京大学钱理群教授说过:"我们现在的教育,正在培养出一批'绝对的、精致的利己主义者'。"这在小部分大学生身上可见端倪:2021年大连某高校学生有着漂亮的履历,为获得保研资格而主动申请支教,却在微博上公开辱骂自己的学生,嘲笑支教地区落后。一些学生一入学就到处打听进学生会有什么好处、如何才能快速入党、评奖评优中成绩和人缘哪个更重要等,很明显,这些动机就是错误动机。

二、大学生中的学习动机问题

如果学习动机不足,就会影响大学生的学习积极性与主动性;如果学习动机过强,就会影响大学生的心理状态,引发心理压力。

(一) 学习动力不足的表现

1. 学习目标不明确

有的学生 18 岁高考时打败了数以万计的竞争者,成功考取自己理想的大学,但是进入大学之后突然变成了"无头苍蝇",整日无所事事,窝在宿舍里大门不出二门不迈,平时学习奉行"考前抱佛脚""及格万岁",对课外学术竞赛、文体活动、实践服务、学生工作等一概"不感冒"。他们不知道上大学是为了什么,出现混文凭、混青春的情况。这些大学生因学习动力不足而出现了学习目标不明确的问题。

2. 学习无计划

从中学到大学,学习的方式方法与学习环境发生了很大变化,中学阶段的学习活动是老师带着所有同学的统一动作,包括学习计划、学习内容、课后作业、解题方法等。到了

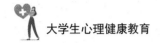

大学,虽然课堂上老师的讲授是统一的,但课后时间完全由学生自己掌握分配。如果学习动力不足,大学生很容易陷入学习无序的状态,尤其是平时,没有考试的压力,没有毕业的紧迫感,"先玩爽了再说""考试还早着呢",学习缺乏计划,学习效率不高。

3. 学习不深入

"学习是为了什么?""上这门课有什么用啊?将来我又不研究这个。"当大学生的学习动力不足,不知道自己为何而学时,浅尝辄止就成为一些大学生的学习常态,无法深入下去,"这个不是考试的重点,不用看了。"学习动机只是应付考试,对考试拿分的知识重点记忆,与考试无关的知识多看一眼都觉得多余。当关注点不在知识本身,学习动机不是内部动机,学习是很难做到融会贯通、深入思考的。

4. 无理想抱负,成就感低

缺乏学习动力,找不到自己的未来目标,就像行驶在夜间小路上,没有照亮前行的灯光,内心没有成功的渴望,用网友的话讲"我差不多是一个废人了",这种颓废的学习心态导致大学生的成就感很低,成就感越低学习动力越弱,久而久之就形成了恶性循环,对大学生的学习状态影响非常大。

5. 厌倦学习,逃避学习

有些大学生可能会说:"他们太卷了,根本卷不起,我是卷不动了。"躺平、摆烂、摸鱼①、佛系,总想着能及格就很好,感觉学习是一种包袱,不爱学习,对学习没有任何好感,能躲一会儿是一会儿,甚至有的大学生在各方面都很优秀,除了学习。学习动力不足,没有找到自己学习的远景动机、内部动机、主导动机、正确动机,对学习是厌倦的、逃避的,甚至是厌恶至极的。主要表现有:情绪焦虑,烦躁不安,注意力不集中,记忆力下降,思维僵化,坐立不安,手足无措,身体可能会出现头痛、心慌、食欲不振、恶心、睡眠不好等情况。

(二)学习动机过强的表现

1. 自我期望值过高

自我期望值过高的大学生在学习方面对自己有非常高的期待,"能拿满分,坚决不要99分"的自我要求导致学习动机过强,对自己学习能力缺乏有效的、恰当的估计,容易受到外部学习动机的驱使,获得好成绩是因为内心渴望得到外界的奖励或肯定,他们非常看重学习成绩,很"享受"这种因为学习成绩优异带来的自我优越感与心理满足感。

2. 学习过于勤奋

为了获得较好的学习成绩,实现自己的高期望值,也许在其他同学睡懒觉的时候,他已经坐在了自习室的书桌前;也许其他同学高喊"及格万岁"时,他还在努力思考如何将这门课分数考到最高分;也许其他同学打游戏时,他却站在清晨的熹光里勤奋读书。他没有放慢脚步仔细欣赏校园美景的时间,没有敞开心扉拥抱精彩大学生活的时间,学习几乎成为他的全部生活。

---

① 网络用语,指偷懒,不好好干活。

3. 有强烈的争强好胜心理

拥有强烈的争强好胜心理也是导致学习动机过强的原因之一。在这些同学看来，99分和100分本质上存在很大的差别，因此即使相差一分也要拼尽全力拿到。网上经常能看到类似报道："××全科接近满分，直博清华""牛！××大学学霸：66门课程满绩点，进入斯坦福求学"等。正是这种对学习成绩的高期望值，使一些大学生十分看重学习，在他们看来没有比学习更重要的事情。

4. 对学习过度焦虑，导致精神紧张

对学习成功越是渴望，就越容易出现"玻璃心"。他们害怕自己学习失败，觉得那样是一件"很丢脸的事情"，担心自己这门课程考不了高分，担心别人比自己强，担心唯一的保研资格被"抢"走等。一系列的担心导致精神紧张，学习出现过度焦虑，情绪容易被学习所左右，学好了眉开眼笑、万物美好，学不好就垂头丧气、万念俱灰，如此反反复复，导致心理压力过大。

5. 对自己要求过严，以致产生自责

"你所谓的不满意已经是很多人心中的优秀。"有这样的大学生，他们明明在学习方面表现出色，令同学羡慕不已，自己却总觉得做得不好，考了90分就想"如果这个题目不粗心，就能拿95分了"，考了95分就想"如果那个题目再仔细点，就能拿满分了"，永不满足。正是这种对学习的严苛要求，导致出现一点点"不如意"就会久久不能释怀，自责的情绪萦绕在脑海挥之不去。

三、大学生学习动机问题的调适

学习动机不足或过强，都会引发一定的问题，影响大学生的身心健康，那么当遇到学习动机问题时，大学生应该如何调适呢？

（一）学习动力不足的自我调适

1. 提高对学习意义的认识

著名数学家华罗庚说："在寻求真理的长河中，唯有学习，不断地学习，勤奋地学习，有创造性地学习，才能越重山跨峻岭。"学习不是简单地为了考试拿高分、评奖有底气、评优有筹码，而是通过学习，增长本领，提升境界层次，在不断努力的学习过程中获得成长，从而为实现马斯洛需求层次理论中的"归属、尊重和自我实现"的高层次需求奠定良好的基础。

2. 设置适当学习目标

我们若是去一个陌生的地方，往往会感觉去途远、归途近。明明距离是一样的，为何会有这种错觉？去的时候心里对目的地（目标）是模糊的；等到了目的地，对目标清楚了，返程时就心中有数了，心里就会觉得时间过得更快一些。学习目标的确立不能过高，目标不要太难完成。理想状态是通过适当的努力就能达成目标，然后确立高一层次的目标，这样有利于提升自我效能感，调动迎接挑战的积极性。

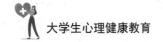

3. 制订具体学习计划

饭要一口一口吃,路要一步一步走,学习也不是一蹴而就的事情。为了实现一定的学习目标,制订具体、可执行的学习计划十分必要。计划包括短期计划和长期计划。需要注意的是,制订学习计划不是把自己每天的时间安排得满满当当,否则容易导致大脑过度疲劳、厌烦倦怠,影响学习效率。因此,制订学习计划时要注意劳逸结合,保证每天的生活健康而有规律。

4. 培养学习兴趣

兴趣是最好的老师。因此,培养学习兴趣是提升学习积极性和主动性的有效方式,可以很好地增强学习动力。学习兴趣的建立是一个从量变到质变的过程,不是立竿见影的事情,需要多给自己积极暗示,然后从实现每一个小目标开始,通过每次的小进步不断增强自信心,进而提升自我效能感。

5. 适当重视外部诱因

在学习动力不足的情况下,适当重视外部诱因,可以在一段时间内帮助自己提升学习动力。努力学习可以让自己在考试中游刃有余,可以获得更多奖励荣誉,为今后的发展助力。若通过一段时间的努力,自己实现了一个具体的学习目标,可以给自己适当的小奖励。

(二)学习动机过强的自我调适

1. 正确对待外部诱因

过于看重学习成绩,分分必争,这种过强的学习动机会带来较高水平的学习焦虑。因此,应该正确看待学习的外部诱因。外部诱因是必要的,但不是最重要的,认清学习成绩不是学习的终点,也不是唯一的衡量标准,正确看待学习中的成功与失败,确立正确的自我概念,可降低因过度重视外部诱因导致的"玻璃心"。

2. 正确认识自身潜力

人外有人、天外有天,每个人都有自己的能力"天花板",要正确认识自己的潜力,自信而不自负,不能给自己制订过高的学习目标,以至于即使十分努力都无法企及。因此,要对自身潜力有一个合理科学的定位,不能自视过高、不切实际,应适当降低自身期待,从而有效调适过强的学习动机。

3. 培养广泛的兴趣爱好

生活中,除了学习还有很多有意义的事情,不能将学习视为全部,还要培养广泛的兴趣爱好。学习累了可以做一些其他的事情,缓解因过度学习带来的身体疲惫与心理焦虑。不仅如此,广泛的兴趣爱好还能让一个人获得多方面的成就感,使生活更加丰富多彩,这在一定程度上可对学习起到很好的促进作用。

4. 注意劳逸结合

"劳"与"逸",两者是辩证统一的。繁忙的学习之余需要放松,适当劳逸结合可以让疲惫的体力得到恢复,适当放松之后再学习可以提高学习效率,保持较好的学习状态,对学习可以起到事半功倍的效果。

5. 克服虚荣心理

一些大学生学习动机过强,存在一定的虚荣心理,他们很享受被其他同学"仰望"的感觉,学习成绩好、奖学金拿到手软、各种荣誉称号加身,让其他同学高看一眼,被老师和父母轮番夸赞。这种虚荣心需要克制,只有摆正学习的目的,才能获得更持久的满足。

6. 学会调整情绪

学习压力大,容易产生焦虑,情绪波动明显,影响心情与学习状态。这是学习路上的绊脚石,要学会调适不良情绪,不被不良情绪所左右,面对失败不气馁、不懊恼,面对成功不骄傲、不自负。

第二节 我的目标是什么——学习目标

有效的学习目标可以让一个人的注意力足够集中,调动自身的积极性,合理规划时间,提高学习效率。

一、明确学习目标的重要性

学习目标很重要。图 3.2 是一个关于注意力的小测试,如果集中注意力盯着图片中间的黑点看,不一会儿黑点周围的光影就会慢慢消失。那个黑点就是学习目标,黑点周围的光影就如同学习中的各种干扰因素,当学习目标十分明确并将注意力集中于学习目标时,学习中的干扰因素就会慢慢消失。

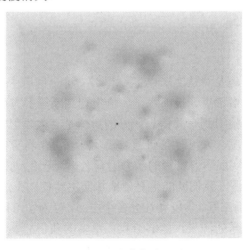

图 3.2 注意力集中测试

从短期目标的重要性来说,将一个大目标分割为几个小目标,更有利于目标的实现。在 1984 年的东京国际马拉松邀请赛中,日本选手山田本一夺冠,成为一匹黑马。当被问及成功秘诀时,他说"凭借智慧"。三年后的意大利国际马拉松邀请赛,他又一次摘得桂冠,当再次被问及经验时,他还是那句"凭借智慧"。他的成功成了一个谜,直到 1994 年,谜底才在他的自传中被揭开：每次赛前他都会考察比赛路线，并将沿途醒目标志物记下来，一个40多千米的赛程被他划分成了好多段具体的小赛程，用百米冲刺的速度冲向第一个、第二个、第三个……小目标，这种化整为零的方法让他更容易实现40千米的长跑目标。可见，将相对困难的大目标分割成相对容易实现的小目标，然后通过实现一次次小目标，最终就能实现看似难以完成的大目标。

从长远来讲，学习目标的确立对人生发展影响巨大。"凡事预则立，不预则废。"哈佛大学的学者曾经对一群能力条件相差不大的年轻人进行了25年的跟踪调查，发现：3%的人有清晰且长期的目标，这些人25年来几乎都不曾改变过自己的人生目标，经过25年的不懈努力，他们几乎都成了社会各界的顶尖成功人士，其中不乏创业者、行业领袖、社会精英；10%的人有清晰的短期目标，他们大多处于社会中上层，短期目标不断被达成，生活状态稳步上升，成为各行各业不可或缺的专业人士；60%的人目标模糊，几乎都生活在社会中下层，能安稳地生活与工作，但成绩平平；27%的人没有目标，他们几乎都生活在社会的底层，生活不如意，常常失业，靠社会救济，并且常常抱怨社会。

现在有些大学生到了毕业都没搞明白自己的人生目标、兴趣爱好是什么，这也从侧面反映出他们在整个大学阶段都是缺乏规划的，没有定好自己的学习目标和生涯发展方向。因此，大学生应该在大学四年想清楚三件事：我是谁？我有怎样的特点？未来我想做什么？只有更好地了解自己，才能科学地确立奋斗目标，才能更好地实现人生价值。

二、如何明确自己的学习目标

明确了学习目标的重要性后，接下来就是确立学习目标。学习目标的制定就如高端私人订制一般，每个人的情况都不一样，应从自身实际情况入手。知己知彼，才能百战不殆。"知己"是成功的第一步。

（一）了解自己

学习目标确立的前提是要清楚地知道"我是谁"，这个问题中包含着对自己身体状况、社会资源、兴趣爱好、性格特点、技能水平、价值观判断等多方面的信息。

身体状况可以通过体检得到有关信息。好的身体是有效学习、实现学习目标最基本的保障，知道自己的身体状况，如果存在问题，要及时解决，将身体状态调至最佳。

社会资源是帮助我们实现学习目标的助力因素之一，无论人脉资源还是物质资源，都是非常宝贵的财富。有了资源，我们就能更有效地掌握主动权，少走弯路，更快地实现目标。梳理自己的社会资源，包括家庭、学校和社会多个层面，可为学习目标的确立增加"底气"。

兴趣是内在动力和快乐的源泉，能够给我们更多的获得感、满足感、幸福感，因此清楚地知道自己的兴趣爱好非常重要。兴趣爱好的判断不是简单地说出自己的爱好专长，而是深入剖析自己的兴趣。这里可以通过霍兰德职业兴趣理论进行全方位剖析。霍兰德职业兴趣理论将兴趣分成实用型（R）、研究型（I）、艺术型（A）、社会型（S）、企业型（E）、事务型（C）六种类型，每一种类型都有对应的适合职业，找到自己的职业兴趣可为确立今后的学习目标提供有效参考。

性格是对现实的稳定态度和习惯化行为方式的总和，具有个体特殊性，性格类型之间并无优劣之分。了解自己的性格类型,可以更好地扬长避短。性格特点的判断不是简单的"积极""开朗""内向""外向"。根据 MTBI 性格理论,性格有四维八极:能量获得途径(外向-内向)、注意力的指向(感觉-直觉)、决策判断方式(情感-思考)、行动方式维度(判断-知觉)。每个人都可以在四个维度中找到性格的倾向,从而较为全面地掌握自己的性格。不同的性格适合不同的职业,这也是确立学习目标的有效参考。

技能是经过学习、练习所获得的能力,清楚自身技能才能知道如何发力。美国学者辛迪·梵和理查德·鲍尔斯将技能分为专业知识技能、可迁移技能、自我管理技能三种,通俗来讲,就是回答了"你知道些什么?""你会做什么?""你是一个什么样的人?"这三个问题,如果用词语分别形容三种技能,那对应的分别是名词、动词、形容词或副词。我们可以通过 STAR 法编写成就故事分析自身技能,主要包括当时的形势(situation)、任务/目标(task/target)、行动/态度(action/attitude)、结果(result)等内容。技能水平是学习目标确立的又一个有效参考。

如果说兴趣爱好是"想",性格特点是"适合",技能水平是"能",那么价值观就是"值得"。如果没有兴趣爱好,学习就会厌倦;性格不合适,学习就会不顺;技能不够,学习就会焦虑;价值观不明确,学习就会迷茫。价值观是一种内心尺度,决定了学习目标的方向,只有价值观正确才能确立正确的学习目标。我们可以通过价值观排序、价值观想象、价值观拍卖、模拟/幻想、价值观清单(分类卡)、价值观量表等方式确立自己的价值观。

(二)科学制订目标

目标会随着时间的变化而发生变化,因此学习目标的确立不能一蹴而就。学习目标也不是一成不变的,如图 3.3 所示,可将目标分为短期目标、中期目标和长期目标。

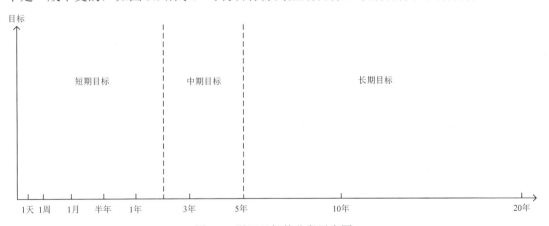

图 3.3 学习目标的分段示意图

短期目标一般是 1~2 年之内的目标,相对于中期和长期目标来讲更具体,操作性更强。比如:今天要学什么?这周要完成怎样的学习任务?1 个月达到什么学习状态?半年将成绩提高多少?一年能否将英语四级考出来?两年能否将英语六级考出来?一年要读多少本书?一年学会哪几样基本技能等。

中期目标一般在 5 年之内,受长期目标制约,是长期目标的子目标,也是实现长期目标的中介目标。比如:3 年后我会在哪里?毕业后我要从事什么工作?5 年之内工作达到什么高度？5年之内赚取多少财富？等等。

长期目标通常在5年以上，这个目标比短期目标更宏观一些，比如：5年后我想实现什么样的理想？通过我的努力，我想为社会贡献什么力量？通过10年的努力，我想把自己的职业做成终生奋斗的事业。长期目标的实现需要通过一个个短期目标与中期目标的实现去积累。

学习目标的制订要符合自己能力的实际，结合自己的专业发展特点与形势，切不可好高骛远、脱离实际。比如：一名大学生读文学专业，但是给自己定的考研目标是机械工程专业，这个目标的制订是否考虑欠妥暂且不论，但专业跨度如此大，确实在实际操作过程中存在相当大的阻力，很容易在考研的过程中折损。

学习目标的制订要与人生理想相结合，与正确的价值观相匹配。中国航天事业奠基人、国家杰出贡献科学家、"两弹一星"功勋奖章获得者钱学森，在国外学有所成后，不顾美国人的极力阻拦和巨大的利益诱惑，排除艰难回到祖国，为祖国的航天事业奉献了一生；黄大年，放弃国外优越的生活条件，为了祖国的地球物理事业毅然决然回国，带领团队刻苦钻研、勇于创新，填补了多项国内技术空白；杂交水稻之父袁隆平，将自己的一生都交给了水稻，他的"禾下乘凉梦"实现了，他让杂交水稻走出国门、走向世界，即使年过90，依然在用知识去实现他的第三个梦想——用8年拓荒1亿亩盐碱地，让耐盐碱水稻亩产值达到300千克。这样的例子不胜枚举。这些科学家有个共同点，就是把学习的目标与国家民族命运结合在一起，用知识的光辉在实现自己目标的同时也照亮了整个世界。当然，与之形成鲜明对比的是，少数大学生努力学习后，并没有将所学知识用到正当处：有的做了间谍窃取国家机密，有的帮助犯罪团伙实施犯罪，有的甚至在国家的精心培养下反过来辱骂自己的同胞……他们给国家和社会带来了巨大损失，最终锒铛入狱、悔恨终生。

第三节　我该怎样学习——学习方法

如果说学习目标是茫茫大海的彼岸，那么有效的学习方法就是抵达彼岸的船只。如何学习？什么样的学习方法才是有效的？同样的学习任务，采用不同的学习方法导致的结果可能大相径庭：恰当的学习方法可以达到事半功倍的效果，不恰当的学习方法容易导致事倍功半。学会学习，掌握科学的学习方法是实现学习目标必不可少的利器。

一、学习策略的选择

学术界目前对学习策略的界定并不明确，目前对学习策略的界定大致分为三种：第一种观点认为，学习策略是为了提高学习效率而对学习内容进行分析、提取的学习活动或学习步骤，其中蕴含着对学习信息的选择、提取、整合、应用等过程；第二种观点认为学习策略是学习的规划或学习的能力；第三种观点认为学习策略是为了实现学习目标、完成学习任务而制订的学习计划。

学习策略是为了提升学习效果、提高学习效率的有目的、有意识地制订学习过程的复杂方案，具有主动性、有效性、过程性和程序性等特点。按照学习策略的作用不同，丹瑟洛（Dansereau，1985）把学习策略分为基本策略和辅助性策略：前者是可以直接操作的策略，主要包括信息的获取、存储、检索、应用等；后者是为了保证基础策略有效实施的策略，如集中注意的策略。按照学习策略覆盖成分的不同，教育心理学家迈克卡等人将学习策略分为认知策略、元认知策略和资源管理策略。这里重点讨论认知策略、元认知策略和资源管理策略[①]。

（一）认知策略

认知策略是信息加工的方法与技术，可以帮助学生从记忆中提取信息。根据学习内容的不同，认知策略也会有所不同：针对陈述性知识，可以用复述、精细加工、组织策略；针对程序性知识，可以用模式再认识、动作系列学习策略。

1. 复述策略

复述策略是运用内部语言将学习材料重现脑海，使注意力重新集中在学习材料上的方法。常用的复述策略有无意识记和有意识记、排除前摄抑制与倒摄抑制的相互干扰、整体识记与分段识记、多种感官参与、复习形式多样化、画线或圈点批注等。

心理学家研究发现，多种感官的参与对学习记忆很有帮助。个体对学习内容的记忆与获取途径是存在关联的，我们可以记住自己阅读的10%，自己听到的20%，自己看到的30%，自己所看、所听的50%，交谈所说的70%。另外，学习获得的感官途径是有区分的，如图3.4所示，视觉是学习的主要获得感官途径，占比达到83%。

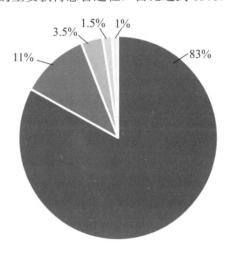

■视觉 ■听觉 ■嗅觉 ■触觉 ■味觉

图3.4 学习所用到的感官占比

在实践中调用所学知识是最好的知识复习方式，做实验、写报告、做总结、多人讨论、为他人讲解等形式的复习都有助于理解、记忆。

2. 精细加工策略

精细加工策略是将新学知识与已有知识进行联系的策略，信息之间建立的联系越多，

[①] 宋铁莉，陆雪莲. 教育心理学[M]. 长春：东北师范大学出版社，2020：159-171.

回忆信息原貌的线索就越丰富。比如概述大意、提炼总结、进行类比、自我语言的笔记、解释、提问及回答等都属于精细加工策略。

精细加工策略包括记忆术、做笔记、提问、生成性学习、运用背景知识联系客观实际等,其中常用的记忆术有位置记忆法、缩减和编歌诀、谐音联想法、关键词法、形象联想法、首字连词法、借助外援词法。

3. 组织策略

组织策略是对新知识、旧知识进行整合,是通过提炼简化、系统化和概括形成一种新的知识的策略。常用的组织策略有列提纲、利用图形(系统结构图、流程图、模型图、网络关系图等)和表格(一览表、双向表)、归类等。

(二)元认知策略

元认知策略是调控信息加工过程的策略,计划、控制、自我调节策略都属于此范畴,可以帮助学生有效安排并调节学习过程。元认知策略包括计划、监控和调节三种策略。

(1)计划策略包括学习目标的设定、查阅资料、提出待解答的问题、分析学习任务的完成路径等。

(2)监控策略包括领会监控(关注在理解方面的问题、关注时间与速度、预估目标能否实现、自我提问对材料的理解等)、策略监控(审视策略的有效性)、注意策略(管理学习中的注意力、注意主要信息、减少分心等)。

(3)调节策略是对认知活动中的效果进行检查,对问题进行修正调整,是一种补救策略。

(三)资源管理策略

资源管理策略是管理环境、资源的策略,时间管理、学习环境管理、努力与心境管理、学习工具使用、社会性人力资源的利用等都属于此范畴,可以帮助学生适应环境并调节自己的需要。资源管理策略包括时间管理、环境管理、努力管理、社会资源利用等策略。

(1)时间管理策略包括对学习时间的统筹安排、最佳学习时间的高效利用、碎片时间的灵活运用等。如对自己大学四年的学习时间按照学年、学期、月、周、日等标准进行阶段性划分,对每天的多个活动进行重要性排序并合理安排优先顺序。值得注意的是,制订计划后关键还要看行动,防止拖延。学习时间的利用要根据自身的实际情况而定,每个人一天的学习效率都是因人而异的,生物钟也会有区别,有人适合早睡早起白天学习,有人适合在夜深人静的时候思考学习。

(2)环境管理策略是学习环境的调整与优化,好的学习环境对学习状态与学习效率都会产生影响,因此要注意调整环境条件,光线、色彩、通风、温度、摆设、空间布置等条件都要适合学习活动。

(3)努力管理策略是激发学习者学习意志、促使其不断努力的策略,包括内在动机的激发、学习信念的树立、学习目标难度的适当提高、成败标准的调节与合理对待、自我激励等。

(4)社会资源利用策略涉及学习工具与社会性人力资源的利用,学习工具包括图书资料、电脑网络、图书馆、电视媒体等,社会性人力资源包括亲人、老师、同学等。

二、学习方法的运用

有效的学习方法是获取成功必不可少的部分,如何科学利用学习方法是值得思考的问题。有学者考察优秀学生的学习方法后发现,以下八个环节是非常重要的:制订计划、课前预习、专心上课、及时复习、独立完成作业、解决疑难问题、系统小结、课外学习。

(一) 制订计划

高尔基说:"不知明天该做什么的人是不幸的。"有的学生意识不到制订计划的重要性,因此对待学习的态度就是"脚踩西瓜皮,滑到哪里算哪里",这种想法阻碍了这些学生的学习自主性。制订计划有百利而无一害,合理分配时间,适当分配精力,按照计划学习可以让学习者心中有数,长时间坚持可以让生活和学习变得更规律,大大提高学习能力。那么如何制订学习计划呢?

学习计划制订之前,要先进行科学的自我分析,分析自己的学习能力,如精力、记忆力、想象力、逻辑推理能力等,全面分析自己的学习优势与劣势。然后,根据自身学习能力确定学习目标,目标要科学、明确、具体,不能过高或过低,过高的目标很难实现,容易打击自信心,使计划很难坚持;过低的目标太容易实现,往往不用付出很多努力,不利于进步。目标确定之后,科学安排时间,时间分配要全面、合理、高效,要突出重点,同时留出机动时间,完成一项划掉一项,这样完成情况可以一目了然。

(二) 课前预习

课前预习就像战前侦察。通过预习,可以提前掌握哪里是"明碉",哪里是"暗堡",哪里最坚固,哪里最薄弱,知道即将学习的重点和难点,找到自己的薄弱环节,明确自己的疑问。带着问题进课堂,可以让学习更有针对性,上课时的注意力更加集中,对知识的理解更加深入透彻,同时锻炼了自学能力。那么有哪些预习方法呢[①]?

1. 提纲预习法

提纲预习法是将预习的内容以提纲的形式罗列出来,这种预习方法层次清晰、一目了然,可以借助思维导图软件来完成,此软件可以帮助梳理、碰撞、发散、集中思维,帮助我们厘清事物之间的关系。

2. 符号圈点预习法(符号标注法)

符号圈点预习法也叫符号标注法,是在预习的过程中找出重点、难点,并用有利于学习者理解、记忆的符号进行圈点标注,为听课做好准备,有利于注意力的集中,可增强记忆,一般包括初读标记与重读整理两个过程。毛泽东不仅爱读书,更喜欢在读书过程中进行标记,他早年在阅读《伦理学原理》过程中,光标注文字就有1万多字,这种读书的方法非常值得我们学习。

[①] 廖胜根. 预习与复习的技巧[M]. 成都:成都地图出版社,2014:22-44.

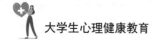

3. 快速阅读预习法（速度预习法）

快速阅读预习法也叫速度预习法，是经过一定的培训与练习，带有明确的预习目的，用超于常规的速度进行阅读，一般包括读前言、序或引言，浏览目录，翻阅全部内容，标记好重点内容，提出问题等步骤。

4. 温故知新预习法

温故知新预习法是将新学知识与已学知识进行联系，从而在初步学习新知识的同时对已学旧知识进行复习、巩固、加深理解，使旧知识与新知识联系在一起，从而帮助学习者更加系统地掌握知识。

5. 扫除障碍预习法

扫除障碍预习法既是找问题的过程，也是解决问题的过程，在预习过程中通过查阅资料、工具书或请教他人，将学习的障碍排除，这是一个逐步建立学习自觉性的过程，也是掌握学习主动权、提高自学能力的好方法。张海迪就是通过这种方法，将《海边诊所》这本书进行了全文翻译。

6. 循序渐进预习法

南宋思想家朱熹说："读书之法，在循序而渐进，熟读而精思。"学习是一个循序渐进的过程，作为学习过程的重要部分之一，预习也是需要循序渐进的。循序渐进预习法主要用于较难掌握的知识，间隔一段时间（一般为一天）重复预习要学习的知识，通过这种反复性的预习，可以有效地帮助我们理解、感悟，甚至提出自己的独到见解，这对后面的课堂听讲非常有利。

7. 表格预习法

表格可以系统、简洁、集中、有条理、直观、有效地对比表述内容，让人一目了然。表格预习法就是利用表格的这些优势，将学习的重点、难点进行提前梳理，可以按照时间推移、内容递进、差异比较、内在联系等顺序列出表格。表格的梳理既可以先简后繁，也可以先繁后简，具体根据预习的内容而定。

8. 质疑预习法

从字面就可以看出，这种预习方法需要"质疑"，是带着质疑精神预习、辩证地看到问题，最终并不是为了质疑，而是根据预习的内容有针对性地提出问题，带着问题预习、思考、解决，这样的预习会更加深入。孟子说："尽信书，则不如无书。"南宋思想家朱熹在《读书须有疑》中说："读书，始读，未知有疑；其次，则渐渐有疑；中则节节有疑。过了这一番，疑渐渐释，以至融会贯通，都无所疑，方始是学。"这些都很好地说明了质疑的重要性。

9. 习题试解预习法

有个认识误区，认为预习只是将要学习的知识进行浏览、理解、提出问题等，其实试解课后的习题也是提高预习效果的方法之一。课后习题是教学大纲中需要我们重点掌握的内容，涵盖了学习内容的基本要点，在试解习题的过程中，既可以巩固预习知识，又可以检验预习效果。

（三）专心上课

上课是学习的核心环节，是获取知识的主要途径，那么如何做到专心上课？

1. 做好课前准备

课前预习，同时将上课所需要用到的学习用品、工具等准备齐全。在上课前保证充足的睡眠时间和科学的饮食，保证课堂上有充足的精力。还有非常重要的一点是，要端正上课的学习态度，以饱满的精神状态投入课堂。

2. 保证注意力高度集中

注意力的集中是课堂学习质量的重要保障，一些学生容易在课堂上"开小差"，听了一会儿就变成了"低头族"，甚至看手机、玩游戏、睡大觉，这些注意力不集中的情况对学习造成了非常不良的影响。疲劳、饥饿、杂事缠身、对课堂内容不感兴趣、听不懂等都可能会造成注意力的分散，因此保证充足的睡眠、按时吃饭、加强锻炼、有意识地积极暗示等有助于提升注意力。

3. 认真跟着老师的思路，领会知识

老师的每一堂课都会遵循一定的教学思路，要准确捕捉老师的讲授思路，适应老师的讲授风格，对知识能够真正理解到位，而不是死记硬背，不仅对知识本身有所理解，还能了解知识的外延，尽可能做到融会贯通。

（四）及时复习

古人云："温故而知新。"心理学家艾宾浩斯（Hermann Ebbinghaus）曾经做过关于遗忘的研究，如图3.5所示。研究发现，刚刚学完的知识在一个小时内遗忘速度是最快的，随着时间的推移，遗忘速度逐渐变得缓慢。这说明，如果不及时进行课后复习，课上听懂的很多知识也许几天之后就没有印象了，甚至遗忘得一干二净，可见课后复习的重要性。

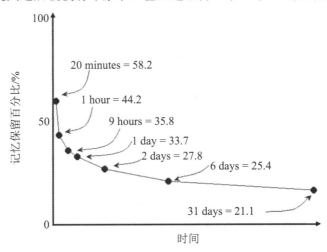

图3.5　艾宾浩斯遗忘曲线

另外，艾宾浩斯发现分散学习比一次性学习大量知识的学习效果要好，足见有规律地分散记忆十分必要。有研究表明，同样的学习内容，一种记忆方法（集中学习记忆法）是一天读 5 次，另一种记忆方法（分散学习记忆法）是一天读 1 次、连续读 5 天。两周之后，前一种方法的记忆保存率为 13.13%，后一种方法的记忆保存率为 37.26%。一个月后，前一种方法的记忆保存率为 11.49%，后一种方法的记忆保存率为 30.59%。值得注意的是，并不是分散的间隔时间越长越好，两次间隔的时间以 0.5~24 小时为宜[1]。

对已学知识进行再温习，通过复习过程中的归纳、整理、思考、记忆，能帮助学习者掌握之前不理解的内容，加深之前理解不深入的内容，同时有助于对知识进行系统化梳理，建立不同知识之间的内在联系，从相对宏观、整体的视角理解、吸收所学知识。复习环节主要包括课后复习、单元复习、阶段复习、期末复习等。

（五）独立完成作业

完成作业是学习过程中很重要的环节之一，而独立完成作业显得更为重要。作业是课堂学习的延续，不仅是检验课堂学习效果、帮助巩固所学知识的方法之一，更是培养独立思考、分析问题、解决问题等学习习惯并逐步树立学习自信心的有效途径。在完成作业的过程中，将学习的薄弱环节、疑难问题进一步"筛查"，在解决这些困惑的过程中，进一步巩固课堂所学知识，提升学习效果。

（六）解决疑难问题

在学习知识的过程中，每个人都不会一帆风顺，无论是学习过程的哪个环节，都有可能会遇到疑难问题。遇到问题不可怕，关键在于解决问题。在这个过程中，要调动学习资源，围绕问题找到解决方案，同时锻炼逻辑思维、创新思维，获得一定的探索经验，强化问题解决的主动意识。

具体怎样解决疑难问题，可以问自己、老师、同学、课本、网络资源等。

1．问自己，在复习、课后练习的过程中将自己感到困惑的知识标记出来，对自己不断提出问题，引导自己不断深入学习。

2．问老师，不能一遇到难题就不假思索地直接询问，没有自己的思考与见解，无法与老师进行进一步的讨论，对老师的讲解没有做到"消化吸收"，或者说停留于问题本身，不愿意与老师进行深层次探讨等。

3．问同学，最大的好处就是大家处于差不多的理解水平，经过同学之间的讨论，即使争得面红耳赤，也会对解决问题大有裨益，通过不同角度的探讨，碰撞出新的火花，新的问题、见解、思路、方案就会在这个过程中产生。

4．问课本，教科书上的内容都是前后贯通的，通过查阅书本知识，可以找到问题的解决办法。

5．问网络资源，互联网实现了信息共享，通过互联网上的学习资源，可以调动多方资源，帮助解决问题，加深对知识的理解。

（七）系统小结

系统小结是学习过程中十分必要的环节之一，是促进全面、系统、宏观、牢固掌握知

---

[1] 江畔，江枫．记忆法百种[M]．北京：知识出版社，1983：46-47．

识的重要手段，是建立知识内在联系，概括记忆零碎、散乱知识的有效方法。系统小结不是对已有知识的简单重复性的复习，而是对某个阶段所学知识的系统化、概括化、条理化的梳理、重组，形成新的知识框架，对知识点进行查漏补缺，对薄弱知识点进行弥补，另外，可以借助图表的方式，将知识框架更加直观地呈现出来。

（八）课外学习

课外学习是扩充学生知识面的重要渠道，是对课堂知识的有效补充，有助于学生拓宽视野与思路、激发求知欲、健全知识体系、培养良好的学习习惯。可以通过课外阅读、社会实践、调查研究、参观访学、学术活动、讲座论坛、技能培训、赛事活动等方式，实现课外学习的目的。大学生的课余时间是比较充裕的，如果仅仅停留于课堂学习和课后作业，显然是不够的，应将课余时间进行自主规划，根据学习阶段的特点，进行合理、科学的安排，结合自身的兴趣爱好、专业特长，有针对性地提升自己的专业素养与能力水平。

第四节　我该如何管理时间——时间管理

不得不说，在网络不断发展的今天，在物质生活水平不断提升的今天，各种"时间杀手"随处可见。有一些"时间杀手"是显性的，比如接听或拨打电话、发信息、浏览不相关的信息、玩游戏、被打扰、排队等候等；有一些"时间杀手"是隐性的，比如没有计划、漫无目的、犹豫不决、拖延、健忘等。四川"考霸""高考钉子户"张非，曾 4 次参加高考，2 次被清华大学录取，1 次被北京大学录取，1 次被复旦大学录取。无论是在清华还是北大，他都把大多数时间浪费在电脑游戏上，因学业荒废被学校劝退，如果他能做好时间管理，提高自律意识，也就不会将宝贵的青春时光荒废掉了，令人惋惜。

美国管理思想家史蒂芬·R.柯维曾说："关键不在于花费时间，而在于投资时间。"约翰·卢布克爵士说："事实上，一般人们都能够为自己的选择挤出时间。真正的问题不在于没有时间而在于没有意志力。"这些无不说明了时间管理的重要性。每个人的时间都是一样多的，但是每个人的有效时间是不同的。为何这样说？这是因为每个人的时间管理能力有差异，不同的时间管理能力对时间的有效利用率、目标的完成效率与质量都会产生影响。何为时间管理？时间管理是为了实现既定目标，通过事先规划和运用一定的技巧、方法和工具，实现对时间的灵活以及有效运用的过程[1]。有效的时间管理是将时间进行科学合理的投放，掌握时间消耗的明细，减少不必要的时间消耗，充分使用零散时间，管理自己的时间消耗计划等，根据时间分配安排事情的先后与主次，从而发挥时间的最大价值。时间管理的能力涉及自律、整合与重组、对事件的把控等能力。那如何做好时间管理呢？

一、制订目标，追求成果

在时间管理中，制订目标非常重要。目标的制订一定要明确，明确的学习目标会督促

---

[1] 汪仲华. 向哲人致敬 谈规矩方圆[M]. 上海：上海人民出版社，2021：139.

学习者主动制订学习计划，激发学习的自律性。目标可以分为长期目标和短期目标。长期目标的制订要结合兴趣爱好、性格特点、技能水平和价值观等方面的因素，明确未来的职业发展、家庭生活、个人成就等，确保整体发展方向不偏离。短期目标的制订需要将长期目标进行拆分，以使目标更加具体、可实施。

当然，值得注意的是，目标切不可"高不可攀""遥不可及"，而应该是通过持续的努力能够达到的，而且目标的实现要有时间限制，没有时限的目标很容易导致中途放弃。在制订目标的过程中，要将计划按照阶段分好，确定优先等级，将目标进行详细分解，在执行过程中要保持发展的灵活性，目标不是确定了就一成不变，而是在确保长期目标的整体性、连续性的基础上，根据新的环境适时调整优化目标，使其符合现阶段自身的发展方向。

当实现一个目标，达到一定的成果后，要及时庆祝，正向激励自己，从而建立一定的学习积极性与自信心，督促后面实现更多的短期目标，为实现长期目标而奠定良好的基础。

二、践行计划，分配时间

想法是零，行动是一。再好的计划、再宏伟的目标，都需要用实践行动实现。计划制订好了，要根据计划合理分配行动的时间。一般情况下，计划的主体包括任务及预期实现的目标、要求、步骤、措施等内容：任务及预期实现的目标就是想要达到的效果；要求就是需要注意的事项；步骤就是从远近不同视角需要做些什么，其中包括行动的次序与先后、每项行动的时间大约需要花费多少、什么时候完成什么事项等；措施是具体实施的方法指导。在整个计划实施过程中，时间分配显得很重要，应根据每一步的行动计划合理分配时间，从而提高学习效率。

三、权衡轻重，界定缓急

古人云："事有先后，用有缓急。"时间是一定的，但是现实生活中很可能多个任务同时涌过来。一心不能二用，该怎么处理？这个时候，需要对同一时间段的任务进行利害关系的权衡，分清楚哪件事情是需要紧急处理的，哪件事情可以暂时放放，对重要的、紧急的事情先做，对次要的、非紧急的事情后做；重要的事情多花费时间与精力，不重要的事情少花费时间与精力。通过界定轻重缓急，合理、科学、全面地完成各项学习任务。这是做事有头绪、条理清楚的前提。事无巨细的吉米·卡特被称为最繁忙的美国总统，无论什么事情他都想把在自己手里，将自己淹没在繁忙的细节中，从而缺失了统筹思考与整体把握的时机。通常，事情根据重要程度与紧迫程度的不同，可以分为四类，如图3.6所示，包括重要且紧急的事情、重要但不紧急的事情、紧急但不重要的事情、不重要也不紧急的事情四种。

重要且紧急的事情是优先级最高的事情，需要立即处理。重要但不紧急的事情可用来考验一个人做事是否有效率，虽然不紧急但是不能无限期拖延，因为拖延会导致事情从非紧急变成紧急，那是时间管理出问题的表现。紧急但不重要的事情虽然在表面上需要立即采取行动，但是从另外一种客观角度来讲，这种事情可以归到次优先级的梯队中。不重要也不紧急的事情往往成为我们拖延的隐患，平时我们经常会碰到这种价值不大的事情，它们更容易做到，因此在做更重要、更紧急的事情之前我们往往容易被这类事情分散精力，甚至愿意把这类事情作为不完成更重要、更紧急事情的借口，长此以往，可能会引发拖延的情况，影响做事效率与时间管理能力。

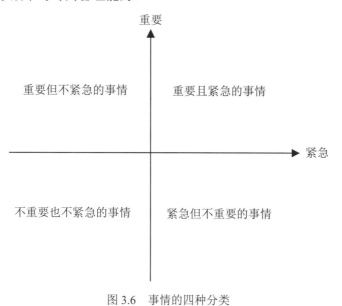

图 3.6 事情的四种分类

四、自我约束，力戒拖延

开会或者上课是踩着时间点到达指定地点，任务总是喜欢拖到最后才完成，不到最后的截止时间总觉得很放松，紧迫不起来，每天想做的事情似乎不少，但到了晚上什么也没完成……这些现象都是拖延的表现。也许是过于追求完美，也许是从小养成了不良学习习惯，也许是内心缺乏安全感而逃避指责，也许是因为没有明确的目标整日如无头苍蝇，这些都有可能导致拖延的产生。那怎样才能更好地减少拖延呢？

首先，要摆正心态，调整认知，能开始做就已经成功了一半，做事不能过于追求完美。世界上没有绝对的完美，因此要容许"不完美"的存在。尝试着先接纳拖延，然后多给自己积极暗示，不断强化对自己优点的认知，通过完成相对容易的小事不断积累自己的成功体验，并给自己适当奖励，从而强化自信心。

其次，培养坚强的意志力，不要因为害怕出错而犹豫不决、裹足不前，适当地保持一点冲动不见得是坏事。有了想做的事情就尽早着手，不要因为一些无关紧要的外界因素限制而为自己的拖延找各种理由，减少犹豫的时间与频次。想做就做，不要纠结，即使在行动过程中遇到困难也可以在行动过程中慢慢解决。

第三，预估完成的时间，然后给自己下"死命令"，不留余地，无论遇到什么事情，都尽量做到"当日事当日毕"，只有对自己严苛一些，才能在不断的行动实践中逐渐改掉拖延的毛病，虽然这个过程在开始实施时会令人非常痛苦，但随着时间的推移，慢慢养成习惯了，就会变得自律起来。

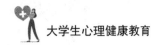

五、专心致志，减少打扰

有人曾经做过一个实验，是关于"选择性注意"的，要求：从未观看过视频的实验者认真观看视频，并数清楚"穿白色球服的队员一共传了几次球"，当然除了穿白色球服的队员之间传球，视频中还有很多"干扰"。比如穿黑色球服的队员也穿插在白色球服队员中间进行传球，中途有一只体型庞大的黑猩猩跑到了视频中舞台的中央，视频背景窗帘的颜色发生了变化，一个穿黑色球服的队员中途退场了，等等。当问及穿白色球服队员传了几次球时，近80%的实验者可以答对次数；但是当问及是否注意到了"干扰"变化时，只有少部分人注意到了。这个实验说明，当"数穿白色球服的队员传了几次球"的目标足够明确且专心于完成这个任务时，很多干扰因素就会被忽略掉，因此说明了专心致志可以减少被打扰的概率，保持良好的注意力。

那么，如何做到专心致志呢？一方面，要从主观意识中不断告诫自己要集中精力；另一方面，将可能影响注意力集中的物件放到远离自己的地方，比如手机，一条短信、一个视频、一篇网文等随时可将注意力吸引走。中国青年网曾经做过一项调查发现：超过33%的大学生每天上网时长为3~5小时，近6%的大学生每天上网时长超过12小时，近40%的大学生经常熬夜，而他们熬夜的主要原因是玩手机，大学生平均每天上网时长远超我国网民平均上网时长①。因此建议专心学习期间，不要将类似于手机一样的强干扰物品放在身边。

六、提高效率，掌握胜券

学习效率的提高与多方面因素相关，学习者的目标、生物钟、睡眠与饮食情况、学习总结能力等都会影响学习者的学习效率。因此，学习效率的提高也需要从这几方面入手。

第一，明确自己的学习目标。这个目标不是宏大的长远目标，而是将长期目标按照时间段进行分割的一个个小目标，每一天、每一周、每一月、每一季度、每一年都制订好小目标，明确了学习目标，学习就会更有动力，学习效率就会提升。

第二，熟悉自己的生物钟。有的人白天精力旺盛，有的人夜晚精力旺盛，每个人的情况是不同的。这就需要熟悉自己的生物钟，知道自己在一天中的哪一段时间精力更加旺盛，尽量将学习安排在此时间段。

第三，保证充足的睡眠与合理的膳食。"不会休息的人也一定不会学习。"这句话不无道理。没有充足、高质量的睡眠，大脑处于疲惫状态，很容易陷入低效率的困境。此外，俗话说"人是铁，饭是钢"，保证充足的营养与规律的饮食也是提高学习效率中非常基础却十分重要的因素。

第四，提升学习总结的能力。有研究表明，善于学习总结的学生更容易取得好成绩。在看似杂乱无序的知识点中找到一定的规律，既可以帮助快速记忆，还能帮助联想一系列相关的知识点，促进知识的融会贯通、承前启后，快速吸收、理解知识点，从而大大提升学习效率。

---

① 于珊. 大学生网络行为分析及引导[M]. 北京：中国商业出版社，2020：11.

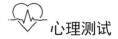 心理测试　　　　　测测你的学习"生物钟"

【题目】请结合自己的情况做出选择。
A. 清晨头脑清醒，大脑思维活跃，反应敏捷，记忆和思维效率高
B. 在上午和傍晚这两段时间内思维比较活跃，学习效率最高
C. 一到夜间，大脑即转入高度兴奋状态，且特别清醒，注意力集中
D. 对于学习时间段，没有特别的偏好，上午、中午和晚上的学习效果都差不多

【分析】
A：百灵鸟型，每天上午 6:00—9:00 的学习效率最高，这种类型的人适合早睡早起，充分利用上午的黄金学习时间。

B：麻雀型，每天在上午 9:00—11:00 和下午的 4:00—6:00 这两个时间段学习效率最高，这种类型的人有效学习的时间分布相对均匀。

C：夜猫子型，这种人的学习适合在晚间进行，尤其是到了晚上 10:00 左右容易达到记忆高峰，这种人适合在夜深人静的环境中加强学习。

D：混合型，这种人的学习质量比较均匀，一天中各个时间段都可以高质量地学习，保证较好的学习效果。

测测你的学习能力

【题目】如果一个老师告诉你某门课学习不行，你会怎么做？
A. 加倍努力
B. 信心大失，对这门课出现反感情绪
C. 不相信老师的话
D. 问老师如何改进

【分析】
A：你是一个需要鼓励的人，外界的压力会影响你的学习意愿，非常注重学习成绩对自身形象的影响，不想因为学不好某一门课程而被他人"看扁"，因此会选择加倍努力。

B：你的学习情绪很容易受到外界影响，尤其是当别人对你的学习状况进行负面评价时，会更加否定自己的学习能力，甚至自暴自弃，这从潜意识层面说明你本身就缺乏自信心，因此心理非常脆弱，一旦遇到阻碍就不堪一击。

C：你有比较强的自我主观定力，不容易受他人的影响，具有较强的自信心，即使现实情况并不理想，也不会失落，值得注意的是你不太能听进去别人的建议，学习状态主要受自己的意识支配。

D：你是一个懂得反思的人，虽然老师只是提醒了一下，但是你会主动向老师请教，具有非常好的学习自主能力，你学习不是为了考取好成绩或博得他人肯定，而是为了获得自身的成长。

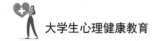 拓展阅读　　　　　　　北京大学保安的逆袭故事

20多年前，北京大学保安张俊成通过自学考上北大法律专科，从保安逆袭为大学生，被称为"北大保安第一人"。张俊成出生在山西襄垣县一个贫困的农村家庭，那里四面环山，土地贫瘠，从小他就经历了贫穷与饥饿，为了减轻家庭负担，张俊成无奈只能放弃中考回家种地。17岁时，他第一次走出大山，到一家汽修厂工作，不怕脏不怕累，工作总是积极主动、认真完成。8个月后，他应聘到北京一家保安公司，入职前一个月的训练成绩将决定分配去向，比别人更用功的张俊成拿下了军事技能、业务知识、职业规范等多项考核第一，最终被分配到北大西门当保安。因为业务突出、工作认真，张俊成只用了两个月的试用期就干到了班长的职位。虽然工作出色，但他内心深处却充满了对受高等教育的渴望。他自行购买书籍，通过连续值夜班挤出更多的白天时间用来学习，一天睡眠时间仅有3小时，半年体重减轻了15斤。功夫不负有心人，半年后张俊成考上了北大法律系专科，学习期间，更是刻苦钻研，拿到了每门课程的高分并顺利毕业。这个故事告诉我们：学习需要努力，唯有勤奋才能实现自己的宏伟目标。

不向命运低头的"当代保尔"

5岁因为脊髓血管瘤而高位截瘫的张海迪没有向命运低头。她虽然没能到学校读书，却凭借着强大的意志力自学知识。她以保尔·柯察金作为自己精神的榜样，一边同病残做斗争，一边用惊人的毅力勤奋学习，先后自学了小学、中学和大学的专业课程。15岁时，张海迪随父母下放到山东莘县一个贫穷的农村。为了帮助更多村民治病，她自学针灸、十几种医学书籍和医科院校的部分教材，为乡亲们针灸治病。她因无偿为村民治病，被誉为"80年代的新雷锋"。张海迪还自学了英语、日语、德语和世界语，翻译了近20万字的外文著作和资料。1983年，张海迪开启文学创作之路，著有散文集《鸿雁快快飞》《向天空敞开的窗口》《生命的追问》，出版长篇小说《轮椅上的梦》《绝顶》等，创作和翻译的作品超过200万字。1991年，做过癌症手术的她开始学习哲学专业研究生课程，两年的刻苦学习让她顺利拿到了吉林大学的哲学硕士学位。这个故事告诉我们：身残不是堕落的理由，再难再苦也不怕，只要肯付出努力，就能获得成功，实现人生价值。

 体验活动　　　　　　　词组记忆游戏

音乐导入：播放钢琴曲，为体验者进入状态做好氛围营造。

专注训练：让所有体验者人手一份报纸，在3分钟内用笔圈出报纸中所有带"亻"的字。

故事导入：妈妈让小明到商店买花椒、大料，为了防止忘记，小明一直在嘴里念叨"花椒、大料"，但是不小心摔了一个跟头，然后小明将"花椒、大料"念成了"飞机、大炮"。通过这个故事调动起体验者的兴趣。

活动开始：按照顺序用30秒记忆以下5组词语：鞋油、运动鞋、稿纸、牛奶、玫瑰花，

顺序不能错。大部分体验者通过死记硬背的方式,是可以在 30 秒内记住这 5 组词语的,但是一天过后呢?一周过后呢?通过死记硬背的方式是无法保证长久记忆的。下面,每个人用这 5 个词语编排故事,最后评选出最佳故事奖。例如:早晨迷迷糊糊出门,本想给皮鞋擦鞋油,却不小心涂到了运动鞋上,慌忙用稿纸擦去鞋油,赶紧喝了一包热牛奶,去买一束玫瑰花送给女友。

活动总结:通过故事记忆的方法,可以将原本没有联系的词语深刻地记到脑子里。可见,好的学习方法是可以提高学习效率与学习质量的。

 好书推荐　　　　 **心理电影**

第四章　有效沟通，人际和谐
——大学生人际交往

> **导入故事**
>
> ### 一位女大学生的住宿苦恼
>
> 一位大二女学生来到心理中心向老师倾诉她的经历：
>
> 我最近失眠，很难过、很压抑，尤其是回到宿舍后就感觉很憋闷，和同宿舍同学的关系都不好，我好想搬出宿舍。我感觉她们合起伙来欺负我，她们晚上玩电脑，有时看电影，有时打游戏，很晚才睡，我想早睡和她们说，但是她们想怎么做还怎么做，有时能玩到两三点，而且声音特别大。她们起床很晚，有时能到10点，但是我想早起学习，因为大学的时间太宝贵了。在我值日的时候，她们有时故意扔垃圾，我刚打扫完，她们又往地上扔垃圾。我想和她们和解，给她们买吃的，她们也不接受。我常常一个人独来独往，形单影只。每次我都独自去食堂吃饭，我也觉得很难堪，觉得同学都用带着怪异的、嘲笑的目光看我。我想和班里其他同学一块，但是都大二了，她们都有固定的一块上课、吃饭的朋友了，我也插不进去。所以回宿舍对我而言是一件压力很大的事情，我很不开心。由于常常受这种心情的折磨，我最近学习效率很低，注意力也不集中，白天昏昏沉沉的。我真的不知道该怎么做了。

约翰·多恩曾写过这样一首诗："没有人是一座孤岛，在大海里独踞。每个人都像一块小小的泥土，连接成整片陆地。"我们生活在这个世界上，便与这个世界产生着这样或那样的联系。从呱呱落地，我们有了亲情的羁绊；慢慢成长，我们接触了友情、爱情、师生情……我们要学会与他们和谐相处，建立亲子关系、朋友关系、师生关系、恋爱关系、舍友关系、同事关系等。和谐的人际交往可以让我们情绪平和，有利于我们的心理发展和身心健康；和谐的人际关系可以给我们带来学业、事业的成功，使我们更好地适应学校、社会、家庭生活。情感和归属的需要是马斯洛需要层次理论中非常重要的一部分。我们有社交的需求；我们需要处理感情上的寂寞时刻；在与人相处中会有冲突和矛盾，我们也需要去处理这些矛盾和冲突。因此，人际交往便成为我们人生的一门必修课。

处在大学校园的环境中，健康的人际交往是非常重要的，它能使我们更好地应对学习和事业上的压力；如果人际交往存在困扰，可能会对大学生的人生发展产生阻碍，心理成长、身心健康和学习生活都会受到影响。

第一节 人际交往有多重要

在我们的人生中，无论是出生、成长，还是工作、学习、恋爱、婚姻，都与他人有着密不可分的关系。人际交往是人与人之间通过直接交往建立的相互之间的情感联系。彼此之间建立好的情感联系，往往能使人感到快乐开心；当我们面对糟糕的关系时，如班级里被排挤、宿舍舍友相处不愉快、恋爱不顺等，我们会感到难过，不开心，甚至产生消极的情绪，而这些消极的情绪也会给我们的心理健康和社会适应产生消极的影响。大量的研究显示，健康的人际交往可以促进我们的个性发展、身心健康、事业成功和生活幸福。

一、有助于心理发展

研究显示，儿童与照看者之间的关系是积极的、亲密的，将是儿童的心理健康发展必不可少的条件。有些人会认为母亲在儿童的心理发展方面扮演重要的角色，但是其他人可能也会替代母亲的角色，但是这种关系的形成需要替代照顾者可以与儿童形成相对稳定的关系和支持资源。稳定的人际关系可以给儿童提供有效的情感支持力量，否则儿童在之后的人际交往、亲密关系、社会适应方面都可能存在这样或那样的问题。

有的孩子出生后，因为爸爸妈妈忙于工作，大都是由爷爷奶奶照顾长大的，爷爷奶奶给了孩子无微不至的关心，包括生活、学习、人际交往等多方面的教育，孩子在与同伴交往的时候是有稳定情感支持的，所以他们可以有健康的心理发展。有研究表明，孩子的亲密关系可能是从一岁开始的。但当前的现状可能是，父母忙于工作，疏于管教孩子，爷爷奶奶对孩子的教育跟不上时代发展，孩子缺少独立的与玩伴游戏的时间，缺少人际交流和沟通，这将影响孩子的心理发展，以致影响未来发展。

二、有利于身心健康

当前青少年处于高孤独感和高竞争感的环境中，如果缺乏与别人的积极交往，可能会导致明显的性格缺陷。我们在心理咨询中发现，很多心理问题都与积极人际交往和良好人际关系的缺乏是有关系的。有研究表明，学校人际关系与青少年心理健康是显著相关的，学校人际关系的困扰程度会影响青少年的心理健康程度[1]。

在心理咨询中发现，很多大学生存在人际交往上的问题。有的大学生与父母的亲子关系存在问题，如父母比较强势，包办代替，等等，自己不知道哪些可以不接受，哪些可以不听，发展到只要听到建议先从心理上排斥，并进一步激化矛盾；在宿舍人际关系的处理上，可能会照搬与父母的相处模式，分不清与舍友、朋友的界限，而导致宿舍矛盾的发生，

---

[1] 王希华，张哲. 学校人际关系与学生心理健康的相关研究[J]. 中国健康心理学杂志，2006，14（3）：258-260.

问题严重到不能解决时，会导致躯体上的症状和心理问题的发生，如抑郁和焦虑情绪，心理失衡，严重者可影响心理健康；如果人际关系处理得好，在面对挫折时彼此支撑和帮助，则有利于缓解苦闷情绪，减少寂寞、恐惧等，获得安全感和归属感，降低挫折感。缺乏人际交往的紧张情绪可能会影响人的免疫系统，进而影响身心健康。

三、有益于事业成功

良好的人际关系对我们的事业发展也会产生重要的影响。与人交好，可以互通消息，交流经验，增长知识。良好的人际关系可以提高工作效率，减少自己在人际关系上的内耗。中国传统文化中强调"天时不如地利，地利不如人和""家和万事兴"等，它们都强调了人际关系的重要性。当我们在工作中面临难题，自己一人无法完成时，良好的人际关系的作用就会显现。一个人不可能完成所有的工作，我们需要彼此配合，如果工作氛围糟糕，彼此恶意竞争，将会严重影响工作的绩效和工作的满意度。

有一个《长勺寓言》故事：有人和上帝谈论天堂和地狱的问题，上帝对这个人说："来吧，我让你看看什么是地狱。"他们走进了一个房间，屋里有一群人围着一大锅肉汤。每个人看起来都营养不良，绝望又饥饿。他们每个人都有一只够得到锅的汤匙，但汤匙的柄比他们的手臂还要长，自己没法把汤送进嘴里。他们看上去是那样悲苦。"来吧，我再让你看看天堂是什么样的。"说完，上帝把这个人领进另一间房。这里的一切和上一个房间没什么不同，一锅汤、一群人、一样的长柄汤匙，但大家却其乐融融。这个人说："为什么一样的情况，结果却相差这么多？"上帝微笑着说："很简单，在这儿他们会喂别人。"天堂和地狱的不同情境，像极了我们所处的环境，这就是生存之道——和则共生。中国人讲究"以和为贵"，由此可见古人思想对日常生活的指导意义。我们需要在学校里、生活中、工作中，处理好与他人的关系，相互合作，才有可能吃到肉汤。

四、有助于生活幸福

在日常生活中，有些人可能会认为，人的幸福是建立在金钱和权力的基础上的，为了金钱和权力甚至放弃了尊严和底线，实际上对于人生的幸福来说，这些都远不如健康的交往与良好的人际关系重要，并不能增加主观幸福感。人际关系在人们生活中的地位，无法为金钱、成功、名誉和地位所取代。我们在影视作品中有时会看到携巨款逃到国外定居的腐败分子，他们非但没有过上他们希冀的幸福生活，反而落寞、焦虑，因为他们原来的交往和社会支持体系已经崩溃，比如《人民的名义》中的腐败分子。此外，如果我们在学习和工作中取得了一定的成就，但是没有亲密关系可以分享，这种幸福的喜悦可能会打折扣。比如我们为了某个目标不断努力，但是家人并不支持，即使我们最终成功了，没有人分享，可能会失去追求的意义。

心理学家克林格（Klinger）曾做过一项调查：当人们被问到"什么使你的生活富有意义"的时候，几乎所有的人都回答，亲密的人际关系是最重要的。自己的生活是否幸福，取决于自己同生活中其他人的关系是否足够好。如果与别人有深刻的情感联系，那就会感到生活幸福且富有意义。反之，则会感到生活缺少目标、没动力、不幸福。在这些被调查者的回答中，人际关系的重要性远远超过了成功、名誉和地位，甚至超过了西方人最为看重的宗教信仰。人际关系处理得较好的学生，有较高的生活满意度，会有较好的积极情感体验；反之，则会产生消极的情感体验。因此，良好的人际关系对我们的幸福生活具有重要的意义。

第二节　影响人际吸引的主要因素

一、才能

你会被什么样的人吸引？一般来说，人们喜欢那些有才能的、聪明的人。我们崇拜为国家科技进步做贡献的人，喜欢有见识的教授学者，喜欢篮球、排球、田径运动员。我们也喜欢那些说话幽默、有趣的人，他们会用幽默的方式化解相处中的尴尬，让群体中的人感受到友好和热情。

但是，人与人之间的吸引是复杂的。在一个群体中，能够更吸引人的不一定是最完美的、才能最出众的那一位。这是为什么呢？我们在群体交往中，可能希望同伴有才能，可以给予自己帮助，我们可能羡慕那些比我们强一点点的人，但是如果对方能力特别出众，我们可能更多地选择敬而远之。而一个人能力特别出众，偶尔犯一个小错误，我们可能会觉得，"哦，原来他只是一个普通人，他也会犯错误"，从而减少彼此的距离感，这个人也更加有吸引力。

二、外貌

我们一直被告知不要因为一个人好看就认为这个人很好，但是我们很难避免外貌对印象形成的影响。"爱美之心，人皆有之。"外貌对于人际吸引的影响是显而易见的。爱美是人的天性，无论在哪种文化背景中，美貌都是一种财富，都令人向往。很多研究证实了漂亮是一种很强烈的刻板印象，外貌的魅力会引发明显的辐射效应，使人们对高魅力者的判断产生明显的倾向性。一般情况下美貌会产生辐射效应，使人们对有美貌的人各个方面做出更为积极的评价，但是，如果人们感到有魅力的人在滥用自己的美貌，则会反过来倾向于对她们实施更为严厉的惩罚。

除却美貌，还有许多明显的外部特征可能提升吸引力，如身体语言、声音和面部表情，都可能影响他人对个体的印象。以面部表情为例，常微笑的人会显得更加平易近人，更容易接近，原因是笑容能够向他人传递信号，告诉对方自己希望和他建立信任、互助的关系[1]；另一方面，笑容能向对方传递信息，让对方觉得他们所处的环境是没有危险的。心理学中著名的视崖实验就表明了这点：婴儿在看到断崖时，是会害怕而不敢往前爬的，但是母亲

---

[1] OWREN M J, BACHOROWSKI J A. The evolution of emotional experience: A "selfish-gene" account of smiling and laughter in early hominids and humans[M]. MAYNE T J, G A BONANNO. Emotions: Current issues and future directions. New York: Guilford Press, 2001: 152-191.

在断崖另一边对婴儿露出鼓励性的微笑时,婴儿能够很大胆地爬过"视崖",而当母亲板着脸做出紧张的表情时,婴儿会在视觉悬崖边停住,不敢再往前爬。笑容只是情绪的载体,如果只是形式上有微笑而内心并没有快乐情绪体验,也是无法提升吸引力的。一个普通的人可能没有遗传绝对的美貌,但是可以保持外表的整洁、干净,可以修习内心,锻炼外在气质,可以发自内心地微笑……

三、个性品质

个性品质对人际吸引的影响是非常大的,我们喜欢真诚、热情、正直、友好的人,讨厌那些虚伪、自私、狡诈、贪婪的人[①]。可以看出,我们喜欢的品质以真诚为主,讨厌的品质也可以用"不真诚"来概括。我们为什么会如此强调真诚的品质?可能是由于真诚的品质可以给我们足够的安全感,我们可以预见到与这些人相处时,不会有太多脱离掌控的东西出现,不会有太多的钩心斗角,我们可以和平解决突发的问题,不会受到过多的欺骗。但是我们在与不太真诚的人相处的过程中,可能会担心受到伤害,而这种担心会激发我们高度的自我防御,我们会时刻处于警惕、担心等状态,并感受到强烈的焦虑和不安的情绪。

我们都听过《曾子杀猪》故事。曾子的妻子要到集市去,她的儿子一边跟着她一边哭泣。曾子的妻子说:"你回去,等我回家后为你杀一头猪。"妻子到集市后回来了,曾子就要抓住一头猪把它杀了,妻子制止他说:"我只不过是与小孩子开玩笑罢了。"曾子说:"小孩子是不能和他开玩笑的。小孩子是不懂事的,是要依赖父母学习的,并听从父母的教诲。现在你欺骗他,是在教他学会欺骗。母亲欺骗儿子,儿子就不会相信自己的母亲,这不是教育孩子该用的办法。"于是曾子马上杀猪煮了肉给儿子吃。父母与孩子相处是如此,人际相处也是如此,我们都需要真诚,如果不够真诚,就会出现信任危机。所以,无论在现实生活的接触中还是聊天中,我们都期待对方可以给我们真诚的评价和意见,坦诚相待,虽然对方可能不一定做到,但至少我们可以尝试保持真诚美好的个性品质。

 拓展阅读   大学生喜欢与不喜欢的个性品质

心理学家安德森(N.H. Anderson)在1968年进行的一项研究中,将555个描绘个性品质的形容词列成表格,让大学生作为被试者评价在多大程度上喜欢一个有这些特点的人。表4.1是高度喜欢、中性、高度厌恶这三类个性品质的列表,每类含20个品质特征。从表中可以看出,被评价最高的品质是真诚和诚实,而被评价最低的是虚伪和说谎。

表4.1 个性品质受到喜欢的程度

高度喜欢的品质	中性品质	高度厌恶的品质
真诚	固执	古怪
诚实	刻板	不友好
理解	大胆	敌意

[①] 金盛华. 社会心理学[M]. 北京:高等教育出版社,2008:257-258.

续表

高度喜欢的品质	中性品质	高度厌恶的品质
忠实	谨慎	饶舌
真实	追求完美	自私
可信	易激动	狭隘
聪慧	文静	粗鲁
可依赖	好冲动	自负
有头脑	好斗	贪婪
体贴	腼腆	不真诚
可靠	不明朗	不善良
热情	易动情	不可信
善良	羞怯	恶毒
友好	天真	令人讨厌
快乐	好动	不真实
不自私	空想	不诚实
幽默	追求物欲	冷酷
负责	反叛	邪恶
开朗	孤独	虚伪
信任别人	依赖别人	说谎

（资料来源：金盛华，2008）

第三节 怎样建立良好的人际关系

一、遵循人际交往基本原则

（一）真诚原则

心理学家对各种类型的对象进行调查后发现，不同类型的人在回答"人际交往上你最喜欢什么样特征的人？最期望别人采取什么样的方式同自己交往？自己会采取什么样的交往方式与别人交往？"等几个问题时，答案大多是"真诚"。与男性相比，女性的这种倾向更加明显。可见，真诚的品质与交往方式在人际交往中占据了特殊的地位。

仔细研究心理学家安德森所完成的关于个性品质受喜爱程度的研究结果，你会发现：在最受人欢迎的个性品质中，排在序列最前面、受喜爱程度最高的 6 个个性品质包括"真诚、诚实、理解、忠诚、真实、可信"，都直接或间接地同"真诚"的品质有关[①]。而排在序列最后，受喜爱水平最低或被拒绝水平最高的几个品质，如"说谎、装假、不诚实、不真实"等，又都同"不真诚"有关。由此我们很容易得出结论："真诚"是最受人欢迎的个性品质，而与其对立的"不真诚"则是最令人厌恶的个性特征。一个人要想吸引别人，

---

① ANDERSON N H. Likableness Rating of 555 Personality-trait Words[J]. Journal of Personality and Social Psychology,1968(9): 272-279.

赢得别人尊重,与别人保持良好的交往,真诚是必须有的品质和交往方式。

为什么人们如此期待"真诚",而对于不真诚又如此高度拒绝呢?人作为社会的动物,需要在物理环境和社会环境中都处于一个安全的境地。真诚使人们对于与自己交往的人将做出对自己怎样的行为有明确的预见性,因而更容易建立安全感和信任感。而面对不真诚或欺骗,则意味着对方对于自己究竟会做出什么是不确定的,这就意味着自己有可能受到侵害。"不怕贼偷,只怕贼惦记。"在心理上,最使人感到恐惧的,不是一件不幸事件的发生,而是需要随时担心一件事情的发生。这种担心会使人长期处于高度自我防卫状态,并使人在主观上感受到焦虑与不安。为此,对于引发我们焦虑的不真诚对象,我们只能选择拒绝和逃避。

(二) 尊重原则

在马斯洛的需要层次理论中,尊重的需要是人的基本的需求之一。我们希望获得别人的尊重,我们有被尊重的需求。在人际交往上,我们需要被尊重,我们需要给予别人尊重。我们都听过苏轼与佛印的故事。宋代大文豪苏轼非常喜欢谈佛论道,和佛印禅师关系很好。有一天他登门拜访佛印,问道:"你看我是什么?"佛印说:"我看你是一尊佛。"苏轼闻之飘飘然。佛印又问苏轼:"你看我是什么?"苏轼想难为一下佛印,就说道:"我看你是一坨屎。"佛印听后默然不语。苏轼认为自己赢了佛印,高兴地回到家中。见到苏小妹,苏轼便吹嘘自己今天如何用一句话噎住了佛印禅师。苏小妹听了直摇头,说道:"哥哥,你的境界太低,佛印心中有佛,看万物都是佛。你心中有屎,所以看别人也就都是一坨屎。"

要想在人际关系中彼此相处融洽,双方需要对关系做到平等控制,双方都要有一定的自由。如果我们站在权威的或居高临下的一方控制某段关系,对方可能会减少自我的卷入程度,不利于双方关系的建立。比如在亲子关系中,父母对孩子的干涉过多,包办代替,当青春期的孩子对于自主权的渴望与家长的需要相矛盾时,孩子会感觉自己没有被尊重;在与朋友相处的过程中,过于出风头表现自己,居高临下,"秀"家庭背景,会使别人感受不到平等、尊重,这些都将影响到自身的人际关系。因此,我们在与他人相处时,希望得到别人的尊重,就要尊重别人,"己所不欲,勿施于人",平等和谐与他人相处。

(三) 宽容原则

"金无足赤,人无完人",这句话我们可能听过无数次,但是在与他人相处的过程中,想要做到宽容可能会有一定的难度。我们在与他人相处的过程中,因为关系好,可能要求会更高,可能更加在乎,可能更加心理不平衡,等等,这些都将增加彼此相处的矛盾和问题。六尺巷的故事我们都很熟悉。清康熙年间,张英担任文华殿大学士兼礼部尚书。他老家桐城的官邸与吴家为邻,两家院落之间有条巷子,供双方出入使用。后吴家要建新房,想占这条路,张家人不同意。双方争执不下,将官司打到当地县衙。县官考虑到两家人都是名门望族,不敢轻易了断。张家人一气之下写封加急信送给张英,要求他出面解决。张英看了信后,认为应该谦让邻里,就在给家里的回信中写了四句话:"千里修书只为墙,让他三尺又何妨?万里长城今犹在,不见当年秦始皇。"家人阅罢,明白其中含意,便主动让出三尺空地。吴家见状，深受感动，也主动让出三尺房基地，"六尺巷"由此得名。

大学生在人际交往中，需要容忍对方的过失和不足。相聚于大学校园之中，这段缘分可能只有短短四年时间。同一个院系、一个班级、一个宿舍，成为朋友更是难得。每个人成长的环境、过往的经历都会不同，看问题的方式也会有差异，有矛盾和冲突在所难免，我们需要多一些尊重和理解，更加宽容大度。当矛盾和冲突发生时，首先抛出橄榄枝的人往往更能得到对方的尊重和感激。宽容可能代表的是一份胸襟和气度，比如"宰相肚里能撑船"就是很好的体现。短短四年，或者更少的相处时间，我们可以尝试给彼此机会，更加宽容对待对方的错误，对很多错误可以一笑而过。

（四）互助原则

中国传统文化中重视"礼尚往来""投我以桃，报之以李"。人际关系的互助原则，实际上是要求人际关系之间的往来是可以实现回报和付出之间的对等。我们都听过《鳄鱼和小鸟》的寓言故事：大家觉得鳄鱼很恐怖，都不跟鳄鱼玩。有次鳄鱼吃肉，牙缝里面塞了很多肉。鳄鱼自己弄不掉，大家都不愿意帮助鳄鱼，只有小鸟愿意帮助鳄鱼。小鸟帮鳄鱼把牙缝里的肉全吃了，不仅让肚子饱了，也让鳄鱼舒服了。小鸟帮助鳄鱼是共赢，互惠互利，你帮助他人，他人也会回赠予你。人与人之间的相处便是如此，不能一味地付出，也不能一味地索取。我们可以付出，"授人玫瑰，手留余香"，但不能一味付出，"苦守寒窑十八载"。"费力最小原则"是人类行为的基本准则之一，人们都倾向于付出少而收获多。在恋爱关系上女生对陪伴更加在乎，男生可能更加关注时间、金钱、精力的投入。女生可能在乎日常的陪伴，对方对自己是否好，但是当付出到一定程度后，自己一直付出的金钱、精力较男生多很多时，也会产生心理上的不平衡。

也就是说，我们在与人相处时，希望被对方接纳，我们可能会付出，但是我们希望交往是值得的。有的同学在进入大学后，家人或朋友会说"要努力搞好舍友关系"，这位同学就可能努力地讨好他人，给舍友打水、打饭，任劳任怨，为了迎合舍友，花费大把时间打游戏而荒废学习，最终在大四毕业时别人找到满意的工作或考上研究生，而自己可能什么也得不到，这些都是不符合互助原则的。因此，在人际交往中我们需要遵循互助原则，将人际交往维持在互助、平等且心理平衡的基础上。

 **拓展阅读**   **自我暴露的范围和深度**

根据社会渗透理论的思想，人们对于陌生人，对于熟人和亲密朋友，在自我暴露的广度和深度上是明显不同的（见图4.1）。对于熟悉的人，自我暴露的深度和广度会增加，但对于有亲密性的话题，涉及的范围很小。亲密朋友是人们通常交流最为广泛充分的对象，沟通的内容在亲密话题和非亲密话题上都会有广泛涉及。同样，社会渗透理论思想也表达了一个重要概念，即无论对什么人，也无论关系多么亲密，人们在心理上都会有不愿意暴露的领域。因此，我们没有理由因为关系亲密或者是情侣、夫妻、亲子关系而要求对方完全敞开心扉，更不能任意侵犯对方不愿暴露的领域。否则，对方会产生强烈的排斥情绪，从而导致对你的接纳性大大降低。

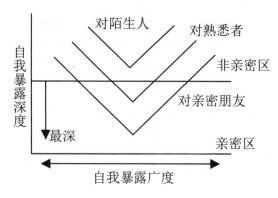

图 4.1 自我暴露的范围和深度

二、了解人际交往心理效应

（一）首因效应

首因效应是由美国心理学家洛钦斯首先提出的，也叫首次效应、优先效应或第一印象效应，是指交往双方因为第一次印象产生"先入为主"的效果而对今后交往关系的影响。虽然这些第一印象并不一定总是正确的，却是最鲜明、最牢固的，如果一个人在初次见面时给人留下良好的印象，那么人们就愿意和他接近，彼此也能较快地取得相互了解，并会影响人们对他以后一系列行为和表现的解释。反之，对于一个初次见面就引起对方反感的人，即使由于各种原因难以避免与之接触，人们也会对之很冷淡，在极端的情况下，甚至会在心理上和实际行为中与之产生对抗状态。比如在入学之初，我们希望得到同学的认可和评价，于是我们积极表现，参加各种社团活动。

古语所说的"新官上任三把火""早来晚走""恶人先告状""先发制人""下马威"等，都是利用首因效应占得先机的经典案例。而人们常说的"给人留下一个好印象"，一般是指第一印象，这里就存在着首因效应。在交友、招聘、求职等社交活动中，可以利用这种效应，给人展示一种极好的形象，为以后的交流打下良好的基础。当然，这在社交活动中只是一种暂时的行为，更深层次的交往需要加强在谈吐、举止、修养、礼节等各方面的素质，那就是近因效应。在日常交往过程中，尤其是初次交往时，要注意给人留下美好的印象。首先，要注重仪表风度，一般情况下人们都愿意同衣着干净整齐、落落大方的人接触和交往。其次，要注意言谈举止，言辞幽默、侃侃而谈、不卑不亢、举止优雅，会给人留下好的印象。在入学之前或者有重要活动时，有人会打理一下头发，换一件干净整洁的衣服，第一次见面时保持自己的礼貌的举止和谈吐……这些都可能影响到别人对自己的第一印象。

（二）近因效应

与首因效应相反，近因效应是指在总体印象形成过程中，新近获得的信息比原来获得的信息影响更大的现象。在人际交往中，首因效应和近因效应这两种现象都很常见。心理学的研究表明，在人与人的交往中，交往的初期，即在延续期但还生疏的阶段，首因效应的影响重要；而在交往的后期，就是在彼此已经相当熟悉的时期，近因效应的影响也同样重要。现实生活中，近因效应的心理现象相当普遍。比如与朋友发生争执时，往往会一句话伤了朋友和气。因一句话而印象深刻，影响彼此关系，这就是近因效应。

朋友之间这种负性的近因效应，大多产生于交往中遇到与愿望相违背，愿望不遂，或感到自己受屈、善意被误解时，其情绪多为激情状态。在激情状态下，人们对自己行为的控制能力，和对周围事物的理解能力，都会有一定程度的降低，容易说错话，做错事，产生不良后果。因此，在发生矛盾时，须加忍让，冷静下来，防止激化矛盾；待心平气和时，再与朋友进行沟通，解决冲突。

（三）相似定律

在人际吸引上，人们喜欢与自己在情感、态度、价值观等方面相似的人交往。对人际吸引有重要影响的相似性来自以下几个方面：一是人口特征的相似性，包括性别、种族、背景、宗教、社会阶层以及年龄等；二是态度的相似性，包括观点、人格、兴趣、人际风格等。除了以上两个方面，外表相似性也影响人们对约会对象的选择及婚姻的决定。心理学家发现，人们往往倾向于选择与自己在长相上相似的异性做伴侣；也有观点认为，伴侣相处时间久了，彼此会越来越像。

为什么相似性对人际吸引如此重要？费斯廷格（Festinger，1954）用自我确认理论（self-validation）来解释。这种理论认为，当情境不明确的时候，人们往往通过与他人的比较来确认自己，会选择那些在某些方面与自己相似的人交往，以使自我概念得以确认[1]。人们会认为，与自己相似的人一般同意自己的主张，会对自己的观点加以支持，使自己有信心。

（四）互补定律

在人际交往中，我们喜欢与自己相似的人交往，比如在异地上大学通过老乡会认识老乡、他乡遇故知等，但是在长期的接触中，尤其是在恋爱、婚姻关系中，个体可能会选择同自己有着相反的特点的人交往，或者会选择那些能补充自己不足的人长期交往，那些在兴趣、性格、专长、观点等方面存在差异的人，当他们的需要和满足需要的途径正好构成互补关系时，更容易彼此吸引。在婚姻关系中，这种互补性有时候表现在交往双方的性格上，比如夫妻双方性格互补往往能使家庭生活更有意思，双方一个主动，一个稍稍被动，即一个依赖型的人需要一个支配型的人引导。如果有一方是强势的，另一方一般会"避其锋芒"，但是如果两人都强势，都认为自己是对的，针尖对麦芒，最终的结果可能是"一地鸡毛"；在与朋友的相处中也是同样的道理，一方愿意诉说，另一方愿意倾听，双方性格爱好可能不同，但彼此愿意包容，互相学习，就可能见到不一样的精彩世界，获得不一样的人生体验；将来走上工作岗位后，在领导与服从关系上，一位有魄力的领导可能需要的是性格相对温和且有较强执行力的下属，如果团队中的人都有同样的性格，工作就可能做不好。因此在长期的人际关系中，互补定律是非常重要的。

---

[1] FESTINGER L A. Theory of social comparison processes[J]. Human Relations, 1954, 7(2): 117-140.

 拓展阅读

【原文】 上曰:"夫运筹帷幄之中,决胜千里之外,吾不如子房;镇国家,抚百姓,给馈饷,不绝粮道,吾不如萧何;连百万之众,战必胜,攻必取,吾不如韩信。三者皆人杰,吾能用之,此吾所以取天下者也。项羽有一范增而不用,此所以为我所禽也。"群臣说服。(选自《汉书·高祖本纪》)

【译文】 刘邦说:"在大帐内出谋划策,在千里以外一决胜负,我不如张良;平定国家,安抚百姓,供给军饷,不断绝运粮食的道路,我不如萧何;联合众多的士兵,打仗一定胜利,攻占一定取得,我不如韩信。这三个人都是豪杰,我能够利用他们,这是我取得天下的原因。项羽有范增而不任用,这就是他被我捉拿的原因。"众大臣心悦诚服。

(五)投射效应

投射效应是指在人际交往中,把自己的认知观点强加到对方身上,认为别人和自己的看法是一致的。所谓"以小人之心,度君子之腹",就是这种投射效应的一个侧面。

一般说来,投射可分为两种类型:一种是指个人没有意识到自己将某些特性强加到了他人身上。比如在宿舍里发生矛盾冲突,一人说舍友在他睡觉时故意去阳台拿衣服、开门,因为他自己对去阳台拿衣服开门很小心,所以认为对方是故意的。但是在深入了解后发现,双方认知并不同,舍友只是有事着急,没有在意。此外,一个对他人有敌意的同学,总感觉到对方对自己心怀不满,似乎对方的一举一动都有挑衅的色彩。另一种投射效应则是认知上缺乏客观性,往往评价超出理性的范围,存在过度的赞扬或贬低,可能对喜欢的人更加喜欢,对不喜欢的人则越看越讨厌。比如卡耐基父亲对一向淘气的小卡耐基是有投射效应的,而后母并没有因别人的评价而受影响,她公正对待卡耐基,最终成就了卡耐基的励志人生。这就需要我们在与他人相处时要做到沟通良好,充分了解别人的想法,不要把自己的想法和评价强加到别人身上;此外,要尽量理性地看待对方的优点和缺点,避免PUA(精神操控)等。

 拓展阅读

卡耐基很小的时候,母亲就去世了。在他9岁的时候,父亲又娶了一个女人。继母刚进家门的那天,父亲指着卡耐基向她介绍说:"以后你可千万要提防他,他可是全镇公认的最坏的孩子,说不定哪天你就会被这个倒霉蛋害得头疼不已。"卡耐基本来就打算不接受这个继母,在他心中,一直觉得"继母"这个名词会给他带来霉运。但继母的举动出乎卡耐基的意料,她微笑着走到卡耐基面前,摸着卡耐基的头,然后笑着责怪丈夫:"你怎么能这么说呢?你看哪,他怎么会是全镇最坏的男孩呢?他应该是全镇最聪明、最快乐的孩子才对。"继母的话深深地打动了卡耐基,从来没有人对他说过这种话啊,即使母亲在世时也没有。就凭着继母这一句话,他和继母开始建立友谊。也就是这一句话,成为激励他的一种动力,使他日后创造了成功的28项黄金法则,帮助千千万万的普通人走上成功和致富的光明大道。要知道,在她来之前,从没有人称赞过他聪明。

(六)刺猬法则

刺猬法则说的是这样一个十分有趣的现象。在一个寒冷的冬季,两只困倦的刺猬因为冷而拥抱在了一起,但是无论如何它们都睡不舒服,由于它们身上都长满了刺,紧挨在一块就会刺痛对方,反倒睡不安宁。因此,两只刺猬就离开了一段距离,可是又实在冷得难以忍受,因此就又抱在了一起。折腾了好几次,最后它们终于找到了一个比较合适的距离,既能够相互取暖又不会被扎。这就是人际交往过程中的"心理距离效应"。

亲密的人际关系经常发生摩擦和矛盾,反倒不及初次交往容易。很多家庭、情侣常常相互埋怨,正是这种情况的表现。按理说,应该是交往得越深,就越容易相处,人际关系也越好,可事实上并非如此。一个你非常敬佩的人,因为相处甚密,对方的缺点就日益显露出来,你就会不知不觉改变自己对对方的感情,甚至变得失望。夫妻、恋人、朋友以及师生之间都不例外。我们往往会对陌生人更加礼貌和客气,却将坏脾气留给了孩子、父母和伴侣,因为这种关系相对更有安全感,不会说散就散。尤其有原生家庭创伤的人,可能会在后续的人际交往中,在重复经历创伤体验时,通过不断刺伤对方达到自我防御的目的。

拓展阅读

人际距离(interpersonal distance)是在社会心理学中指关于人际交往中双方之间的距离及其意义。E.霍尔认为,由于人们之间的关系不同,距离也不同。他指出了四种人际距离:亲密的、个人的、社会的和公共的。亲密距离(父母与子女之间、夫妻之间交往的距离),约为18英寸;个人距离(朋友或熟人之间的交往距离),一般为18英寸~4英尺;社会距离(一般认识者之间交往的距离),约为4英尺~12英尺。人们多数的交往发生在这个距离之内。公共距离(陌生人之间、上下级之间交往的距离),一般为12英尺~25英尺。人际距离与文化背景有关。拉丁美洲人和阿拉伯人在交谈时,保持很近的距离。亚洲人和北美人在交谈时,喜欢保持较大的距离。

资料来源:教育大辞典编纂委员会编.教育大辞典(第5卷)教育心理学[M].上海:上海教育出版社,1990:432.

(七)谦虚法则

卢维斯定理是由美国心理学家卢维斯在20世纪60年代提出的一种心理学理论。该理论认为,在人际交往中如果我们想要获得他人的喜欢和尊重,我们应该首先学会喜欢和尊重自己。他认为,谦虚的人更容易受到他人的喜欢和尊重,因为他们不会将自己的想法和感受强加给别人,而是能够理解和接受他人的感受和观点。同时,谦虚的人也更容易与他人建立良好的关系,因为他们能够尊重和欣赏他人的优点和长处,而不是只看重他人的缺点和不足。总之,卢维斯定理是一种关于人际交往和自我认知的重要理论。它提醒我们,在与他人交往和相处时,我们应该首先学会喜欢和尊重自己,理解和接受他人的感受和观点,建立良好的关系,从而更好地实现自己的人生价值和目标。

在与他人相处的过程中,我们需要怀有一颗谦虚之心。"满招损,谦受益。"过度的自满会给别人带来糟糕的印象,因为金无足赤,人无完人,只有虚心接受别人的意见,我们才能更加全面地看问题,才能更加理性地站在别人的角度看问题,给别人更加积极的第一印象，并在后续的交往中表现出更加积极的人格品质，减少不必要的冲突和矛盾。

拓展阅读

　　左宗棠是晚清重臣，他喜欢下棋，而且棋艺高超，很少有对手。有一次他微服出巡，在街上看到一个老人在摆棋阵，招牌上写着："天下第一棋手。"左宗棠觉得老人太过狂妄，立刻上前挑战。结果老人不堪一击，连连败北。左宗棠洋洋得意，命老人把那块"天下第一棋手"的招牌摘了，不要再丢人现眼。没想到，当左宗棠从新疆平乱回来时，居然又发现了那块牌子。他很不高兴，就又去和老人下棋，但是这次他竟然三战三败，被杀得落花流水。第二天再去，左宗棠仍然惨遭败北，他很惊讶：老人为什么能在这么短的时间内，棋艺进步得如此之快呢？他向老人请教。老人笑着说："你虽然微服出巡，但我一看就知道你是左公，而且即将出征，所以我让你赢，好使你有信心立大功。如今你已凯旋，我就不必再客气了！"左宗棠听后心悦诚服。

（八）倾听法则

　　在人际交往中，倾听是一门艺术，更是一次心灵与心灵的交流与碰撞。倾听他人说话，会使对方心情愉快，毫无顾虑地吐露内心的苦恼或喜悦，最重要的是能使说话者感觉受到了尊重。只有善于倾听的人，才能更准确地把握谈话者的意思、流露出的情绪、传播出的信息，容易获得对方的信任和好感。这便是人际交往中的倾听法则。

　　我们往往喜欢用说的方式表达内心的观点和看法，而忽视了倾听。有时倾听可能更加重要。比如，一个深受心理问题困扰的人并不擅长表达，他理不清内心的思绪，可能就需要一个好的倾听者，需要倾听者去了解并走进他的内心，听他内心深处的表达，帮他厘清内心的想法。此外，一个生性挑剔，甚至是激烈的批评者，常会被一个有忍耐和同情心的倾听者所软化降服，因为他需要宣泄，而他人未必愿意接受这种宣泄。所以，如果你希望成为一个深受欢迎的人，那就先做一个善于倾听的人。事实上，与雄辩的高谈阔论相比，倾听对方的这种交流方式，有可能产生神奇的沟通效果。你在认真地倾听对方讲话后，能够准确地获取对方的信息，避免由于沟通不畅所带来的负面影响，达到良好的人际沟通。

　　那么，我们应当用什么方法去倾听，才能更快捷地了解对方，并与对方有效沟通呢？有效的倾听包括三个原则：其一，不要轻易打断对方的谈话，聆听时要神情专注，表现出自己在用心倾听，必要时要做出真诚的回应；第二，全心投入到对方的讲述之中，进入对方的情感世界中，随对方的情感而波动，辅以适当的肢体语言；第三，用心聆听对方的思维和心声，将自己置身于对方的语境中，因他的悲伤而悲伤，因他的快乐而快乐，也就是要做到共情。

（九）换位思考

　　换位思考是站在对方角度思考问题的心理体验过程。它客观上要求我们将自己的内心世界，如情感体验、思维方式等，与对方联系起来，站在对方的立场上体验和思考问题，从而与对方在情感上得到沟通，为增进理解奠定基础。换位思考，其实可以分成两个方面：一方面我们可以在对待自己和他人时使用同一个标准，避免双标，也就是说杜绝要求别人时苛刻、必须达到极高的标准,而在要求自己时降低要求;另一方面就是宽人严己,这就要求我们有更高的思想觉悟,严于律己,宽以待人,理解对方的难处,适当宽容别人的错误,自觉提高对自己的要求,不拿严于律己的标准要求别人。知足常乐,减少对对方的要求,降低心中对对方的标准,可能会有更多的主观幸福感。

换位思考是融洽人与人之间关系的最佳润滑剂。人们都有这样一个重要特点:即总是站在自己的角度思考问题。假如我们能换一个角度,站在他人的立场思考问题,会得出怎样的结果呢?最终的结果就是多了一些理解和宽容,改善和拉近了人与人之间的关系,这一切都是从换位思考做起的。宽容这一美德的得来,也开始于换位思考。在一个团队中,只有换位思考,才能更加理解对方,不为蝇头小利所惑,减少金钱名利的恶意竞争,才能减少彼此的冲突矛盾,形成更高的团队凝聚力,才能更好地解决问题、获得成功。在同一宿舍,或者某团队中,羡慕嫉妒之心是常有的,我们能看到别人的成功,也要看到别人的付出。你在玩游戏时,别人可能在学习;你在打扮化妆时,别人可能在学习。看不见别人的努力和付出,只看得到别人的成绩,背后使绊子,这样只会降低自己的个人品质。

(十)宽容定律

宽容别人就是在宽容我们自己。我们在宽容别人的同时,也为自己营造了和谐的氛围,为心灵留下一点舒缓的空间,这便是宽容定律。古时候,有一位修行极高的老禅师。一天傍晚,他在禅院里散步,发现墙角摆放着一张椅子,上面布满脚印。禅师心下明白,一定又有贪玩的小和尚翻墙出去了。他挪开椅子,一声不响地站在墙角。过了一段时间,偷跑出去的小和尚翻墙回来,待双脚落地时,才发现自己刚才踩的竟然是师父的肩膀,顿时魂飞魄散。出乎意料的是,老禅师并没有对小和尚严加斥责,而是和颜悦色地劝说道:"夜深天凉,快去加件衣服,小心着凉。"小和尚立即羞愧难当。从那以后,他再也不翻墙出去玩儿了。

在日常生活中,一个人难免会与其他人发生冲突。当有人在背后恶语中伤你的时候,你是想"以牙还牙",用同样的语言攻击他,还是泰然处之,保持缄默?当平日的挚友背叛你的时候,你是选择伺机报复呢,还是选择默默承受,宽容他呢?宽容是一种至高的人生境界,只有能够原谅可容之言、饶恕可容之事、包涵可容之人,才能达到这种宠辱不惊的境界,同时也为自己营造一个安宁的心境。而心绪平和,才能让我们在逆境中处乱不惊,在绝境中寻找出路。大学四年,在宿舍中与舍友相处的时间是最多的,大家可能来自不同省份,或者存在生活习惯上的差异,每个人的性格、行为习惯都是不同的,给别人一点空间,发生矛盾时适当理解,冷静下来,多一些对对方的理解,或许矛盾激化不了,甚至可能一笑而过。

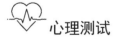 心理测试 　　大学生人际关系综合诊断量表

指导语

这是一份人际关系行为困扰的诊断量表,共28个问题,在每个问题上,选"是"的打"√",选"非"的打"×",请你认真完成,然后参看后面的评分计分办法和对测验结果

做出的解释。

问卷

（1）关于自己的烦恼有口难言。
（2）和生人见面感觉不自然。
（3）过分地羡慕和妒忌别人。
（4）与异性交往太少。
（5）对连续不断的会谈感到困难。
（6）在社交场合感到紧张。
（7）时常伤害别人。
（8）与异性来往感觉不自然。
（9）与一大群朋友在一起，常感到孤寂或失落。
（10）极易受窘。
（11）与别人不能和睦相处。
（12）不知道与异性相处如何适可而止。
（13）当不熟悉的人对自己倾诉他的生平遭遇以求同情时，自己常感到不自在。
（14）担心别人对自己有什么坏印象。
（15）总是尽力使别人赏识自己。
（16）暗自思慕异性。
（17）时常避免表达自己的感受。
（18）对自己的仪表（容貌）缺乏信心。
（19）讨厌某人或被某人所讨厌。
（20）瞧不起异性。
（21）不能专注地倾听。
（22）自己的烦恼无人可申诉。
（23）受别人排斥，个性冷漠。
（24）被异性瞧不起。
（25）不能广泛地听取各种意见、看法。
（26）自己常因受伤害而暗自伤心。
（27）常被别人谈论、愚弄。
（28）不知如何与异性更好地相处。

结果解释：

打"√"给1分，打"×"得0分。

如果总分在0~8分，说明受测者善于交谈，性格开朗，主动，关心别人，对周围朋友很好，愿意与他们在一起，彼此相处得不错。

如果总分在9~14分，说明受测者与朋友相处有一定的困扰，人缘一般，与朋友的关系时好时坏，经常处于起伏变动之中。

如果总分在15~28分，说明受测者在与朋友相处时存在严重困扰。

分数超过20分，则表明人际关系行为困扰程度很严重，而且在心理上出现较为明显的障碍：受测者可能不善于交谈，也可能是个性格孤僻的人，不开朗，或者有明显的自高自大、讨人嫌的行为。

下面根据各个小栏上的得分，具体说明受测者与朋友相处的困扰行为及其纠正方法。

I	题目	1	5	9	13	17	21	25	小计：
II	题目	2	6	10	14	18	22	26	小计：
III	题目	3	7	11	15	19	23	27	小计：
IV	题目	4	8	12	16	20	24	28	小计：

（1）记分表 I 栏上的小计分数，显示出受测者在交谈方面的行为困扰程度。

如果得分在6分以上，说明受测者不善于交谈，只有在极需要的情况下才同别人交谈，总难于表达自己的感受，无论是愉快还是烦恼。受测者不是个很好的倾听者，往往无法专心听别人说话或只对单独的话题感兴趣。

如果得分在3~5分，说明受测者的交谈能力一般，能够诉说自己的感受，但不能讲得条理清晰。如果受测者与对方不太熟悉，开始时往往表现得比较拘谨与沉默，不太愿意与对方交谈。但这种状况一般不会持续太久。经过一段时间的接触，受测者可能会主动与人搭话，这方面的困扰也就会随之减轻或消除。

如果得分在0~2分，说明受测者有较高的交谈能力和技巧，善于利用恰当的说话方式交流思想感情，因而在与别人建立友情方面，往往更容易获得成功。

（2）记分表 II 栏上的小计分数显示出受测者在交际与交友方面的行为困扰程度。

如果得分在6分以上，说明受测者在社交活动与交友方面存在严重的行为困扰。例如，在正常集体活动与社交场合，比大多数同伴更为拘谨；在有陌生人或老师在场时，往往感到更加紧张；往往过多考虑自己的形象而使自己处于越来越多被动和孤立的境地。

如果得分在3~5分，说明受测者在社交与交友方面存在一定的困扰。受测者不喜欢一个人待着，需要和朋友在一起，却不善于创造条件并积极主动地寻找知心朋友。

如果得分在0~2分，说明受测者对人较为真诚和热情，不存在人际交往困扰。

（3）记分表 III 栏上的小计分数，显示出受测者在待人接物方面的困扰程度。

如果得分在6分以上，说明受测者缺乏待人接物的机智与技巧。在实际的人际交往中，受测者也许有意无意地伤害别人，或者过分羡慕别人，以致在内心嫉妒别人。因此，可能受到别人的排斥，甚至愚弄。

如果得分在3~5分，说明受测者是个多侧面的人，也许是一个较圆滑的人。对待不同的人，受测者有不同的态度，而不同的人对受测者也有不同的评价。受测者讨厌某人或者被某人讨厌，却非常喜欢一个人或者被另一个人喜欢。受测者的朋友关系某些方面是和谐的、良好的，某些方面却是紧张的、恶劣的。因此，受测者的情绪很不稳定，内心极不平衡，常常处于矛盾状态。

如果得分在0~2分，说明受测者较尊重别人，敢于承担责任，对环境的适应能力强。受测者常常以自己的真诚、宽容、责任心强等个性特点，获得众人的好感与赞同。

（4）记分表 IV 栏上的小计分数，显示出受测者同异性朋友交往的困扰程度。

如果得分在5分以上，说明受测者在与异性交往的过程中存在较为严重的困扰。也许受测者对异性存有过分的思慕，或者对异性持有偏见。这两种态度都有片面之处。也许是因不知如何把握好与异性同学交往的分寸而陷入困扰之中。

如果得分在3~4分,说明受测者与异性同学交往的行为困扰程度一般。有时受测者可能觉得与异性同学交往是件愉快的事,有时又可能觉得这种交往似乎是一种负担,不知道如何与异性交往。

如果得分在0~2分,说明受测者知道如何正确处理与异性朋友之间的关系。受测者对异性同学持公正的态度,能大方自然地与他们交往,并且在与异性朋友交往过程中,得到了许多从同性朋友那里得不到的东西。受测者可能是一个比较受欢迎的人。无论是同性朋友还是异性朋友,大都比较喜欢和赞赏受测者。

他—我融合度量表

他—我融合度量表(inclusion of other in the self scale),简称IOS量表,用于测量被试者和另外一个人的情感融合度或心理距离,是由阿龙等人(Aron et al., 1989)提出的人际关系测量的操作方法,信度和效度等测量学特征良好。如图4.2所示,此量表包括7个重叠程度线性增加的双圆,7个图形形成一个7点等距量表;其指导语为:"下面哪张图片最能代表你们之间的关系?请圈出来。"如果选择第一个图形,则计分为1,以此类推,7表示关系最近。数字越小,则二人关系越远,心理距离越大。此外,通过改变指导语,IOS量表可以测量被试者和不同个体之间的关系远近,如要想测量被试者和其母亲的关系,就可以把指导语改为:"下面哪张图片最能代表你和你母亲之间的关系?请圈出来。"

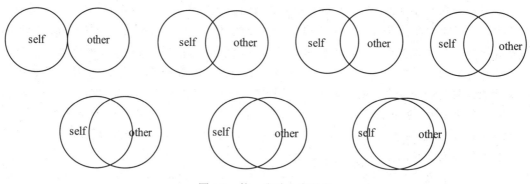

图4.2 他—我融合度量表

 **体验活动**   我说你画

活动目的:
(1)让学生学会全局思考、清晰表述、准确回应。
(2)学生学会多角度找原因,主动承担责任。
(3)体验有效的信息沟通要素包括准确表达、用心聆听、思考质疑、澄清确定等。

活动时间:大约需要10~15分钟。

活动道具:

两张样图(见图4.3和图4.4),每人一张16开白纸和笔。

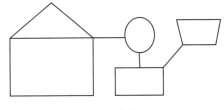
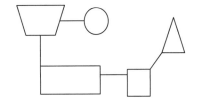

图 4.3　样图一　　　　　　　　　　　图 4.4　样图二

活动场地：以室内为宜。

活动程序：

（1）第一轮请一名志愿者上台担任"传达者"，其余人员都作为"倾听者"，"传达者"看样图一两分钟，背对全体"倾听者"，下达画图指令。

（2）"倾听者"们根据"传达者"的指令画出样图上的图形，"倾听者"不许提问。

（3）根据"倾听者"的图，"传达者"和"倾听者"谈自己的感受。

（4）第二轮再请一位志愿者上台，看着样图二，面对"倾听者"们传达画图指令，其中允许"倾听者"不断提问，看看这一轮的结果如何。

（5）请"传达者"和"倾听者"谈自己的感受，并比较两轮过程与结果的差异。

注意事项：

（1）第一轮与第二轮两张样图构成基本图形一致，但位置关系有所区别。

（2）两轮中的"传达者"可以为同一人，也可以为不同人。

（3）邀请"倾听者"谈感受时要选择有代表性的，如画得较准确的和特别离谱的，这样便于分析出造成不同结果的多种因素，从而找到改进的主要原因。

承担责任

活动目的：

（1）让学生正确看待别人的错误。

（2）让学生学会做一个负责任的人。

活动时间：大约需要30分钟。

活动场地：室内、室外均可。

活动程序：

（1）将全班同学分为不同的小组，每组4人，两人相向站着，另外两人相向蹲着，一个站着和蹲着的人是一组。

（2）站着的两个人进行"剪刀、石头、布"猜拳，猜拳胜者，则由和猜拳胜者一组蹲着的人去刮对方输的一组中蹲着的人的鼻子。

（3）输方轮换位置，即站着的人蹲下，蹲着的人站起来；继续开始下一局。

（4）若开始的新局中，上次胜方站着的人在猜拳中输掉，则上次胜方蹲着的人要被上次输方站着的人刮鼻子。

（5）在接下来的一局中，胜方也轮换位置，即原来站着的人蹲下，蹲着的人站起来，开始新的一局。

（6）活动可反复进行几个回合，可由小组成员自行决定。

（7）问题讨论：

① 如何看待自己的责任和别人的过错？

② 当自己的同伴失败的时候，有没有抱怨？

③ 同组中的两个人有没有同心协力对付外面的压力？

注意事项：

（1）作为对输方一组同学的惩罚，除了刮鼻子，还可以采用做俯卧撑的办法，具体数量可参考学生的实际能力大小。

（2）主持人要注意观察失败一方两个同学在面临惩罚时的情绪反应。

 好书推荐　　　　　　　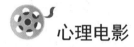 **心理电影**

第五章　增进理解，助力成长
——大学生亲子关系

> **导入故事**
>
> **小 A 与父母关系的破冰之旅**
>
> 小 A 在高中时期和家里的关系非常不好，和爸爸妈妈很少有深入的交流。正值青春期，因为学业压力的不断加重以及生活上鸡毛蒜皮的小事，小 A 与爸爸妈妈经常吵架，爆发言语冲突。小 A 一直希望爸爸妈妈能够理解她内心的想法并为她提供一些相应的建议来解决她在生活中的困惑。而小 A 的爸爸妈妈每次训斥完小 A 后心中也感到非常后悔，他们很爱自己的孩子，想与小 A 交流，了解小 A 在生活中的烦恼，却因为自身的观念比较传统而放不下脸面。小 A 与父母的关系几乎降至冰点。直到小 A 上了大学，小 A 接触到大学生心理健康教育，才慢慢意识到自己对父母的态度并不能使他们的亲子关系向健康明朗的方向发展。于是她开始积极主动发现并接受自己在与父母交流时所出现的问题，积极和父母交流，像朋友一样相处，慢慢对父母打开封闭已久的心门，原本降至冰点的关系慢慢升温。她在不断的沟通中慢慢学会了表达自己的诉求，遇到问题后第一时间不再是生气吵架，而是积极主动解决问题，家庭成员间出现矛盾后，也从无休止的争吵变成了在第一时间化解矛盾。因为互相沟通，增进理解，这段家庭关系变得越来越好。小 A 与她的父母获得了浓浓的幸福感。

第一节　亲子关系对个人成长有多重要

　　父母子女关系，法律上指父母与子女间权利义务的总和，又称亲子关系。对所有人来说，亲子关系是生命中的第一种关系，也是生命中最重要的人际关系。

　　在亲子关系中什么是最重要的呢？

　　亲子关系的根是依恋关系，它在亲子关系中占据着重要地位。

　　依恋理论最初是由英国著名精神分析师和儿童精神病学家鲍尔比（Bowlby）提出的。他认为依恋是"个体与具有特殊意义的他人形成牢固的情感纽带的倾向，能为个体提供安全感和安慰"。之后美国心理学家玛丽·爱因斯沃斯（Mary Ainsworth）发明了著名的陌生情境测验法去测量幼儿与母亲之间的依恋关系，探讨了影响母子依恋质量的因素。

那么，好的依恋关系是怎样的呢？

其实在依恋关系中，有一个概念尤为重要，那就是"安全基地"。人们将依恋对象视为自己"进行探索活动的安全基地"，也就是值得依赖和托付的对象。良好的安全基地可以提供支持和信赖，通常父母就是个体的安全基地，个体对父母是亲密的、依赖的，同时又可以是独立的、分离的。个体可以在安全基地勇敢冒险和广泛探索，同时还感觉自己是被父母支持的，心里有满满的安全感。

"0~6岁是一个人智力发育最快的阶段，也是性格塑造、情感培养的关键期。这个阶段依恋关系的质量影响一个人的智力、情绪情感、性格、社会行为、对人态度的形成。"[①] 由此可见，小时候的依恋关系会影响整个人生，同时积极的依恋关系让我们受益终身。

一、影响身心健康

一般而言，人们在很多时候会下意识先去考虑自己的需求，将自己的感受放在首位。然而在依恋关系中，母亲会把孩子放在第一位，将自己的需求放在后面，同时母亲还会考虑让自己处于一种安全的状态，因为婴儿要完全彻底地信赖这个照顾自己的人。出生不久的婴儿如果经常从父母那里得到爱抚，往往性情温和友善，容易产生信任和依赖。相反，如果婴儿没有得到父母的亲近，很容易出现心理问题，从而性格粗暴，行为乖张。因此，良好的亲子关系有助于个体生理和心理的发展，有助于个体智力和毅力的培养，有助于个体良好性格和气质的形成。

婴儿最初来到这个世界上，最先接触的人就是父母，因此最早的安全感和信任感都是父母给予的。良好的亲子关系可以让个体对父母产生情感依恋，有足够的安全感和信任感，并且这种安全感和信任感会自然而然地迁移到个体与他人的关系上。

二、影响人际交往

人际关系中会出现各种各样的问题，比如："我很想找人倾诉，却很难对他人敞开心扉？""为什么我经常患得患失，找不到关系中的平衡点？"这些问题的根源不在于沟通，而在于我们在原生家庭中形成的依恋模式。

良好的亲子关系是我们成长道路上最坚实的后盾，是影响我们价值观念和性格形成的重要因素。在与父母的和睦相处中，我们渐渐培养起与别人相处所需要的优秀品质，学会了处理人际关系的技巧，提高了人际交往的能力。

良好的亲子关系还能够促进家庭关系。和谐的亲子关系会加强我们对父母的心理依恋，保持良好的沟通，促进整个家庭氛围温馨，其乐融融。如果亲子关系不和谐，那么我们与父母就会沟通不畅，产生无休止的争吵。

良好的亲子关系有利于个体了解自己、他人以及关系中的彼此，帮助个体发展出更健全和更成熟的人际交往行为模式，提高亲密关系质量。安全型依恋可以帮助个体更好地建

---

① 邢少江. 有营养的依恋关系[N]. 金华日报, 2021-05-11.

立人际交往圈,获得良性亲密关系。焦虑型、回避型、恐惧型依恋则会对我们建立亲密关系产生一定的阻碍。

三、影响社会适应

良好的亲子关系有助于个体形成自尊、自爱、自立、自强的优秀品质,诚实守信,抗压能力强,有助于其社会性发展。

不安全的依恋关系会对个体产生巨大的影响。幼儿园门外撕心裂肺哭泣而不愿意放开爸爸妈妈的手的小孩,面对陌生的环境、老师、朋友,面对不同的养育方式,面对和养育者的长时间分离,巨大的挑战让他们无法适应。

安全的依恋关系下,个体相信其他人在自己需要时会出现,长大后也能保持自己独特的身份感,同时仍然能够与他人联系。个体有很强的安全感,同时会参与健康的交往模式。

了解自己早期经历的影响以及如何适应,可以让个体更好地了解作为子女和父母的自己。个体不能低估早期依恋对自己的影响,也不能受限于自己的依恋类型。无论个体是什么样的依恋类型,都需要认真审视成长的痛苦,从而探索自己的故事。

 拓展阅读　　　　　依恋的发展

依恋是指婴儿和照看者之间一种互惠的、持续的情感联结,双方对这种关系的质量都有贡献。对婴儿而言,依恋具有适应性的价值,确保他们的心理、社会和生理需要能被满足。根据生态学理论,婴儿和父母在生物上具有先天的互相依恋的倾向,而且依恋能使婴儿更容易生存下去。

依恋模式

依恋的研究主要归功于生态学家鲍尔比,他是研究动物关系的先驱。根据对动物的研究和对伦敦心理分析诊所里心理失常儿童的观察,鲍尔比强调母婴亲密关系的重要性,在不能提供优质的替代照料者的前提下,反对母亲和婴儿分离。20世纪50年代,玛丽·安思沃斯是鲍尔比的学生,她采用自然观察法以非洲阿干达的婴儿为研究对象继续研究依恋。后来安思沃斯设计了**陌生情境法**,一种基于实验室技术来评估婴儿和成人之间的依恋模式的经典范式。

陌生情境法由八个连续的事件组成,完成实验所需时间不超过半小时。在这个过程中,母亲两次把婴儿留在陌生的房间里:第一次把婴儿和陌生人一起留在房间里,第二次把婴儿单独留在房间里,并且陌生人要先于母亲回来。然后母亲鼓励婴儿探索和玩耍,如果婴儿需要,就给予安慰。实验者特别关注母亲每次回来时婴儿的反应。

安思沃斯和同事通过在陌生情境和婴儿家中观察1岁婴儿,发现了三种主要的依恋模式,分别是安全型依恋(最常见的类型,大约60%-75%的低风险北美婴儿属于该类型)和两种焦虑或不安全的依恋模式:回避型依恋(15%-25%)、矛盾型或抗拒型依恋(10%-15%)。

当母亲离开时,**安全型依恋**的婴儿会哭泣或抗议,当母亲回来时会高兴地欢迎母亲。婴儿把母亲当作安全基地,会离开母亲去探索,偶尔会回到母亲身边寻求安心。他们通常愿意合作,相对较少生气。**回避型依恋**的婴儿当母亲离开时很少哭泣,当母亲回来时拒绝

她们。他们往往会生气,在需要帮助时不会表达需求。他们不喜欢被单独留下来,更不喜欢被斥责。

矛盾型/抗拒型依恋的婴儿在母亲离开之前就会焦虑,当母亲离开时会非常烦躁。当母亲回来时,婴儿表现得很矛盾,想去和母亲接触,但同时又通过踢或扭动身体表示抗拒。抗拒型婴儿很少去探索,很难被安慰。

在研究所涉及的所有文化中,如非洲、中国和以色列文化,虽然从属于每种依恋类型的婴儿的比例不同,但上面提及的三种依恋类型均适用。

其他的研究者确定了第四种依恋模式即无组织—无目标型依恋。该模式已经被80余项研究所证实。这种依恋模式很微妙、难以被发现。无组织型依恋的婴儿缺乏有组织的策略来应对陌生情境压力。相反,他们表现出矛盾、重复或混乱的行为,如向陌生人而不是向母亲寻求支持。当母亲回来时,婴儿高兴地欢迎母亲,接着就掉头离开,或者靠近母亲却不看她。他们看起来很困惑或害怕,这可能是最不安全的一种依恋类型。那些母亲不敏感、受过干扰、受过虐待或功能受损的婴儿更可能表现出这种依恋模式。至少10%的低风险婴儿属于无组织型依恋,在特定风险人群,如早产儿、患自闭症或唐氏综合症的儿童以及母亲是酒精或药物滥用者的儿童中,这种依恋类型的比例更高。这种依恋模式往往相对稳定,对成年后的问题行为、特别是攻击行为来说也是一个危险因素。

如何建立依恋 安思沃斯和鲍尔比假设,根据母婴互动,婴儿形成了对母亲的期待并建立了这种"工作模型",只要母亲继续以相同的方式行动,该模型就起作用。如果母亲的行为发生了改变,不是一两次,而是一贯地变化,婴儿就会修正原有的依恋模式,安全型依恋也会改变。

婴儿的依恋工作模型和埃里克森的基本信任概念有关。安全型依恋反映了婴儿对照看者的一种信任感,不安全型依恋反映了一种不信任感。安全型依恋的婴儿不仅学会了信任他们的照看者,也学会了相信自己有能力满足自己的需要。因此,母亲通过安慰来回应大声哭泣的婴儿,往往有助于婴儿建立安全型依恋模式。对于安全型依恋的婴儿和学步期儿童来说,他们的母亲往往更加敏感,会做出积极回应。同等重要的因素还包括亲子间的互动、激励、积极的态度、温暖和接纳以及情感支持。与安思沃斯最初的发现相反,婴儿似乎会同时和父母双方建立依恋关系。一般来讲,婴儿和父亲建立的安全型依态与和母亲建立的依恋非常类似。

依恋的长期效果 正如依恋理论所提出的,依恋的安全性能影响个体的情感、社会性和认知能力。婴儿对养育者的依恋越安全,他们就越容易和他人建立良好的关系。

如果婴儿有一个"安全基地",并能信任父母或照料者的回应,他们就可能有足够的自信去积极探索世界。在对70名15个月大的幼儿进行的一项研究中,通过陌生情境法确定这些幼儿和母亲形成了安全型依恋。结果发现,与非安全型依恋的学步期儿童相比,这些幼儿更容易适应托儿所的生活。

安全型依恋的学步期儿童比非安全型依恋的儿童拥有更大的词汇量,掌握的词类更丰富。他们和同伴的互动更积极,也更有可能被同伴接纳。非安全型依恋的学步期儿童往往表现出更为消极的情绪,如害怕、悲痛和生气,而安全型依恋的儿童会体验更多的愉悦情绪。

第五章 增进理解，助力成长——大学生亲子关系

婴儿期是安全型依恋的儿童在 3~5 岁与非安全型依恋的儿童相比，具有更强的好奇心、能力、同理心、心理韧性、自信，并且能与其他儿童相处得更好。安全型依恋的儿童与父母、老师和同伴之间的互动更积极，并且能更有效地解决冲突，他们往往也具有更积极的自我印象。

安全型依恋为儿童建立亲密的友谊关系做好了准备。在童年中期和青少年期，安全型依恋的儿童（至少在西方的，因为大部分研究是在西方文化中进行的）往往拥有最亲密和最稳定的友谊关系。

相比而言，非安全型依恋的婴儿在学步期经常会产生抑制和消极情绪，在 5 岁时对其他儿童表现出敌意，在学龄期经常依赖他人。混乱型依恋的婴儿在各年龄阶段的学校教育中往往伴有行为问题，在 17 岁时会表现出某种精神障碍。

依恋模式的代际传递 成人依恋访谈（AAI）是一种半结构化访谈。要求成人回忆和解释有关他们童年依恋的感受和经验。使用 AAI 方法进行的研究发现，参与者做出清晰、连贯和一致的反应能可靠地预测他们的孩子是否为安全型依恋。

成人所回忆的和父母或照看者互动的早期经验会影响他们的情绪健康以及他们对自己孩子的反应方式。一位妈妈如果能与自己的母亲形成安全型依恋，或能理解为什么自己会形成非安全型依恋，她就能准确地识别的孩子的依恋行为，并以鼓励的方式给予回应，帮助孩子形成安全型依恋。受过去依恋关系主宰的母亲，在和自己的孩子互动时往往表现出生气和侵略性。不太关注其过去依恋记忆的有抑郁症状的母亲往往对自己的孩子很冷淡且回应不积极。父母的依恋史也影响他们对孩子气质的感知，而这些感知会影响亲子关系的质量。

（节选自戴安娜·帕帕拉等著作，李西营等翻译的《发展心理学——从生命早期到青春期》，2013 年 9 月第一版，有删减。）

 心理测试   **你属于哪种依恋类型**

依恋关系主要有四种不同的类型：安全型、焦虑型、回避型、恐惧型。可以根据以下小测试，判断一下自己属于什么类型的依恋关系。

量表中的问题皆为 5 级量表，请根据自己的情况对每一项进行从 1 到 5 打分。1 到 5 依次表示"很不同意""不同意""一般""同意""非常同意"。

1. 我发现与人亲近比较容易。
2. 我不在乎别人与我太亲近。
3. 我对与别人建立亲密的关系感到很舒服。
4. 和别人亲近使我感到有些不舒服。
5. 当有人在情感上太亲近我时，我感到不舒服。
6. 情侣想与我在情感上更亲近一些时，常使我感到不舒服。
7. 我发现当我需要别人帮助时，没人会帮我。
8. 我不能肯定，在我需要时，总能找到可以依赖的人。

9. 我发现我很难完全信赖别人。
10. 我发现要我去依赖别人很困难。
11. 能依赖别人让我感到很舒服。
12. 我知道当我需要别人帮助时，总有人会帮我。

提示："亲近依赖平均分"计算方法（1～12题的得分相加，除以12）

1. 我时常担心情侣不想和我在一起。
2. 我发现别人并不愿意像我希望的那样亲近我。
3. 当我对别人表达我的情感时，我害怕他们与我的感觉不一样。
4. 我时常担心情侣并不真心爱我。
5. 我时常怀疑情侣是否真正关心我。
6. 我想与人亲近，但担心自己会受到伤害。

提示："焦虑平均分"计算方法（1～6题的得分相加，除以6）

依恋类型计分方法如下：
安全型（亲近依赖平均分>3，且焦虑平均分<3）
焦虑型（亲近依赖平均分>3，且焦虑平均分>3）
回避型（亲近依赖平均分<3，且焦虑平均分<3）
恐惧型（亲近依赖平均分<3，且焦虑平均分>3）

做完以上小测试，还可以参考表5.1中的"依恋类型解析"，对照看是否正确。

表5.1 依恋类型解析

依恋类型	回避高低	焦虑高低	依恋类型解析
安全型	低回避	低焦虑	认为自己是值得爱的，他人也是值得爱和信任的；比较容易与其他人接近，可以放心地依赖他人和让别人依赖自己
焦虑型	低回避	高焦虑	渴望与人亲近，但又怀疑对方并不想和自己亲近；很担心失去，同时又有强烈的情感依赖和饥渴；容易感觉到被误解和不被重视，对别人的负面评价非常敏感，喜欢夸大负面信息，让自己更加焦虑
回避型	高回避	低焦虑	回避亲密接触，很难信任和依赖别人，自己追求独立，因此也容易让亲密关系中的对方陷入焦虑；希望和人保持清晰的边界，不想（不能）依靠对方，这是因为其不相信别人可以给他们依靠
恐惧型	高回避	高焦虑	期待亲密关系，但因害怕受伤，而表现出犹豫和抗拒；既想依赖又希望独立；对亲密关系既渴望又恐惧的心态，让其表现得若即若离，总在亲密与疏远之间挣扎

第二节 亲子关系可能面临哪些问题

在 2018 年全国教育大会上，习近平总书记提到"家庭是人生的第一所学校，家长是孩子的第一任老师，要给孩子讲好'人生第一课'，帮助扣好人生第一粒扣子"。由此可见，亲子关系是非常重要的，它关系着我们身心的健康发展。

父母与孩子之间的关系，既是一种人世间最深刻的缘分，也是一道难以解答的题目。对此，不同的家庭有着不同的解读。正所谓"家家有本难念的经"，在每本家庭经书里面，都存在着亲子关系上的困扰。下面看一下亲子关系可能面临的问题。

一、父母事事包办代替

大家有没有感受到，即使我们已经成年，父母还总是习惯性地把我们当作"孩子"？

"有一种冷叫你妈觉得你冷。"每次天气降温妈妈都会及时打电话提醒我们穿秋裤，担心我们冻着；每次放假在家，妈妈都会让我们少吃外卖零食，少碰汽水饮料；每次和小伙伴出去玩，晚上七八点左右就会接到妈妈的关心电话，提醒我们注意安全、早点回家……这些细节像父母的唠叨一样，琐碎而又温暖人心。然而当父母事事都包办代替的时候，我们还能愉快接受吗？

高中分文理科，父母说报理科吧，好找工作；大学报考志愿，父母说这所大学很好，专业也有发展前景；毕业季找工作，父母说考公务员或者教师编都行，一辈子铁饭碗就稳定了；工作后找对象，父母说婚姻是大事，最起码得找个门当户对的……从小时候我们对父母的安排言听计从，到长大后我们逐渐有了自己的想法，就不太理解和接受家长事事包办代替的行为。父母总是用自己的人生经验去指导我们的生活，以为这是为我们好，而在这种爱的名义下，我们的拒绝和反抗都是那么无力。

随着年龄的增长，我们越来越希望父母能把我们当成成年人去看待，希望我们能够被理解、被尊重、被信任，能够独立做事。然而父母给我们的自主空间很小，我们不能按照自己的意愿处理事情，几次沟通无效后我们与父母之间就有了隔阂。有的父母也会陷入迷茫：为什么明明我全身心为孩子付出，孩子却不理解我的苦心，反而离我越来越远？究其原因，是因为父母太过爱孩子，而没有了边界感。正是因为界限不清，父母与孩子双方才会陷入痛苦之中。

心理学大师海灵格曾经说过："好家庭，一定要有界限感。"父母很难学会放手，从某种程度上也说明了父母不舍得放手，他们怕我们在外面磕着碰着，适应不了社会。也许父母确实能够通过他们的参与让我们少走很多弯路，但是父母并不能代替我们成长。父母担心我们犯错或者受苦，实际上是被自己的想象吓到了，他们以为的障碍不一定是影响我们人生转折的障碍。

我们要尝试温和耐心地与父母沟通，告诉父母我们理解他们的良苦用心，也明白他们事事包办代替的出发点是为了我们好，但是任何人的成长道路都不是一帆风顺的，有些错

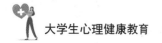

误实际上是我们人生中可遇不可求的宝贵财富。"父母之爱子，则为之计深远。"①作为温室里的花朵，我们被父母保护得太好，很少去接触苦难和疼痛，因此可能会失去承认错误的诚实、面对错误的勇气、解决错误的能力和减少错误的警示。

"不经历风雨，哪能见彩虹。"没有经历过痛苦的人生是不完整的人生，经历了，我们才能更好地明辨是非，才能提高抗压受挫的能力和管理情绪的能力。如果我们长大后对很多事情都没有体验过，没有为自己热爱的事情拼搏努力过，那么我们实际上是没有主见、也没有能力的。人生没有白走的路，每一步都算数。

二、父母要求过高过严

"把你的课外书收起来，复习复习老师今天讲过的内容。"

"高考之前不准玩，很容易松懈，老老实实在家里学习。"

"上次考试退步两名。周末给你报了几个提优班，这次考试不能再这么差劲了。"

大家对上面的情形是不是很熟悉？想必大家都曾因为学习考试被限制过部分自由，生活中也会面临一些父母的严格要求。那么，父母为什么会对我们要求过高、过严呢？

一是因为父母都希望我们有好的前途。"望子成龙，望女成凤"，中国式家长都对自己的孩子寄予厚望，希望孩子未来一片光明。在几十年的风吹雨打下，父母经历了许多坎坷，明白社会竞争的残酷，因此希望我们能在竞争中立于不败之地。父母最期盼的就是我们能够成长成才，找一份好工作，过上幸福的生活。

二是因为父母将自己未完成的愿望寄托在孩子身上。在时代的高速发展下，经济条件远远比过去好，人们的生活质量和生活水平越来越高，发展自我的渠道也越来越丰富。作为父母的精神寄托，我们从小被父母呵护着长大，那些父母当时受条件限制未能实现的理想抱负自然而然转移到了我们身上，他们希望我们能代替他们完成梦想，不想再次留下人生遗憾，但期盼过高就会带来过高、过严的要求。

三是因为父母之间也存在着比较。不止我们会羡慕别人家的父母，父母也会羡慕别人家的孩子。尤其是随着互联网的快速发展，网络上出现了许多优秀的同龄人。当父母见我们不争气时，经常会说"你看看别人家的孩子"。虽然说父母的本意是想让我们学习别人家孩子的优点，督促我们进步，但是我们的心里确实会不舒服。

父母过高、过严的要求就像山一样，压得我们动弹不得，喘不过气来，我们需要一边服从着指示，一边承受着巨大的压力。我们会担心：如果达不到父母的要求，父母是不是就失望了？他们会不会因此就不爱我了？我怎么什么事情都做不好？久而久之，我们时刻紧绷着一根弦，即使父母经常在身边鼓励我们，但是从弦断的那刻起，我们开始破罐子破摔，像逃兵一样躲避问题。所有累积的情绪就会像火山岩浆一样喷涌而出，无法控制，从而出现过激情绪或严重的心理问题。

我们该如何应对要求过高、过严的父母，让父母对我们有合理的期望呢？

首先，我们要理解父母，认真表达。因为爱才有期待，我们要相信父母的初心都是为我们着想，在此基础上再好好沟通，表达我们内心真实的想法。我们都是平凡人，没有主

---

① 出自汉·刘向《战国策》。

角光环的加持，不能每次没达到预期结果就归结为不努力，也不是每次努力都会实现目标。我们会竭尽全力做好每一件事，也希望父母能够正视和接受我们做得不好的地方。

其次，我们要调整心态，主动沟通。当我们觉得父母要求过高、过严时，我们不要惶恐，不要逃避，应及时主动和父母沟通，说说自己踮踮脚能完成哪些目标，使劲往上跳能完成哪些目标，拼尽全力跳累了也完不成哪些目标，然后客观调整目标；同时化压力为动力，化被动为主动，积极追着父母要目标、要建议、要支持，相信这样会改善很多。

最后，我们要挖掘优势，提升自信。世界上没有两片完全相同的树叶，我们要努力挖掘自己的优点，也要让父母发现我们身上的闪光点。我们可以建立动态成长档案，实行优点加分制，当父母看到我们的优点和进步时就要加一次分，鼓励我们继续加油，争取做到德智体美劳全面发展。

三、父母较少关心孩子

在发展迅速的现代社会，由激烈竞争形成的"内卷"现象裹挟着焦虑和压抑进入人们的视野，给人们的生活带来了一定冲击。家长为家庭生计整日在外奔波，辛勤工作，早出晚归，很大程度上导致亲子时间相对减少和亲子情绪不够高涨。此外，一些孩子从高中甚至初中、小学就开始住校，唯有周末和假期才能与父母见面相处。见面时间短暂很大程度上影响了父母关心孩子的质量。

其实我们身边也不乏留守学生。他们的父母迫于生计外出打工，每年回家寥寥几次，甚至为节省路费连过年过节也不回来。这部分学生与爷爷奶奶相依为命，从小就特别独立，洗衣做饭，打扫卫生，换电灯泡，修下水道，懂事得让人心疼。在距离的拉远和时间的冲刷下，他们对父母的感情也慢慢淡化，除了"报喜不报忧"，很少与父母交流。爷爷奶奶年纪大了，听力成了问题，并且他们很多事也帮不上忙，所以这类孩子即使开心喜悦或委屈难过，也无人倾诉，最终选择自己调节情绪。

抛开客观条件的限制，现实生活中也确实存在很少关心孩子的父母，我们可以称之为忽略型父母。从表面看，他们与孩子没有联结感。他们把自己和孩子隔离开来，认为自己和孩子是完全独立的关系。他们和孩子的沟通非常有限，不过问孩子的学习和生活，同时孩子从他们那里得到的指导也非常少，即使孩子需要，他们也会以各种理由拒绝。从马斯洛需要层次理论来看，他们只满足孩子最基本的需要，很少为孩子提供支持和抚育。这些家长甚至不知道自己的孩子是怎样的人，有什么样的性格。这些家长对孩子的期望很低，甚至没有，而孩子对家长的期待也很少。在这种亲子关系中成长起来的孩子，不仅难以建立自我责任意识，而且难以建立与别人之间的合作和信任。

美国临床心理学家乔尼丝·韦布在《被忽视的孩子》一书中提到："这世界上的任何一个家长都有过让孩子失望的教育失误。但真正有害的，是父母对孩子的情感忽视，对孩子情感需求一直充耳不闻，视而不见。"[①]

有时候孩子选择打架斗殴或者离家出走，其实是想用这种极端的方式引起父母的注意。他们表现出任性难管的一面，看看是否能够得到父母回应，他们想让父母多关心自己，但

---

① 韦布，穆塞洛. 被忽视的孩子：如何克服童年的情感忽视[M]. 王诗溢，李沁芸，译. 北京：机械工业出版社，2018：09.

又找不到合适的方法。

还有的父母明明很关心孩子，却不擅长表达，让孩子有一种父母不爱自己、不关心自己的错觉。例如孩子打碎了碗，主动收拾碎片的时候不小心割伤了手，父母心里面疼得不行，说了句"你怎么这么不小心啊"。孩子误以为父母的话是在责备自己，埋怨自己不够细心，并不关心自己的手有没有流血。实际上父母想的是该由他们来收拾碎片，这样的话孩子就不会割到手了。由此可见，关心也需要讲究方式方法。

在亲子关系中还存在一个误区，即父母以为只要和孩子待在一起，就是在陪伴孩子。然而这并不是我们心中期望的陪伴。我们想让父母在陪伴我们的时候有所回应，除了对话，还有眼神交流，能觉察到我们的喜怒哀乐，并且快乐着我们的快乐，悲伤着我们的悲伤。请你做一做下面的心理测试。

心理测试

你是否有以下经历：
(1) 有时会感觉与家人和朋友格格不入。
(2) 对不依赖他人感到骄傲。
(3) 不喜欢求助于他人。
(4) 朋友或家人会抱怨你冷漠疏远。
(5) 你感到还没有发现自己生命的潜能。
(6) 经常希望自己独处。
(7) 暗暗地觉得自己可能是个骗子。
(8) 在社交场合中会感到不舒服。
(9) 经常对自己失望或生自己的气。
(10) 对自己比对他人严苛。
(11) 拿自己与他人比较，并觉得自己不如别人。
(12) 比起人，更喜欢动物。
(13) 经常无缘由地觉得暴躁，不开心。
(14) 不清楚自己的感受。
(15) 分辨不出自己的长处和短处。
(16) 有时感觉自己是旁观者。
(17) 相信自己是那种很容易过隐士生活的人。
(18) 很难让自己冷静。
(19) 总觉得有什么拖你后腿，让你无法活在当下。
(20) 会感到内心空虚。
(21) 隐隐地觉得自己有问题。
(22) 很难自律。

看看你选"是"的选项，这些选项预示着在这些方面你可能经历过情感忽视。

四、亲子之间缺乏交流

交流是构建父母与孩子之间关系链接最常见的方式之一，也是孩子最基本的诉求。一个人要求与其他人建立感情的联系或关系，这在马斯洛的需求层次结构中属于"归属和爱的需要"。亲子交流是每个家庭的必修课。

在当代的家庭剪影中，部分亲子之间缺乏沟通交流，主要有以下几方面原因：

一是父母太过忙碌，没有时间和我们交流。亲子之间的沟通交流需要时间，很多父母白天要处理一堆工作，晚上回家要洗衣做饭。双方空闲时间的重合点少之又少。有的父母重物质付出而轻心理关怀，没有认识到亲子之间好好沟通的重要性。

二是父母比较强势，我们不愿意和他们交流。控制欲强的父母总是习惯对孩子进行唠叨、批评和说教，让孩子按照他们的想法做事。还有的父母喜欢以否定孩子的方式刺激孩子做出改变，这其实是亲子间的沟通方式出了问题。这种情形容易导致孩子对自己丧失信心，认为自己很差，导致孩子很少对父母袒露自己的真实想法，或者把父母说的话当耳旁风。

三是父母不愿倾听，亲子交流效果不好。交流是双向的，需要父母和孩子一起商量、共同探讨。然而大多数情况下我们发现，父母习惯输出信息，同时很难接受从孩子那里输入信息，在交流的过程中缺乏耐心。孩子脑袋里有很多新鲜有趣的事情，想第一时间与父母分享，得到父母的支持。被父母拒绝后，久而久之孩子就关上了心门，不愿意与父母沟通。

马克·吐温曾经说过："对人的了解是通过心，而不是眼睛或者智力。"亲子之间的交流极其重要。如果父母能做到认真用心与孩子交流，那么他们就能够充分调动孩子的积极性，走进孩子的内心，从而引导孩子拥有良好情绪，拉近父母与孩子的距离。如果父母不能做到给予孩子听和说的自由空间，那么他们就不能及时掌握孩子的心理状况，从而影响孩子的情绪习惯，最终影响孩子的健康成长。和父母缺乏交流的孩子，随着时间推移会越来越不信任父母，亲子关系也越来越疏远。

同时我们还要明确什么是有效交流。首先，双方要心平气和，如果其中一方处于生气或者悲痛的状态，另一方很难与其进行交流。因此沟通交流之前双方要保持平静和理智的状态，这样才能拉近亲子之间的距离。其次，双方要形成互动，父母不能一说话就给孩子滔滔不绝讲道理，也不管孩子能不能听进去，孩子也不能将自己的内心封闭起来，拒绝沟通、不问不答。因此情感互动需要双方共同努力，才能形成情感共鸣。

亲子交流的目的是了解孩子内心的真实感受，促进亲子间的相互理解，帮助孩子分析问题，引导孩子树立正确的世界观、人生观和价值观，最终建立良好的亲子关系。希望天下的父母都能真正掌握亲子沟通的正确打开方式，建立情感联结，处理好亲子关系。

五、父母传统观念浓厚

两千多年来，中国崇尚儒家礼法。在"君君臣臣父父子子"[①]等级思想的影响下，尊卑

---

① 出自《论语·颜渊》。

长幼观念深入人心,长辈在家庭中往往拥有绝对的权力,可以控制子女的生活,子女完全服从于父母。父母认为孩子是附属品,自己可以随意控制和管束。更重要的是孩子人生阅历少,没有社会经验,自己的出发点都是为了孩子好。我们常见的传统观念有哪些呢?

(1)棍棒底下出孝子。封建时期社会强调绝对的孝顺,父母惩罚孩子天经地义,孩子的命运都被集中掌握在家长手中,因此棍棒教育应运而生。棍棒教育的目的:一是给孩子敲响警钟,使他们通过感受肉体上的疼痛加深对错误的认识;二是彰显父母权威,孩子不能以下犯上,忤逆父母。棍棒教育抑制了下面的叛逆,实施了上级的意志。在这种控制与顺从的模式下,孩子在家庭中体会不到平等的沟通,对心理也造成一定影响。

(2)不轻易表扬孩子。在一些家长的眼里,"谦虚使人进步,骄傲使人落后",表扬孩子容易让孩子骄傲自满,打击孩子有时可以激发孩子的胜负欲。因此可以看到,很多父母为了让孩子变得更优秀,会经常打击孩子。孩子做对、做好一件事情,得不到父母肯定,但如果做错了一件事情,就会立刻被父母指出来。还有些家长喜欢比较,将别人家孩子的优点和自己家孩子的缺点进行比较,以此督促孩子弥补不足之处。有的家长则比较含蓄,知道孩子做得很好,但是不善于夸奖和表达爱意。过度表扬确实容易让孩子骄傲,但是适当的赞扬必不可少,它能够激发孩子的内驱力,从而实现自我肯定。

(3)认为小孩子没有隐私。热搜上有个热门话题"没有锁的门有多窒息",讲述的是网友的父亲拆掉了他的房间门锁,即使换了个房间,依旧得到了相同的遭遇。父母可能觉得这是掌握孩子情况从而监督孩子学习的有效方式。一些家长不知道亲人之间也要有边界感,所以在进入孩子房间前不会敲门,随意浏览孩子的日记并将其作为自己茶余饭后的谈资,未得到允许就随便使用孩子的东西或者拿来送人,要求孩子在做任何事情之前都必须向自己报备。孩子的独立空间不断被挤占,自尊心受到伤害,亲子关系也就变得日益紧张和疏远。

英国伦敦大学做过一项研究:"儿童长期受父母控制,会造成终生的伤害,长大后独立性差,依赖性强,无论在哪个阶段,幸福指数都很低。"但需要注意,我们不能一概而论,认为所有的传统教育观念都是落后的,或者怀有传统观念的父母不应该管我们。这是错误的。其实教育大多是代代相传的,因为父母从小受到的教育就是这样的,那么父母在教育我们时也会延续这种传统。

我们需要和父母共情、沟通、表达、协同。当我们远离家乡进入大学,父母应该逐渐转变思维,不要过度干预我们的生活。我们已经成年,开始有了自己的生活圈,有了生命中不同的风景,因此父母手中的风筝线应该适度松绑。

六、言语行为存在暴力

暴力是一种导致或可能导致身体、性或心理伤害的明确的或象征性的行为。在我们的家庭生活中,暴力主要有硬暴力和软暴力两种形式。其中硬暴力包括推搡、殴打、捆绑、虐待等蓄意使用体力或武器残害他人的行为。软暴力包括忽视、嘲弄、威胁、疏远、限制行动等非身体形式的敌意对待。此外,没有直接遭受暴力但是目睹过家暴的孩子也在受到家暴的范畴之内。《中华人民共和国反家庭暴力法》第二条规定："本法所称家庭暴力，是指家庭成员之间以殴打、捆绑、残害、限制人身自由以及经常性谩骂、恐吓等方式实施的身体、精神等侵害行为。"由此可见，家暴真实存在于生活中。

《人民日报》微博号曾推送过一条新闻《博士逼幼子学高数》，引发一千多万网友的关注和热议。主要内容是：博士父亲逼迫7岁儿子和5岁女儿学习文言文和高等数学，"要求两子女学习至深夜，其在教育子女学习的过程中经常使用侮辱性字眼进行谩骂，有时甚至出现殴打行为"，母亲向法院求援申请人身保护令。这不禁让我们唏嘘不已，这明显是家暴虐童事件，身体与语言的双重暴力将给两个小孩留下多么严重的心理创伤！

在某些传统家长眼里，暴力似乎能解决任何问题，孩子不听话就骂，做错事就打，过几次就变乖了，认为这是一种有效的教育方式。这类家长经常挂在嘴边的一句话是："打是亲，骂是爱。"殊不知，被童年阴影所支配的恐惧，将伴随孩子一生，成为孩子挥之不去的梦魇。

随着互联网的发展以及法律的普及，如今很少有家庭会对孩子采用肢体暴力，但语言暴力还是层出不穷。"你怎么这么笨""当初就不该把你生下来""你看看别人家的孩子""你真没用"……语言暴力具有长期、隐形、杀伤力大的特点，从某种程度上来说，语言暴力就像一把杀人不见血的刀，给孩子带来的心理伤害远远超过身体上的伤害。

心理学研究表明，语言暴力容易影响大脑的胼胝体、海马回和前额叶。因此，如果父母经常否定和批评孩子，对孩子进行语言暴力，那么孩子未来将会敏感、内向、自卑或者冲动暴力，最终成为极端人格。

《中国亲子教育现状调查》报告指出，有87%左右的家长表示自己有过情绪失控而对孩子打骂的经历。大多数人容易对最亲近的人说出最伤人的话，很多父母也容易将自己的负面情绪发泄在孩子身上。但很少有父母能够意识到，自己随意说出的话会在孩子心里产生不可磨灭的影响。著名心理学家武志红曾说："孩子就是父母情绪的接收器。当父母不安时，孩子就会立即警觉；当父母放松时，孩子立即感到愉悦。"因此，父母的情绪变化极大影响了孩子的性格。

你骂孩子，他不会停止爱你，但他会放弃爱自己。正如《如何说孩子才会听，怎么听孩子才肯说》说的："语言是具有杀伤力的，也具有时间延续性。最糟糕的是，将来的某一天，他会用这样的语言反过来伤害自己。"[①]

希望父母们不仅能够手下留情，还要做到嘴下留情。同时我们也要告诉父母，他们是我们心中最温暖的避风港，希望父母多用语言和行动表达爱，在我们疲惫的时候给予我们继续前行的力量。

通过以上六种亲子关系问题的梳理，我们可以看到亲子关系中存在各式各样的问题。良好的亲子关系是一切交流沟通的前提，影响着孩子的健康成长，也影响着家庭的和谐发展。我们要学着建立良好的亲子关系。

---

① 法伯，玛兹丽施. 如何说孩子才会听 怎么听孩子才肯说[M]. 安燕玲，译. 北京：中央编译出版社，2014：3.

第三节　如何建立良好的亲子关系

一、积极主动，解决问题

不知道大家有没有仔细考虑过下面几个问题：为什么我们总是与父母发生各种各样的冲突与矛盾？为什么我们总是在父母面前控制不住自己的脾气？为什么我们不能与父母始终保持和谐相处？原因大致如下：

一是父母与我们之间年龄差距较大，容易产生代沟，彼此之间的价值观和兴趣爱好都存在着显著差异，很多时候我们希望父母能够感应我们心中所想，满足我们的需求，但是有时父母确实不知道我们在想什么，由此我们就会怀疑父母是不是不爱我们，导致产生了矛盾和误解。二是父母生活阅历丰富，相比较而言，我们的社会经验可以看作一张白纸，出于爱的衡量和考虑，父母担心我们犯错和多走弯路，因此经常想用他们自己的道理教育和指导我们，而他们所受的教育正是传统教育理念沿袭下来的，随着时间流逝那些理念在他们心中早已像烙印那样根深蒂固。三是如今互联网发展迅速，我们作为网络原住民，能够很快适应和使用先进的科学技术，掌握世界各地的最新动态资讯，拥有更宽广的视野和更有个性的自我。相比之下，在科技时代的冲击下，父母接受信息和消化信息的能力往往较为薄弱，难以跟上我们的节奏，再加上经济条件原因，我们与父母的受教育层次也拉开差距，思想也随之出现分歧。

其实，亲子关系问题解决的关键点是转变我们的态度。父母的学识经历和性格脾气经过几十年已经基本固定了，很难改变，那么我们可以尝试改变我们自己。虽然父母可能与我们理想中的父母有差距，但是我们要学会接受现实生活中的父母，积极主动解决亲子之间的问题。

首先，我们要善于摆脱对立思想。我们与父母的立场是一致的，并不是对立的，所有父母都希望自己的孩子过得好，没有哪位父亲或者母亲不关心爱护自己的孩子。因此我们要和父母肩并肩站在一起，感受父母不辞劳苦的付出和不计回报的伟大。

其次，我们要善于和父母分享自己的生活。步入大学之后，我们在真正意义上开始离开父母，与父母渐行渐远，彼此之间的交集也越来越少。上学期间我们可以多拍拍校园美景发给父母，多打打视频电话让父母放心，分享自己的快乐与喜悦、难过与不解，多听听父母的建议和指导，相信那些琐碎的小事父母也都乐意交流。

最后，我们要善于研判形势，避免矛盾升级。当我们在家期间与父母发生冲突，彼此情绪较为激烈时，最有效的做法就是按下暂停键，明确表示冲突吵架会伤感情，等双方冷静一下再谈，然后第一时间离开冲突现场，以免冲突场面不可控。如果无法离开冲突现场，可以通过深呼吸将情绪稳定下来，理性分析问题的起因，寻找最合适的解决办法。

相信很多人都听过这样一句话：家不是讲道理的地方，是讲感情的地方。我们不要寄希望于父母，让他们改变自己的思维理念和处理方式，而是要掌握亲子关系的主动权，积极改变亲子关系的现状。父母也在等待和我们建立一种健康和谐的亲子关系。

 **拓展阅读　　　数字时代，爸妈"摔倒"了你扶不扶？**

前段日子，微博上出现了一组送给父母的"手绘微信说明书"。看上去让人感觉亲切的手绘图本触动了无数人的泪腺，引起疯狂评论转发。这本爱意浓浓的"说明书"共有7页，详尽画出使用微信聊天会进入的每一个界面，并在所有图标后都用彩色配文标注使用细则。

……

数字时代，人生阅历丰富的父母在高科技浪潮的席卷下摔倒，作为子女，你该怎么扶？"手绘微信教程"爆红网络之后，许多网友称"自惭形秽""打脸"，纷纷留言反思自己的不足，坦言对教父母使用新生事物极度缺乏耐心，情绪的小火苗"一点就着"。

一个天津网友说："从手机开机到连上无线网络，再到申请邮箱，我一步步讲，结果还没来得及教老妈怎么注册，我就已经崩溃了。"某广西网友跟帖称，自己跟越亲近的人说话就越爱发脾气，之后便陷入愧疚，但是下次还是同样状况的新轮回。

刚工作不久的陈小姐想出了一个解决的办法。她笑称，为避免至亲之间交流耐心不足，她们家采取"交叉授课法"："我负责把我大姨教会，我大姨家孩子负责把我妈教会。"

另一方面，尽管面临数字生活带来的陌生与惶恐，大多数家长在看到孩子皱起的眉头后主动选择知难而退，不忍心给子女添麻烦。

笔者随机采访北大、清华等几个高校宿舍的同学，大家都称不知道爸妈是怎么学会使用微信的，但是在学会之后，时常会接到爸妈的语音信息，或是在朋友圈里的"点赞"。

值得深思的是，有不少家长选择"求助"子女外的其他人。就读于软件开发专业的陆同学说，老爸的微信账号虽然是他帮着注册的，但之后爸爸拿着手机主动说去单位学。

从事货物运输调配的冯阿姨称，自己选择买某个牌子的智能手机，完全是因为专卖店的销售员跟她承诺只要"用着有困难，随时过来问"。冯阿姨用着手机感觉很踏实，经常去专卖店让工作人员帮着下载应用软件，并现场学会了跟女儿联系。冯阿姨的女儿在广州高校读书，但冯阿姨"怕打扰到她学习，也怕她烦，手机不明白的事儿都问同事或者店员"。

……

数字时代已经以其独特的方式拷问着亲情。一位家长接受采访后在邮件中略有些心酸地对记者说："父母在孩子牙牙学语时不厌其烦地教会儿女如何表达，却换得孩子长大后在自己面对盲区时竟不愿多说一字。虽然'慈母爱子，非为报也'，但是，还是希望对朋友慷慨相助、对同事笑脸相迎的年轻人，能对父母亲人多一点耐心，在潮流前方等一等父母。"

（节选自《人民日报》微信公众号，2014-04-03）

二、正确认识，换位思考

在大家心目中，父母处于什么样的位置呢？

如果你拥有一次免费旅行的机会，可以带两个人，你会选择和好朋友还是和父母一起出行？如果你发现了幽默搞笑的小视频，你会分享给好朋友还是自己的父母？如果你假期回家想出去吃美食，你会喊好朋友还是父母……进入大学后我们逐渐与朋友关系拉近，一起吃饭、逛街、看电影，一起分享新鲜有趣的事物，朋友像影子一样陪伴在身边。然而，如果向父母询问这三个问题时，相信绝大多数父母都会选择孩子，因为他们一直都在把最好的留给我们。

我们要正确认识我们与父母之间的关系。父母是整个世界上最爱我们的人，"养育"二字听起来简单，实际上背后要花费大量的时间、精力和情感，他们始终是我们最坚实的后盾。家永远是我们的避风港、最舒适自在的地方。但是很多时候我们会发现，父母不理解我们的观念和行为，同时我们也无法说服父母改变他们的观念和行为。大多数父母的价值观来源于他们当年的生活观、就业观、婚姻观，他们一边用自己的固有标准衡量评判我们的现状，一边告诫我们"我吃过的盐比你吃过的饭还多，我走过的桥比你走过的路还多"，然后用他们以为正确的价值观指导我们的人生。因此，不要想着去改变和动摇父母，他们的思想经过几十年已经根深蒂固了，更何况他们的出发点确实是好的。改变不了环境只能去适应，从自己身上入手解决问题。

我们要做到换位思考，现在要学会站在父母的角度考虑问题，以后也要学会站在孩子的角度想问题。确实，换位思考说起来容易做起来难，只有亲身经历过才能做到真正的感同身受。很多时候就像是围城，外面的人想进去，城里的人想出来，想必每个人小时候都曾想过"当家长真好，不用上学，也不用考试"，长大后都曾想过"当孩子真好，不用操心，也不用承担压力"。由此可见，我们通常只看到光鲜亮丽的一面，不经意间却忽视了艰辛酸楚的一面。而这一面很重要，见到这一面后我们更愿意理解父母，更容易与父母共情。

相信大家假期回家都遭受过父母的各种嫌弃：玩手机被嫌弃，早上起不来被嫌弃，宅在家里被嫌弃，出去玩被嫌弃，不收拾房间被嫌弃……我们可能会想，在家的状态就应该是放松快乐的，可以不拘小节。然而站在父母的角度，我们除了整天玩以及影响他们的环境和心情，就没有别的作用了，不但没有分担家务，反过来还增加任务量。因此大学生假期待在家要乖巧些，保持自己的房间整洁，和父母多分享大学生活。

家庭治疗学家萨提亚认为：相同使人联结，差异使人成长。我们与父母之间年龄层次不同，生活阅历不同，价值观念不同，因此会有很多不一致的地方。当我们放慢脚步，静下心来，抱着一种开放的心态观察父母和倾听父母，相信我们会有意想不到的收获——我们会发现父母身上其实有很多值得我们学习的地方。我们与父母的相同之处就是深爱着彼此。于是我们明白了——原来在相同与差异的交界处，爱意始终流动。

三、学会沟通，表达需求

大家可以在一张空白纸上罗列一下，不同时期的自己与父母的沟通次数、沟通方式、沟通内容以及当时自己与父母的感情状态如何。然后，大家通过自己的回忆整理就能够发现：从幼儿园、小学、初中到高中、大学，我们与父母的沟通基本上会逐渐减少，大学期间能与父母每天打一个电话的同学少之又少，有的同学甚至长达一个月都不与父母联系。沟通方式也逐渐从线下转为线上、主动转为被动，有时候家长越联系不上孩子就越容易胡思乱想，担心孩子的安全。沟通内容从小时候的无话不谈逐渐向学习、生活靠拢，大学生离家在外，家长最担心的就是孩子吃不饱、穿不暖、学习不好、相处不顺，担心孩子无法应对外面的生活。亲子感情也从小时候的亲密无间、其乐融融逐渐变得稍显疏离，同学们不再将自己内心的想法向父母全盘托出，而是有选择性地讲述。

为什么会出现这样的结果呢？有同学说是因为沟通没有得到正向反馈，也有同学表示是因为和父母的沟通总是出现分歧。其实在人际交往中，交流出现分歧是非常正常的一件事情，关键是如何处理分歧。当我们与家长有了分歧，我们要直接表达自己的观点和需求，而不要单纯地指责或对抗，否则既不能解决问题，还容易激化矛盾。家不是一个讲理的地方，不需要非得争辩出对错。我们要做好亲子沟通，善于表达我们的需求。

沟通是一门艺术，那么我们怎样才能做到正确沟通呢？美国心理学家马歇尔·卢森堡在《非暴力沟通》中提出了沟通的四个要素[①]：

（1）观察。在特定的时间和情景中进行观察并清晰地描述观察结果，注意不要带着个人主观色彩去评论。例如，可以说"欧文在过去的5场比赛中没有进一个球"，而不说"欧文是个差劲的前锋"。

（2）感受。具体表达自己的感受，表达感受时示弱有助于解决冲突。我们也可以通过"我……因为我……"这种表达方式来认识感受与自身的关系。例如，"你没把饭吃完，妈妈感到失望，因为妈妈希望你能健康成长"。

（3）需要。人们认为自己受到批评指责后，很有可能会委屈和退缩，导致双方关系更加疏远。要把自己或他人的批评翻译成自己或他人的感受和需要，把注意力放在自己尚未得到满足的需要上而不是他人的过错上。例如，与其说"这么久了为什么还不给我反馈？"不如说"我真的很需要这些反馈，因为……"

（4）请求。借助具体的描述提出正向请求，告诉他人我们希望他们做什么。注意提出的是请求而不是命令，请求不是故意强人所难。例如，"吃完饭再看电视可以吗"而不是"吃饭的时候别再看电视了"。

认真悟透沟通四要素之后，我们就可以采用"非暴力沟通"，更好地表达自己的需求，增进与亲子之间的理解，促进亲子之间的感情。

四、他人帮助，化解矛盾

人与人相处的过程中都会存在摩擦与矛盾，在当代家庭中，亲子矛盾冲突也比较常见。我们要正确认识亲子矛盾，处理这种矛盾时不仅要情理兼顾，还需恰到好处，善于借助他人力量化解父母与子女的矛盾。需要注意的是身份合适的人选，首先要与矛盾双方亲密程度大致相同，其次要在矛盾双方心中有一定地位。

一是借助外公外婆等长辈的力量。长辈的话语是比较有分量的，父母和我们一定都会认真听取，他们作为过来人，比较有经验。并且很重要的一点是，外公外婆等长辈是特别亲近的亲人，他们肯定希望小家温馨和睦，所以用心调和，矛盾随之就能轻而易举地化解。

二是借助兄弟姐妹的力量。非独生子女还可以借助兄弟姐妹作为缓和亲子关系的调和剂，独生子女可以借助亲戚家兄弟姐妹进行劝和。父母可以通过他们了解到子女的思想动态，适度掌握年龄差距带来的思想偏差，在轻松愉悦的氛围中化解矛盾。

三是借助专家或榜样的力量。在这里借助力量不是指邀请他们到家庭现场进行指导或调和，而是指通过举例子的方式摆明正确的亲子关系是怎样的，或者身边有哪些好的亲子

[①] 卢森堡. 非暴力沟通[M]. 刘轶, 译. 北京：华夏出版社, 2021: 5.

家庭值得我们学习和效仿。

四是借助心理中心团队老师的力量。很多同学难以得到安全稳定的心理支持，从而在面对成长挫折和挑战时出现心理健康问题，严重的甚至出现了抑郁症和双相情感障碍等心理疾病。我们在面对棘手的亲子矛盾时，可以敞开心扉与心理中心的老师进行沟通交流，寻求专业帮扶，通过人本主义疗法、合理情绪疗法等方式方法积极调节亲子关系。

化解亲子矛盾的方式就是双赢。父母与我们共同讲清楚自己的问题和想法，将所有的解决方案列出来，看看哪个最合适，最后选出一个双方都能接受和认可的最佳方案，尝试实施起来，由此实现双赢。

五、发展自我，提高能力

亲子关系之所以出现许多问题，是因为我们还没有成长成熟到父母可以放心的地步。在父母眼中我们还是什么都不懂的孩子，没有丰富的人生阅历和社会经验，像白纸那样简单纯真。因此要想让父母学着放手，我们就要提高自身的硬实力。

首先，锻炼提升自理能力，学会自立自强。我们身边有同学每次回家都带着大包小包，大家以为他们给父母拿回家的礼物是什么？其实是积攒许久的衣服、床单。开玩笑的话，我们可以说这是"衣锦还乡"，实际上这就是被父母宠坏的表现——孩子都上大学了，连基本的动手能力都不具备。如果我们想让父母将我们当作成年人，给予我们自由的空间，那么我们就需要具备基本的自理能力，不能"饭来张口，衣来伸手"，不能总让父母照顾我们，不能不担负起成年人的责任，否则我们就不要抱怨父母不给我们足够的个人空间。

其次，提前规划人生方向，为之不懈奋斗。一个人没有明确的目标，就像是在茫茫大海中迷失方向的航船，只能随波逐流。我们要充分挖掘自己的兴趣爱好，勇敢追求自己热爱的事情，提前制订自己的人生目标，将人生的方向盘牢牢把握在自己手中，不断朝着目标坚定前进，"千里之行，始于足下"。如果我们对未来的发展方向还不确定，可以拓展眼界进行综合考量，也可以参考家人朋友的建议。

再次，积极参加社会实践，积累社会经验。上大学后我们会慢慢发现，学习不是唯一指标，我们要提高个人综合素养，做到德智体美劳全面发展，因此社会实践极其重要。我们的假期很多，寒暑假时间也很长，因此我们可以进行"三下乡"等社会实践活动，去企业进行实习实训，谋求合适的兼职工作锻炼自我，也可以报名驾照考试，认真备考大学生英语四六级考试、计算机二级考试、教师资格证等考试。通过不断提升专业技能和实践能力，增强自己适应社会的能力。

最后，阅读情绪书籍，管控脾气。作为一个成年人，我们应该尝试提高自己的情绪管理能力，以积极的方式处理挫折和压力。面对最亲近的父母，像被爱的人有恃无恐一样，我们将自己的委屈发泄到父母身上，只会两败俱伤。怎么避免这种情况呢？我们要多读相关书籍掌握技巧，在发脾气之前让自己冷静下来，如果情绪不受控制，则努力压制自己的声音和语气，转移自己的注意力，避开彼此的"气头上"。因为爱，我们变得肆无忌惮；因为爱，我们也要学会克制忍让。

六、孝道传承，心存感恩

古人云："百善孝为先。"孝是中华民族传统美德形成的基础。父母是我们的铠甲，更是我们的软肋。作为子女，我们该如何对父母尽孝，表达我们的感恩之心呢？

一是做让父母开心的事情。《礼记》有云："孝子之养老也，乐其心，不违其志。"意思是"孝敬的孩子赡养父母，就是要使父母心情愉快，不做违背父母意愿的事"。《弟子规》中也有这样一句话："亲所好，力为具；亲所恶，谨为去。"意思是"父母喜好的东西，我们要尽力为他们准备；父母厌恶的东西，我们要谨慎地为他们去掉"。我们可以平时多给父母打电话，逢年过节给父母充足的仪式感，如母亲节给妈妈准备一束康乃馨或者一串珍珠项链、在父亲节给爸爸买个电动剃须刀、假期常回家看看、陪父母一起出去旅游。

二是要对父母有耐心。这句话说起来简单，但做起来很难。我们要耐心对待父母的唠叨。父母年纪大了，很多事情说过就忘，忘完再说，唠叨的背后是浓浓的爱意。我们要耐心解释新鲜事物的使用。在信息发达的互联网时代，父母对很多事物都是陌生的，像我们小时候一样迷茫无助，需要我们耐心解答。我们要耐心陪伴父母。随着网络的大发展，手机与我们如影随形，陪伴手机的时间远远超过陪伴父母的时间，因此我们在陪父母的时候需要放下手机。我们将变得越来越强，父母则会变得越来越弱。我们对待父母能否像小时候父母对待我们那样有耐心呢？作为子女要放慢脚步，多等等父母，因为他们希望跟上我们的步伐。

三是珍惜当下，及时尽孝。天下最不能等待的事情莫过于孝敬父母。相信不少人经历过失去亲人的痛苦，感觉自己还没尽孝，爷爷奶奶、姥姥姥爷就突然和自己告别了，眼睁睁看着亲人离开却无能为力。别让"子欲养而亲不待"成为我们一生的遗憾。父母给予我们最珍贵的生命，含辛茹苦将我们抚养长大，无论贫穷疾病，无论风吹雨打，他们一直在那里，陪伴左右，不离不弃。父母在我们身边，才是我们最大的底气。"父母在，人生尚有来处；父母去，人生只剩归途。"

孝敬父母是中华民族传承几千年的优秀传统美德，希望天下的子女都能继承和发扬光大，用自己的实际行动诠释孝道文化。

体验活动　　　　"三天父母"全程式家长角色体验

时间：暑假中的连续三天时间

地点：全程跟随父亲或母亲

活动内容：观察父母扮演的社会角色和所承担的责任义务。三天全程体验父母的日常活动，从早起洗漱做饭，到晚上忙碌结束睡觉，感受父母的重担和不易。

活动要求：

（1）沉浸式投入，全身心参与体验。

（2）体验过程请将电脑和手机等设施放到一边。

（3）撰写2000字心得体会。

 好书推荐

 心理电影

第六章 浪漫恋爱，理性相处
——大学生恋爱与性心理

导入故事一

小情侣同心上岸研究所[①]

他是小张，她是小徐，他们的故事在大学萌芽，从大学启航，同上岸目标大学研究生。他们经常会在相同的课堂中见面，始于毛概课上的一次对视，小张礼貌的举动和憨憨的笑容让小徐想要了解他多一点。

同年同月同日生的两人，也有着许多不同。也正是因为这些不同，小徐和小张经常碰撞出别样的火花。在性格上，她热情活泼，时常"大大咧咧"；他安静内敛，不喜欢展示自己。在科创比赛中，他动手能力强，基础知识扎实；她表达能力强，擅长现场答辩。大三下学期伊始，小徐与小张决定考研。根据自身定位和意向学校分析，两人将目标定在了同一所高校，由此开始了携手备考的过程。

小徐参加夏令营期间压力倍增，小张一直陪伴左右，安抚她的情绪。小张会帮助小徐在面试前检查资料，反复模拟面试，修改面试PPT。一遍遍的修改演练、一次次的温暖鼓励，积极的恋爱激发了彼此的学习动力和个人潜能。功夫不负有心人，小徐以专业第一名稳获保研资格，率先拿到了目标大学的 offer。小徐保研成功之后，一直陪伴小张学习，帮助他准备研究生初试。小徐经常帮助小张整理和打印学习资料，为小张的学习争取更多时间。随着时间的推移，小张的基础知识越学越扎实，学习效率也越来越高。最终，小张以初试380分并且综合排名第九的好成绩，成功上岸两人共同的目标大学。两人用实际行动诠释了爱情里的"诗与远方"，一起携手开启新的逐梦旅程。

导入故事二

痴情女偷尝禁果险丧命

19岁的雯雯是个聪明漂亮的女孩，高三毕业后，她以优异的成绩考入了理想的大学。

[①] 慕了！同年同月同日生，"学霸"情侣双双被中科院录取[EB/OL].（2023-04-27）.https://baijiahao.baidu.com/s?id=1764290694321572580&wfr=spider&for=pc.

大学后，没有了父母的约束，雯雯开始"放飞自我"，没多久就和一个一直追自己的男生"好上了"，这个男生对雯雯各种"献殷勤"，雯雯也是第一次谈恋爱，对爱情充满了好奇。

甜蜜恋爱一段时间后，雯雯和男朋友"偷尝禁果"了，可是没多久雯雯就住院了，还差点把自己的性命都搭了进去。

那天下午，雯雯正在上课，突然肚子一阵剧痛，她还以为是"痛经"。室友扶着雯雯去医务室，医务室的医生凭自己多年的经验，建议雯雯马上到大医院检查一下。

到了医院后，经过医生的检查，确诊雯雯是"宫外孕"，幸好送来得及时，在医生的全力救治下，雯雯的性命才得以保住，否则后果不堪设想。

这次事件之后，雯雯更是冷静思考了与男朋友之间的关系，最终决定分手。

第一节　什么是爱情

爱情，这一充满诗意和神秘感的词语，自古以来就一直是人们探讨的焦点。在文学与心理学的领域里，对爱情的诠释各有千秋，却又相互补充，为我们揭示了爱情的多元面貌。作为正处于青春年华的大学生，我们更是对爱情充满了好奇与向往。那么，究竟什么是爱情呢？

一、文学家眼中的爱情

在文学作品中，爱情往往被描绘为一种深刻的情感连接，它可能基于共同的价值观、兴趣爱好，或是强烈的个人魅力。文学家们通过文字，将爱情描绘得既浪漫又复杂。

文学家们以他们独特的视角和丰富的想象力，为我们描绘了一幅幅动人的爱情画卷。从莎士比亚的《罗密欧与朱丽叶》到简·奥斯汀的《傲慢与偏见》，从曹雪芹的《红楼梦》到张爱玲的《倾城之恋》，每一部作品都展现了爱情的独特魅力。

以莎士比亚为例，他的《罗密欧与朱丽叶》是爱情悲剧的典范。"That which we call a rose by any other name would smell as sweet.（玫瑰不叫玫瑰，依然芳香如故。）"在这部作品中，罗密欧与朱丽叶的爱情超越了家族的仇恨，他们的爱情是纯粹而热烈的。然而，由于种种原因，他们的爱情最终走向了悲剧。莎士比亚通过这部作品，展现了爱情的伟大与脆弱，以及它所能激发出的强烈情感。

而简·奥斯汀则以其细腻的笔触和独特的幽默感，描绘了另一种爱情。"Arrogance makes others unable to love me. prejudice makes me unable to love others.（傲慢让别人无法来爱我，偏见让我无法去爱别人。）Love is the dawn after abandoning pride and prejudice.（爱是摒弃傲慢与偏见之后的曙光。）"在《傲慢与偏见》中，伊丽莎白·班纳特与达西先生的爱情经历了从误解到理解、从偏见到欣赏的转变。简·奥斯汀通过这部作品，展现了爱情中的理性与成长，以及它所能带来的心灵上的满足和幸福。

在文学家眼中，爱情是一种强烈的情感共鸣。它基于共同的价值观、兴趣爱好和相互的吸引力，让两个人在精神上产生了深刻的连接。爱情让人们感受到生命的充实和美好，也让人们愿意为对方付出一切。

然而，文学家也提醒我们，爱情并非总是甜蜜的。它可能伴随着痛苦、挣扎和牺牲。在追求爱情的过程中，我们需要学会面对现实、理性思考，并做出正确的选择。

二、心理学家眼中的爱情

心理学家对爱情的研究更加深入和理性。他们通过实证研究，探讨了爱情的本质、动机和影响因素。在心理学家眼中，爱情是一种复杂的心理现象，它涉及到个体的生理、心理和社会因素。

例如，美国心理学家斯腾伯格提出了爱情三角理论。他认为，爱情由三个基本成分组成：亲密、激情和承诺。亲密是指两个人在情感上的相互吸引和依赖；激情则是指生理上的性吸引和欲望；承诺则是指两个人对长期关系的承诺和责任感。只有当这三个成分同时存在时，我们才能称之为真正的爱情。

另一位心理学家弗洛伊德则从精神分析的角度探讨了爱情。他认为，爱情是人类本能的一种体现，它受到性欲和潜意识的影响。弗洛伊德认为，爱情中的许多行为都是性欲的升华和转化，它们通过非性的方式表达出来。同时，他也指出，爱情中的许多问题和困扰都与个体的潜意识有关，因此需要通过精神分析的方法来解决。

总结来说，文学家和心理学家对爱情的理解各有侧重。文学家更侧重于描绘爱情的浪漫和美好，以及它所能激发出的强烈情感；而心理学家则更注重从科学的角度探讨爱情的本质和影响因素，以及它如何影响个体的心理健康和成长。对于我们大学生来说，了解这些不同的观点有助于我们更全面地认识爱情，并在实际生活中做出更明智的选择。无论是追求浪漫的激情还是寻求稳定的亲密关系，我们都需要理性地面对自己的情感需求，并学会与他人建立健康、和谐的关系。

三、爱情与友情

爱情和友情都是我们生命中不可缺少的情感。许多浪漫美满的爱情最初也是从友情慢慢发展而来的。

现实生活中，在现行教育体制下，很多同学的心理学知识储备不足，有的同学甚至被"是爱情"和"还是友情"这两种感觉所困扰。爱情心理学告诉我们，爱与喜欢是两种不同性质的情感，虽然有许多共同之处，但爱情有依恋感、关怀感和亲密感；而喜欢只是正面的好感、崇拜，没有涉及奉献和独占的感觉。所以，尽早区分爱情和友情，有助于身心的健康发展。

鲁宾（Rubin）的爱情与喜欢量表可以帮助你判断自己到底喜欢对方多一点，还是爱对方多一点。

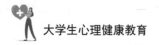 心理测试　　　　　　爱情量表

（1）他情绪低落的时候，我觉得很重要的职责就是使他快乐起来。
（2）在所有的事件上我都可以信赖他。
（3）我觉得要忽略他的过失是一件很容易的事。
（4）我愿意为他做所有的事情。
（5）对他，有一点占有欲。
（6）若不能跟他在一起，我觉得非常不幸。
（7）假使我很孤寂，首先想到的就是去找他。
（8）他幸福与否是我很关心的事。
（9）他不管做什么，我都愿意宽恕他。
（10）我觉得他得到幸福是我的责任。
（11）当和他在一起时，我发现我什么事都不做，只是用眼睛看着他。
（12）若我也能让他百分之百信赖，我觉得十分快乐。
（13）没有他，我觉得难以生活下去。

喜欢量表

（1）当和他在一起时，我发觉好像二人都有相同的心情。
（2）我认为他非常好。
（3）我愿意推荐他去做为人尊敬的事。
（4）在我看来，他特别成熟。
（5）我对他有高度的信心。
（6）我觉得任什么人和他相处，大都有很好的印象。
（7）我觉得他跟我很相似。
（8）我愿意在班上或团体中，做什么事都投他一票。
（9）我觉得他是许多人中容易让别人尊敬的一个。
（10）我认为他十分聪明。
（11）我觉得他在我所有认识的人中是非常讨人喜欢的。
（12）他是我很想学的那种人。
（13）我觉得他非常容易赢得别人的好感。

（特别提示：测试结果仅供参考）

在心里默念一个人，然后对应两个量表打分（是=1，不是=0），哪一份量表得分更高，你对对方的感情就更倾向于哪一侧。当然，你也有可能同时非常喜欢而且非常爱一个人。

大学期间，积极的恋爱可以促使双方珍惜来之不易的求学机会，互相激励，互相进步。与此同时，也有部分大学生因为处理不好爱情中遇到的问题而荒废学业、自暴自弃，甚至出现心理问题。任何一名家长或老师都不希望一个大学生因为感情问题深陷苦恼，甚至导

致悲剧的发生。

针对大学生恋爱问题，教育工作者们在进行着积极的探索与思考，通过教育和管理，帮助大学生对爱情有一个正确的认识，使大学生保持健康的身心状态投入大学生活，争取早日成才。虽然目前高校对大学生开展心理健康教育的广度和深度是有限的，但是这些知识又与大学生身心健康发展密切相关，所以我们鼓励每一位大学生培养自己主动学习的习惯，积极向老师请教或去心理咨询机构求助，利用好图书馆资源和网络资源，学以致用，学会规避风险。这也是当代大学生应该具有的素质。

第二节 大学生该如何谈恋爱

一、了解什么是真爱

（一）真爱是关心

艾瑞克·弗洛姆的爱情理论深刻地影响了人们的思维方式，他曾经指出：爱是一种完整而令人满意的解决方案，它可以帮助我们解决生存问题。爱情中的关心是指：对我们所爱的人的积极主动的关注，这种关注是积极的而非消极的，是主动的而非被动的。弗洛姆认为，若没有关怀，爱情便仅仅是一种情感，而非真正的爱情。此外，关怀还蕴藏着爱的另一种重要组成部分——责任感。

责任感是一种深刻的情感，它代表了个体对他人的期望，以及他们所面临的挑战。它不仅仅是一种回应，更是一种尊重。尊重并不是一种剥夺，而是一种帮助彼此成长和发展的行为。尊重是指，希望一个被我爱的人以他自己的方式和为了自己去成长、发展，而不是服务于我。我们发现，一些男性会对女性的发展施加限制，从而使爱变成了一种控制。因此，我们可以断言：没有关怀和尊重，就不存在爱，也不存在爱情。

（二）真爱是信任

在恋人之间什么才是最重要的呢？有的人认为感情是最重要的，其实信任才至高无上的，如果两个人之间连信任都没有，感情是不可能继续的。

真爱需要信任，信任不仅仅指信任你的恋人，更重要的是信任你自己，恋人对你的信任是建立在你的自信基础上的，因此，只有一个充分自信的人才能赢得别人的信任，才能赢得别人的爱。要相信自己，相信自己的独一无二，相信自己的不可替代！

恋人之间没有了信任，再坚固的爱情也会被侵蚀一空。爱需要信任来凝固，互相猜忌的爱情不是人们想要的爱情。在爱情中，信任是两个人谈恋爱的基础，也是前提，可是极少有情侣能够真正地做到信任。人都是有占有欲，也是有控制欲的，一个人在恋爱中会渴望对方完全忠诚于自己。

缺乏信任的爱情注定是悲剧。只有互相信任，对自己和恋人有信心，两人才会在恋爱过程中心灵相通，心心相印，爱情才会在风浪中岿然不倒，爱情之花才会长久灿烂无比。当然，发生矛盾的时候，也不要发火生气，应静下心想想：是不是自己有什么破坏信任的言行？自己是否能够使对方建立起信任？信任不是一种物质财富，其建立在双方互相尊重、互相理解的基础上。

（三）真爱是宽容

恋人之间需要宽容。根据最新的数据，22～35岁的年轻夫妻中，有许多夫妻拥有更高的独立性，不受外部因素影响，可以保持自己，从而实现真正的幸福。美好的爱情是两个人磨合、理解、包容的结果，懂得宽容方能得到长久的幸福。真正的爱是宽容之爱。在爱情关系中包容的真正意义在于不仅能够增进彼此的了解和沟通，更可以帮助对方成为更加成熟的人。通过宽容和体谅，双方能够学会关注对方的感受，从而换位思考，同时更好地处理自己的情绪和行为，做一个有温情的人。只有拥抱宽容，才可以获取更深刻的感受。

在英文中，"love"和"charity"是两个经典的词语，它们代表着深沉的情感。"love"也被许多人视为一种情感宣泄。"charity"则是一种宽容的爱，它代表着一种更加深刻的爱。很多人可能已经忽略了"charity"所传达的真正的爱，它是一种宽容、慈悲、和谐的爱。随着新鲜感的流逝，等到激情彻底褪去，他的优缺点全部暴露在你面前时，你依然欣赏他的优点的同时，也能宽容他的缺点。不以他的缺点去质疑、怀疑、斥责，这就说明你已经放下了自己的利益心，原因在于他的缺点是不利于你享受享乐的。你没有再把自己的利益心放在首位，愿意去宽容他、包容他、容忍他，才是真正的爱情。

学会宽容不是抛弃原则和立场，而是在遇到问题和困难时，在思考间给彼此留下一些余地和机会。我们需要在遇到争执和分歧的时候，给对方一些时间和空间去冷静思考，让双方都可以放下身段，既知道争论的心意和原则，也将宽容和爱放在首位。

（四）真爱是理解

一段美好的感觉，来自双方的深刻了解和共鸣，互相尊重，它让双方能够在一起度过一段美好的时光，而这段时光，也将成为一段永恒的回忆。

学会理解，理解不仅是一种发自内心的信任，更代表着对另一半的尊重。我们需要时刻客观分析、理性思考，并且竭力站在对方的立场上思考问题。要学会接纳彼此的不足和缺点。我们都不是完美的人，都有自己的不足和缺点。如果我们只看到缺点而不愿意接纳或不愿意改正问题，只会更加恶化双方的情感关系。保持相互宽容、理解和接纳的核心离不开珍惜和保护这份关系。我们需要时刻认识到这份关系的珍贵和不易，只有真正认识到这份关系中的特殊和价值，我们才能真正体验到爱情，并把它当成一种与生命相伴的情感过程，与此同时带给我们更多的快乐和幸福。

而互相理解就在于提高恋爱双方沟通的质量。在恋爱中，良好的沟通和交流就像呼吸一样重要。不管是简单地问候，还是深入地讨论社会现象，或者是轻松地谈话，只要能够给彼此带来温暖，就能够让感情更加深厚。

这就要求我们学会"敏感"和倾听。男生遇到难题显得忧虑和沮丧，那么女生应该给他多一些亲昵和爱抚。同样，当女生郁郁寡欢、沉默寡言的时候，男生也应静静坐在旁边，倾听女生的心声。为了更好地解决恋爱中的问题，双方应该更加敏锐地感知彼此，并学会用全身心去体会对方的情绪，倾听对方的想法，从而有效地缓解彼此之间的心理冲突。

（五）真爱是尊重

尊重是爱情中最重要的情感，它能够使双方保持一种更加和谐的关系，因为它能够给予彼此更多的空间，同时也能够维护双方的尊严。无论何时何地，我们都应该尊重彼此，并且保护彼此的尊严。尊重彼此的感情可能会让彼此难以忘怀。

每个人都有自己的想法，你希望通过各种方式维护彼此的爱。但是，很多时候，你的行为并不能让对方接受，因为你的观点可能不符合他的期望。他可能会觉得你在占据他的时间和空间，控制他的生活。

尊重是爱情的基础，但不是绝对的。一个真正爱你的人会尊重你，不会强迫你做任何事情。如果一个人不尊重你，那么他可能只是为了自己的利益。真正的爱基于彼此之间的信任和尊重。当一个人足够爱你时，他会更好地保护你的个人隐私和私人空间。在爱情中，尊重是一种心态和一种态度，它表明了对另一个人的爱和尊重。只有当双方都能做到这一点时，这段感情才会更加稳固和长久。

（六）真爱是专注

爱情是一种深刻的、持久的、不可分割的感情，它需要两个人共同努力，共同承担责任，不允许任何第三者插足。恋爱不仅仅是一场游戏，更需要双方以真挚的心态、客观的态度对待彼此，尊重彼此的感受。无论使用欺骗还是其他手段，都无法获得真正的幸福。

也许有些人会认同这样的观点：恋爱就像捡石子，总想找到合适自己的。如果每个人都不愿意表达自己的想法，不愿意倾听对方的心声，不愿意制造惊喜，不愿意温柔体贴，那么情侣关系又怎么能不渐行渐远呢？让我们牢牢把握一份充满激情的恋爱，它必须经得起时间的考验，而且绝对不能懈怠。只有用心去感受，才能真正体会到它的美妙。

许多恋人会发现，日常生活使他们的爱情变得乏味，失去了最初的热情和新鲜感。然而，每个人都渴望找到一个完美的伴侣，但是，你可曾意识到，在你身边，一直有一个人在默默地支持着你，只是你没有发现。要用心体会生活中的细微之处，感受日常生活中的温暖与爱意！

（七）真爱是理性

随着年轻人发育成熟，他们会感受到身体中有一种强大的新力量——性冲动。

这种对性的渴望，是自然的生理现象，不是肮脏的，也不是罪恶的。性冲动不是罪，而是一种内在的欲望、一种必须进行控制的欲望。性冲动不是罪，但如果以错误的方式来满足它，就是罪。

那么，在热恋期间，应怎样控制性冲动呢？

要想获得真正的幸福，需要学会用理智和道德来控制自己的行为。理智和道德可以让我们更加坚定地追求真爱，当我们的欲望被满足时，我们可以通过理智的控制抑制情绪的波动，让爱情的浪潮得到平静，让爱情更加纯洁而高尚。当性欲开始涌现时，要及时地暗示自己，并且提醒自己，这样可以有效地抑制冲动。

要学会心理调节。例如，在室内交谈，若感情发展到燃烧的程度时，可打开窗帘或打开收音机听听优美的音乐。如果两个人在幽静的地方谈心，一方有了冲动，另一方可提议到人多的地方走走，以转移这种欲望。

除此之外，要正确处理爱情与学业、事业之间的关系。爱情虽然是美好的，但它不能代替事业，它必须与学业、事业紧密结合，才能更加完美。因此，我们应该将学业、事业放在首位，努力提升自身，不要把自己的时间浪费在谈情说爱上，而是要投入到学习和事业中去。没有学业、事业的爱情就像一片荒芜的沙漠，没有扎实的基础，也将无法长久存在。只有将学业、事业紧密结合，爱情才能拥有强大而持久的生机。

（八）真爱是独立

真爱就像两棵树，彼此相互依存，却又各自绽放出绚烂的色彩；真爱就像两簇花，彼此欣赏，却又能自由地呼吸；真爱就像两颗星，经历了无数的时光，却从未感受到分离。即使结为夫妻，也不等于你是我，我是你。我们仍然是我们，你也依然是你，我们应该保持信任，尊重彼此的自由，而不是滥用自己的权利。

很多人喜欢用依赖来判断爱。因为他依赖我，所以他一定很爱我。因为我很依赖他，所以我很爱他。难道两个人相爱就一定要合二为一吗？也许爱情的成分中会有一部分依赖，但并不是说只有爱对方才会依赖对方，只要有依赖就是爱。爱是一个互动的过程，不仅包括获得，还包括给予。

"我爱你，因为我需要你"和"我需要你，因为我爱你"的差异在于，"我爱你，因为我需要你"指的是人们因为需要而爱，"我需要你，因为我爱你"指的是人们因为爱而需要，这两种动机在本质上是截然不同的。真正的爱情，是相互欣赏，相互成就。而且激情和浪漫也不是爱情的常态，更不是两个人的相互凝望，而是能朝同一个方向望去。如果你觉得爱情就是轰轰烈烈，而无法忍受日常生活的琐碎，那么这段爱情是迟早要落幕的。

 **拓展阅读　　　恋爱那些事儿——大学生恋爱指南**[①]

从迈入大学那一刻起，我们的身份也随之发生了转变，不少同学被划入了成年人的范围，同时被赋予了社会意义上"可以谈恋爱"的标签。"生命诚可贵，爱情价更高"，许多同学对于"恋爱"蠢蠢欲动，更是直呼恋爱瘾犯了，这种强烈的渴望在看到校园里众多成双成对的身影的那一刻达到了顶峰。

1. 了解自身的心意

恋爱不是大学的必修课题，也不是我们生活中的必需品，所以我们在开始一段恋爱关系前，要确认自己的心意，切莫随波逐流，因为想恋爱而去恋爱。任何一段恋爱的开始，一定是因为遇到了那个真正想在一起的人！

2. 拒绝恋爱脑，永远做自己

我们要时刻相信，我们每个人都是独一无二的，总有人会因为你是你自己而被吸引，无论何时何地，我们都要勇敢地做自己，以使自己舒服的方式生活，切莫因为他人而改变自己！

[①] 恋爱那些事儿：大学生恋爱指南[EB/OL]．（2023-02-24）．https://www.sohu.com/a/645873243_121124018．

3. 时刻保护自己

随着通信工具的大量普及和互联网的高速发展，电信诈骗的实例数据在逐步上升，其中"杀猪盘"的案例数不胜数，诸多受害者中不乏一些被爱情冲昏头脑的大学生，因此在这里再次提醒大家，网恋需谨慎！除此之外，大家在正式交往的过程中也需注意保护自己，做好相应的防范措施。

4. 学会尊重对方

即使谈了恋爱，我们也要时刻记住，我们依旧是独立的个体，学会尊重对方的思想和观点，及时沟通与交流，给彼此留出私人的空间，不强迫对方用自己的想法行事。万事沟通为上！

5. 学会及时止损

茫茫人海，万千世界，一次便能找到那个和自己完全契合的人的概率微乎其微，大多数人在不断的试错过程中慢慢前进，所以不要害怕，要大胆尝试，大大方方地相处，坦坦荡荡地分离！

6. 不被情绪所裹挟

相爱的两个人在相互磨合的过程中总会发生矛盾，总会发生不愉快，但是请不要忘记两个人在一起的初衷。不要被情绪裹挟，不要说不可挽回的气话，要尝试站在对方的角度包容对方。两个人相处需要相互扶持、相互理解，这样才能走得更远。

7. 一起携手成为更好的人

恋爱虽好，但是大学的绩点也很重要。任何一段甜蜜的关系到最后都要面对现实，不如早一步主动认清现实，充当对方的支柱，相互扶持，走向更高的山峰！

二、培养爱的能力

（一）表达爱的能力

爱的表达需要勇气和诚意，但很多人因为缺乏技巧而错失了机会，因此，我们应该勇敢地表达爱，用真诚的语言向对方传达心意，让彼此都能感受到爱。

"我爱你"是一种最能表达爱意的语言，是一种激发彼此情感的方式。爱不仅是一句口头禅，更是一种行动，一种表达、一种真诚的交流。

爱就是打开心扉，让对方看得到、听得到、感受得到。无论何时，都不要忘记给对方打个电话；无论生活中有多么艰辛，都要给对方一个温暖的拥抱；只要心中有爱，就要勇敢地表达，用行动和言语去传递，去感受那份温暖和幸福。

我们在遇到自己心仪的理想对象时，内心会希望将自己介绍给对方。可是在不了解对方的情况下难以找到合适的话题，难以敞开心扉加深了解。这时就需要善于发现对方和自己的相似性或共通之处。在生活中，不仅是那些在外拼搏的老乡们相见亲切，与自己趣味、爱好相似或者毕业于同所学校，甚至于共同认识某个人，都会觉得这个人很亲切。因为相似性、共通性使人的心理防线降低，并产生安全感。所以在与自己喜欢的人交谈时，要及时将两个人的相似之处反馈给对方，使对方产生心安的感觉。心安的感觉会促使对方积极地向你靠近。

（二）接受爱的能力

弗洛伊德在《精神分析法》中提出，人类之所以渴望爱情，是因为他们在潜意识中渴望获得"完整性"的情感满足。然而，许多情感需求来自人们的原生家庭，而这些家庭往往无法满足他们的需求。所以，这个人的出现和被你所钟情，是因为他弥补了你的情感需求。

爱情，其实是一种有缘有份的结合。爱情是一种健康的情感，它能够给人带来自由、快乐的体验，只有在自由的环境中，爱才能发展壮大。不仅仅是爱他人，爱自己也是如此。为了让爱情更加健康，我们需要学会放松，聆听内心深处的声音，坦诚地面对内心的各种渴望。只有我们以热情和关怀的心态去对待他人，才能真正体会到爱的深刻含义。

（三）拒绝爱的能力

当一个人不喜欢你，想要你表达爱意时，你应该学会拒绝。拒绝他人也是在保护自己。对于那些没有感觉的人，拖延只会带来更多的伤害。因此，你应该学会拒绝，以免造成更大的损失。应该尽量避免出现这种情况。

首先，我们必须坚定地拒绝我们不喜欢的人。在没有必要与他交流时，我们应该毫不犹豫地拒绝，不要给对方留下任何余地。任何犹豫和委屈都会让对方产生误解，从而使我们更难拒绝。拒绝别人本身就是一种伤害，如果拖延，对双方都不利，甚至可能导致对方的报复。

其次，尽量保持尊重，因为拒绝别人并不容易，要注意语气温柔，避免使用强硬的措辞伤害对方的感情。当你提出反对的理由时，应该以合理的方式来表达，首先要赞扬对方的优秀品质和学识，让他感到满足和平衡，再谈谈你对爱情的追求，让对方明白你的真实想法。另外，还可以学会自我贬低，即指出自己无法与他相匹配，以达到拒绝的目的。

再次，当面临拒绝的问题，我们必须谨慎地把握最佳时机。我们应该把握住每个细节，把握住每个可以让彼此交流的空间，以便让彼此感到满足，同时也可以让彼此感到欣慰，从而让彼此感到被重视。

最后，拒绝要选择恰当的方式。可通过多种途径交流，包括书信、电子邮件、微信等，或者通过中介机构，或者采取冷静的态度，让彼此保持距离，让对方感觉到你的态度。此外，还有与其他人进行交流，表达内心的想法，但是需要考虑到彼此的个性，并且需要尊重彼此的差异。当你想表达你的想法或感受时，请确保你的周围没有其他人，并且保持礼貌。

（四）鉴别爱的能力

尽管他财富雄厚、言行举止优雅，但他是否真的值得你一生信赖？虽然她外貌出众、气质脱俗，但她是否真的值得你呵护一生？恋爱应该有理智，这是许多过来人的经验之谈。恋爱是一段美好的旅程，而找到对的人却是一个很大的挑战。

首先，要了解自己的需求和期望。在开始寻找适合你的人之前，你需要知道自己想要的是什么样的关系和未来；你需要了解自己的价值观和兴趣爱好，并找到与你有相似想法和生活方式的人。

其次，多参与一些社交活动。在社交场合，你有机会结识新的人，了解他们的性格、兴趣爱好和价值观。在这些场合中，你可以尝试与人交流，展示自己的个性和魅力，扩展你的社交圈子。

再次,要保持开放的心态。不要预设对方的标准或者要求。每个人都有自己独特的魅力,你需要给自己和别人一些机会,去了解彼此的优点和缺点。不要轻易放弃,因为爱情需要持久的坚持和耐心。

除此之外,要注重沟通和交流。在交往的过程中,要学会真诚地沟通和表达自己的感受和需求,同时也要认真听取对方的意见和建议。这样可以帮助你更好地了解彼此,建立更深层次的信任和了解。

最后,要坚持自己的原则和底线。找到对的人不仅仅是找到一个适合你的人,也包括找到一个与你有相似的世界观、价值观和人生观的人。在交往的过程中,如果发现自己的原则和底线被侵犯,不要勉强自己去适应,而应该及时结束关系。

总之,找到对的人谈恋爱需要时间和耐心,也需要你有一颗开放、真诚和独立的心。保持自信和乐观,相信你终将找到适合你的人。

(五)解决爱的冲突的能力

恋爱中的人容易患得患失,会把小问题升级。如何处理恋爱中的矛盾?

第一,不要总是挑剔,要学会欣赏。恋人之间的矛盾可能源于他们试图通过改变对方来达到他们的理想。为了实现这些目标,他们可能会不择手段地要求对方改变以往的习惯和行为,以符合内心期望。改变一个人很难,一场爱情或许能改变一个人的许多习惯,但要想完全改变,是一件非常困难的事情。

第二,信任是爱的前提,恋人不可能时时刻刻黏在一起。分离就意味着无数可能性存在。恋爱本应该是一种享受——享受生命的乐趣,享受两种思想交融的火花。爱情是让人心情愉悦的一种感情,如果长久处于不信任的关系中,很容易使恋爱走向分手的结局。

第三,我们应该对自己的另一半宽容一点,因为每个人都会犯错,没有人永远不会犯错。但是,如果另一半一直没有改正缺点,那么我们应该尽量宽容,而不是毫无原则地放任自流。宽容需要有条件,就像自由也需要受到限制一样。

第四,恋爱中的人也要给自己留一些空间去思考,明确自己与对方是什么人,存在什么矛盾。恋爱有时会让人头脑发热,热完了就得想想以后的路怎么走。恋爱中的人遇到的最棘手的问题是来自现实的利益。有时是选择妥协。但是如果是真爱,建议选择坚持,也许付出很多,但得到的是一生的幸福。因为我们这一生遇到一个与自己真心相爱的人,并不容易。

(六)爱情保鲜的能力

当两个人开始交往,他们会热烈地互动,互相吸引,互相关注,互相珍惜,互相帮助,共同成长,以使感情更加深厚,更加持久。当两个人的感情达成高度和谐,这也就是真爱。

爱情就像一种新鲜食物,需要适当的保存方式才能长久不变质。不同的人可能需要采取不同的保鲜措施,下面将介绍几种常用的方法。

(1)运动可提升情绪。根据一项国外的研究,参加强度较大的运动可以帮助人们更好地控制情绪。如果你已经很长时间没有和伴侣一起滑雪,不妨考虑尝试一下,感受彼此的热情。

（2）在日常生活和工作中，我们都有很多隐私需要保守。不如与爱人分享，这样一来，对方就会感到你对其充满信心，同时也能更好地了解你们之间的关系。分享一些秘密会让人感到快乐，并且可以使彼此增进了解。

（3）学会夸赞对方。处在热恋期的人们，往往"情人眼里出西施"。双方都会把彼此的优点放大，把缺点缩小。但随着时间的推移和感情的推进，双方就会开始步入磨合期，在磨合期，双方的很多问题就会渐渐地显露出来了。

随着时间的推移，双方都会感到审美疲劳。由于缺点和问题的暴露，一方对另一方的欣赏度会逐渐下降，称赞对方的次数也会减少。在他们的潜意识中，许多事情会被视为理所当然。

因此，我们应该更加积极地鼓励和支持对方，并且要多多关注他们的优点，多说一些赞美的话语。要记住，爱是需要表达出来的，而且它是相互依存的。当你给予他人更多的肯定和赞美时，他们也会回报你更多的欣赏和赞扬，这将有助于增进彼此之间的亲密度和友谊。

（七）失恋的心理承受力

人生充满了变数，充满了不确定性因素，如果你明白了这一层道理，你就能理解为什么追求爱情之路会有那么多不如意。缘聚缘散，潮涨潮落，这些都不是强求的，也不是人力所能改变的。有些人注定是你生命中的过客，死守不放又有什么意义？失去的就让它随风而去吧，明天的太阳依旧灿烂，前方的道路依然宽阔。

失恋的原因多种多样，因为婚恋是一种由很多因素综合作用的复杂社会交往活动。它的成功与否，除了取决于一方的追求技能、应付技能，还受到社会上诸多客观因素的影响。目前容易造成失恋的原因主要有以下几种：

一是从自己的主观方面看，可能是因为初恋，在处理双方家长、亲友等关系方面没有经验；也可能是因为恋人之间发生冲突后缺乏处理争议的能力；还可能是因为当初确定恋爱关系过于草率，在没有全面了解对方的情况下就与对方建立恋爱关系。总之，就是经验不多，恋爱技巧不成熟。

二是从客观方面来看，也会存在一些影响恋爱关系正常发展的因素。如对方或者父母看重金钱、社会地位和社交能力等；新的"候选人"进入选择范围；对方受到父母、亲友的干涉……

总之，世事复杂，人心叵测，恋爱关系很容易出现意想不到的变化。应该说，失恋是件坏事情。但塞翁失马，焉知非福？失恋要比结婚再离婚好。爱情要以与对方互爱为前提，对方不爱你了，这样的恋爱关系早点结束是好事。有人在恋爱中受到对方的伤害，就钻进了牛角尖，情绪不稳，这时最容易做出无法挽回的蠢事。

那么我们该如何走出失恋的阴影，提高自我心理承受能力呢？

首先是直面现实。既然恋人已经分手，那么肯定是有原因的。也许是他不再爱你，也许是另有其他现实原因。此时，你应该接受这一事实，而不是一味地责备，责备可能会让你暂时感到快乐，但也可能会破坏你们之间的美好回忆；更不要责怪自己没有吸引力，你拥有属于自己的独特魅力。放弃一段曾经深深植根于心中的感情，可能会让你感到痛苦，但也为你提供了一个新的爱情舞台，让你重新选择。也许，就在下一站，你会搭上另一趟幸福的列车。

其次是憧憬未来。有一句话说得好：回忆固然美丽，但未来更充满魅力。失恋了，就要有忘记过去的决心，忘记过去所有的快乐与悲伤，忘记他的一切；更要有放眼未来的智慧，因为过去的已经过去，我们无法改变，我们所能做的只是把握现在和未来。

失恋大有人在，有些人能够在较短的时间内恢复过来，有的人则会遭受长期的煎熬。不管怎样，都应该牢记：失恋后，最重要的是摆脱阴影，让自己获得新的认知和提升，勇敢地面对失恋带来的痛苦。

第三节 大学生面对性心理困扰如何调适

2021年，某高校女大学生小妍吸引了众多目光，包括祝福、羡慕，当然也有不解和冷眼。因为在毕业典礼上，她的怀里抱着一个半岁的婴儿，她还没有毕业就成了"大学生妈妈"。这位当事人在谈到自身经历时表示，她不希望女儿以及别的女孩子重复自己的路。"我只是一个特例，一个在适当的时间点发生了事情之后不得不这样做的特例。其他女孩子们要清楚什么时候该干什么，学会自己保护自己，根据实际环境做出决定。大家不要学我，我不是一个值得学习的例子。"

我们每个人都是性的产物。对于青春期的大学生，性也是爱情和生命的一个重要组成部分。但是，对于大学校园里的莘莘学子来说，性意味着什么，又会带来什么呢？

一、性的概念

性是什么？

一谈到性，人们就会表现得十分敏感和羞涩。在敏感和羞涩的背后，隐藏着种种狭隘的认识，比如：性是一种单纯的生理现象，是男女之间性器官的接触。实际上，性既是生理现象，也是一种社会现象和心理现象，性包含着丰富的科学内涵。我们可以从三个方面理解它。

（一）性生理

性是一种生理需要，也是一种生物本能。性的成熟意味着身体的发育成熟，当男孩出现首次遗精、女孩出现月经初潮时，就标志着个体性器官达到成熟水平。第二性征的出现，则标志着青春期性生理的成熟与逐渐完善。当个体在生理成熟的时候，性或性欲的满足就是一种生物本能，一种自然而然的生理需要。否认或者忽视这一点，就不能正视人的成长和成熟。

（二）性心理

性心理是人类个体在性的生理成熟后伴随出现的一系列与性有关的心理现象，主要是指性意识及在此基础上产生的性情感、性兴趣和性兴奋。逐渐进入青春期的青少年，伴随生理的发展与成熟，其心理状态也发生了明显的变化。他们开始摆脱儿童时期的特点，从不成熟向半成熟、成熟发展。性意识是人在生理发育成熟过程中感受到的两性差异和两性关系，而且因为差异而产生的特殊的心情和意识。性情感是指对异性的倾慕和好感，希望了解异性，亲近异性，感觉异性对自身吸引力增强，也希望自己能引起异性的注意；性兴趣表现为对性知识的寻求、向往追求异性、性冲动等。

（三）性行为

性行为，简而言之就是与性内容直接关联的行为，任何旨在达到性欲的满足和性高潮的行为均是性行为。

性行为可以分为两种：一种是狭义的性行为，也被叫作目的性行为，是性行为的目的和体现，如性交；另一种被称为广义的性行为，也称边缘性性行为，比如接吻、相互拥抱、说情话，以及对身体某一部位的刺激和爱抚动作，还包括男女接触时的情爱表示，如暗送秋波。

综上所述，性发育的成熟是性活动的基础，性心理是在性成熟时同时出现的一些与性有关的心理现象。性行为则是生理、心理成熟在实际中的表现。

二、大学生性心理发展的特点

性是人类繁衍的基础，是人类最基本的生物学特征之一，也是人类表达爱意的一种原始动力。人类的性又具有社会性。大学生的性生理已经发育成熟，但由于学业和社会规范的要求，大学生群体在漫长的"性等待期"可能会出现性心理的冲突，具体表现在以下几个方面。

（一）本能性和朦胧性

一般来说，大学生对有关性的一切现象有着强烈的探求欲望和浓厚兴趣，这是性生理发育成熟带来的本能反应，他们常常在心中用自己童年和少年时期所经历、所见过的与性有关的现象解释性秘密。他们对异性产生浓厚的兴趣，当心理需求得不到满足时，会怀疑发生在自己身上的变化是否正常，有时候还暗自与他人比较。同时，如果不借助影视、图书、网络等多了解性知识，有关性的问题就会一直蒙着一层神秘的面纱。在朦胧纷乱的心情影响下，大学生对于了解性的需求更加强烈。

（二）强烈性与文饰性

随着身体生长发育，在青少年时期出现的性欲和性冲动往往会比较强烈，这是发育过程中的正常现象。他们希望接近异性，迫切希望与异性交往，以得到性的满足。但与此同时，大学生又十分注意自己的形象和他人的评价，在有关性的问题上往往采取文饰的做法。有些大学生十分想同异性交往，表面上却表现得不屑一顾，或者故意做出回避或清高的样子。有些大学生心里特别想体验亲昵的动作，表面上却好像很讨厌。正是这种内在需要与外在表现之间的矛盾，使他们产生了心理冲突和苦恼。

(三) 冲动性和压抑性

青年时期，在遇到具有吸引力的异性时，大学生更容易产生对性的臆想和性冲动。另一方面，由于学业需要及社会环境的要求，大学生只能通过适当的释放、转移、升华等方式缓解性冲动，这与他们生理上对性体验的渴望之间形成了天然的矛盾，成为困扰大学生的一个突出问题。

(四) 性别的差异性

大学生的性心理因性别以及各种环境的不同而有差异。男性性成熟的心理特征表现在钟情心理、自我表现心理、紧张感。钟情心理是男性对异性的纯洁的、朦胧的思念、幻想，带有热切和浪漫的渴望，是在精神感觉上对与女性相处的幸福的向往。自我表现心理表现在男性更愿意和自己钟情的异性接近，希望引起异性注意。而女性性成熟的心理特征主要表现在怀春心理、选择心理、倾心心理。在爱与性的关系上，女生更看重两性的心灵接触和感情交流，因爱而性；男生则容易更多关注性的生理需求与满足，因性而爱。

三、大学生面对的性心理困扰

大学生处于性成熟过程中，由于猎奇心理，他们对自己的性发育情况充满好奇。但由于受传统观念的影响，大学生受到的有关性方面的教育普遍不足，在性生理、性心理上存在许多困惑。

(一) 性认知偏差

在我国很多地方，性话题仍然是一个禁忌。一方面，由于长期以来缺乏正确的性教育，目前仍有一些大学生对性持有不正确的认识，认为性是下流的、肮脏的、见不得人的。他们把性欲和爱情割裂开来，对性的问题很敏感，甚至对恋人的爱抚、亲吻、拥抱表现出极度厌恶和排斥的情绪，使"纯洁"的爱情陷入尴尬之地。另一方面，受西方文化的影响，也有一些大学生过于强调性的生物性。为此，大学生要认识到性是生物属性和社会属性的统一，性禁忌和性放纵都是有悖于人性的，这两者都是性适应不良的表现。

(二) 性焦虑

性焦虑一般指对自己形体、生理、性功能方面的焦虑。

在大学阶段，男生和女生的第二性征已经发育成熟，这时，他们尤为关注自己的性别体征。比如：男生希望自己身材高大，音调雄厚；女生希望自己更加美丽动人，体型纤细，声音温柔。女生对生殖器的发育情况、乳房大小以及体毛等也十分敏感，并常为此感到焦虑和不安。同时，部分男生感觉自己缺乏男子汉气概；女生则觉得自己性格大大咧咧，不像女孩。在这种心理影响下，有些人产生了"过度补偿"，比如为了表现男子气概，盛气凌人、欺负弱小等。

在性生理方面，男生经常表现出对遗精的焦虑和恐惧，认为遗精就是"泄阳"；女生会在月经期遭遇"经前综合征"，常常由于过分担心经期的不舒服而加重了自身情绪的低落和躯体的不适感。另外，由于未婚男女缺乏性经验，有的大学生担忧自己的性功能不正

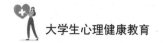

常，如不确信自己是否能正常生育，怀疑自己有性功能障碍，等等。

（三）自慰引起的心理困惑

自慰是青少年和未婚成年人用来释放性冲动的一种方式。调查显示我国有90%的青少年认为手淫是"不道德行为"，是"危害健康的不良习惯"。在现实生活中，有些青少年确实因手淫导致精神萎靡，不能进行正常的工作、学习。而且在我国传统的性观念下，自慰被认为是邪恶的，是有罪的，是不道德的。在这种传统观念影响下，一些大学生常常因为自己有自慰行为而自责，甚至产生心理障碍。

（四）性梦和性幻想引起的焦虑

性梦是男女常见的带有性欲的梦，也是青少年性成熟后出现的正常现象。梦的内容出现性感的异性形象、性环境等，也有男女交欢的内容，后者可以使做梦的人出现性高潮。一项针对城市青年性梦与性幻想的调查显示，20%的男性经常有性梦，67%的男性很少有，但没有从未有过性梦的男性。经常有性梦的女性为21%，偶尔有的为73%，从未有的为4%。

性幻想是人通过大脑想象某种动作或画面等来使自己达到性兴奋的一种方式。有的大学生由于对性的了解不断增加，对异性充满向往，但往往无法与异性发生相关行为，所以才会产生想象，从而将自己在书籍、电视、手机中看到的与听到的有关镜头，变成由自己表演的性过程。

（五）性冲动与性压抑的困扰

一般情况下，大学生的性冲动可通过学习、交往、集体活动等得以转移或减弱。但也有些大学生，尤其是一些性格内向、性知识空白或人际关系紧张的学生，往往无法缓解自己内心的冲突，强迫自己回避性需求，形成严重的性压抑。有的大学生对性欲望感到恐惧，以致紧张焦虑。有的大学生会产生性压抑从而导致性敏感，害怕与异性交往，害怕感官受到刺激，害怕出现性联想，担心发生"越轨行为"，甚至个别大学生表现出性偏离倾向，形成了性心理障碍。

人有性冲动并不是见不得人的事，更不是不道德的事。是否道德关键看采用什么样的方式去满足性冲动和性欲望，采用何种方式去对待异性之间的相互吸引。

（六）性行为失当引发的心理问题

随着大学校园日益开放，大学生的性观念正经历着一场变革。大学生往往对性行为有着更加宽容的认知。然而，大学生毕竟是还未完全成熟的个体，他们有着强烈的性渴望和性冲动，但又对性行为可能导致的后果缺乏了解，因而很容易陷入愧疚、自责、懊恼和惊慌的情绪之中。近年来，大学生因为性行为失当而引发心理问题的现象呈上升势头，甚至不断上演悲剧，为我们敲响了性安全的警钟。因此，在异性交往中，如何处理爱与性的关系，如何把握身体亲密与情感亲密的尺度，是需要好好思考的一个问题。

四、大学生性心理困扰的调适

维护大学生的性健康是一个复杂的社会课题，引起了很多学者的关注。大学生性健康的维护不仅需要来自社会的帮助,更需要大学生积极主动地、有意识地维护自身性健康。

(一)掌握科学的性知识

大学生应当主动通过多种渠道学习性的科学知识,避免道听途说或受到色情媒体的歪曲信息影响,从而消除心中疑惑,树立健康的性观念。

比如通过阅读相关书籍或观看教育视频来学习性知识;参加学校或社区组织的性教育课程和活动咨询专业医生或心理咨询师也是一个不错的选择。科学地掌握性知识对于大学生的成长和发展具有重要意义。通过多种途径的学习和实践活动的参与,大学生可以全面提高自己的性素养和健康水平。

(二)树立健康的性观念

性观念,是社会某群体对性的看法、观念及认知。性是孕育生命的前提,是爱情的重要内容之一,是相爱的两个人送给对方的最好的礼物。现代科学研究已经证明,伴侣间正常的性生活,不仅可以释放不良情绪,还可以增强身体的免疫力。而当性缺少了爱与责任的因素,它也可以变成具有杀伤力的武器,会对大学生的身心健康造成致命打击。在婚姻中,爱与性是紧密联结在一起的,完全没有爱或者完全没有性的婚姻,都是难以维持的。因此,爱与性是爱情和婚姻发展过程中必不可少的两个方面。

(三)积极进行自我调节

维护性心理健康,不仅需要掌握科学的性知识,还要积极有效地进行性心理自我调适。性心理自我调适是指在性心理发生矛盾冲突或出现问题时,采用有效方法,有意识地对心理活动进行合理的控制和调节,使失衡心理得到缓解,使性心理问题得到及时解决。例如,在强烈的性欲得不到宣泄时,在过度的性压抑带来痛苦时,在自慰、性梦等现象成为习惯时,在性行为失当时,不必惊慌失措,不可自暴自弃,可以通过自我调适或外界的帮助加以解除。

1. 适当压抑法

压抑是社会对性欲最常见的对策,是个体对待性欲的传统、普遍的反应方式。适当的压抑虽然与性本能相抵触,但它是合理的,也是必需的,对社会安定发展和个人身心健康都是有益的。大学生处在性欲旺盛的时期,但主要任务是学习,应该以强烈的学习欲望缓解对性的渴望,以紧张的学习生活抑制对性的需求,通过培养性抑制能力,适应校园学习环境,适应社会行为规范。

2. 转移淡化法

一个人独处时常会想到"性"事,受到性感刺激时难以自持,或者与异性交往时想入非非。这些现象不论是性冲动引起的,还是由于过度压抑产生的,最好的办法是立即"刹车",积极主动投身到校园文化活动和集体生活之中。通过有益的集体活动,转移大脑中枢神经的兴奋中心,淡化原来的注意力。

3. 升华替代法

选择用其他欲望替代性欲,这是人类自身应对性欲异常的最佳方式,也是应对正常性欲时最理想的替代方式。比如，当痴迷于热恋影响学习时，或是性情感受挫时，或是性心理受到伤害时，都可以把原来的欲望转化为积极进取的动力，成为刻苦学习、努力工作、创新活动的源泉。对于自己无法解决的性心理困惑，特别是性心理障碍，要有强烈的求知欲望，积极主动进行心理咨询与治疗。

（四）增强社会责任感

性虽然是人最原始的本能，但人类的性行为与动物性行为有着本质的区别：动物的性行为只是为了繁殖后代，它们没有伦理道德的约束，更没有理智的控制。人类的性行为并不以繁殖后代为目的，在伦理道德和理性的控制下，性行为不仅能够满足生理需求，更重要的是满足双方爱的需要。

大学生必须认识到，性是一件严肃的事情。不安全的性会影响爱情的进程，给对方造成心理和身体上的伤害，甚至引起更严重的问题。尤其值得注意的是，男生和女生在性行为上具有不公平性，女生有责任保护自己，而男生有责任保护女生不受到性的伤害。所以，面对性行为，每个人都要运用道德和法律约束自己。

 心理测试　　　　你的恋爱感受[①]

同样是恋爱，不同的人，感受却大不一样。一想到你的恋人，你会有哪些感受呢？如果题目描述的情形与你的感受一样，请回答"是"；如果不一样，请回答"否"。需要特别说明的是，回答时一定要根据你此时此刻的感受，而不是你通常的体验。

（1）每一天似乎都很特别。
（2）生活有价值。
（3）对任何事都感到满意。
（4）我似乎正在高空飞翔。
（5）我的伴侣很优秀。
（6）对任何人都持积极肯定的态度。
（7）心情激动。
（8）精力充沛。
（9）身心协调。
（10）哇！（惊喜喊叫）
（11）欣喜若狂。
（12）盼望见到他时，感到度日如年。
（13）我们似乎生活在属于自己的特殊王国。
（14）有能力实现任何目标。
（15）自自然然的。
（16）极度快乐。

---

① 秦子冰. 爱情·职业·人格心理测试[M]. 北京：中国轻工业出版社，2003：51-55.

（17）我的伴侣是世间最美丽（英俊）的人。

（18）我彻底为他所倾倒。

（19）与他在一起非常和谐、甜蜜。

（20）喜爱身边的一切。

（21）脊椎麻木。

（22）呼吸紧迫。

（23）渴望见到他。

（24）手脚麻木颤抖。

（25）轻松。

（26）无忧无虑。

（27）喜欢蹦跳。

（28）我似乎对这个世界无所留恋。

（29）慷慨大方。

（30）顽皮好嬉戏。

（31）踏实。

（32）热情洋溢。

（33）面带微笑。

（34）赞同。

（35）为他的思想所折服。

（36）对世界抱有美好的希望。

（37）完整的。

（38）为预料的事感到兴奋。

（39）茫然不知所措。

（40）经常兴高采烈。

（41）精神恍惚。

（42）生殖器有某种压迫感或灼热感。

（43）有能力征服一切。

（44）精神饱满。

（45）沉溺于自己的感受之中不能自拔。

（46）行为好像疯子。

（47）似乎全世界都充满了柔情。

（48）轻浮而虚伪。

（49）有心计的。

（50）心跳加速。

（51）激动的。

（52）无拘无束。

（53）和谐。

（54）忠诚。

（55）自我实现。
（56）充满活力。
（57）心醉神迷。
（58）强健有力。
（59）乐不可支。
（60）健康无恙。
（61）得到他的注目，犹如突见天日的宫人。
（62）事事如意。
（63）新陈代谢加快。
（64）奇妙。
（65）恍惚（或迷迷糊糊）。
（66）喜欢唱歌。
（67）似乎彩虹只为我而闪耀。
（68）喜欢花丛。
（69）清醒的。
（70）愉快的。
（71）红光满面。
（72）感觉意识增强。
（73）喜欢探险。
（74）即将欣喜若狂。
（75）内心有强烈冲动。
（76）兴奋时喜欢尖叫。

评分规则与解释：

你有多少道题目选择了"正确"，表明你在这个测试上就得多少分。得分高低不同，说明不同的人浪漫的表现程度不同。表 6.2 是一个百分数对照表，从中可以推测你与其他人在恋爱感受或浪漫表现程度上的粗略关系。将你的得分与给定的百分数对照表进行比较，得分越高表示浪漫的表现程度越高。例如，你的得分是 62（假如你是女性），那么对应的百分数是 85，这就意味着人群中有 85% 的人在浪漫的表现程度上比你低。换言之，你表现浪漫的程度比 85% 的人更高。

表 6.2　百分数对照表

得	分	百分数/%
男	女	
21	28	15
30	37	30
39	45	50
48	51	70
57	62	85

简要解释:

针对男性的如下。

(1) 得分低于30: 在恋爱中倾向于情绪比较平和,不易体验到热烈、浪漫的感受,虽然少了一些激情荡漾,但在平平淡淡中自有一份安逸。

(2) 得分在31~50: 在恋爱中能够体验到多种热烈、浪漫的感受,较少冷静的思考。

(3) 得分高于50: 在恋爱中倾向于富于激情,能够体验到非常多的热烈、浪漫的感受,看待一切都过于感性,缺乏冷静的思考。建议适当地增加理性的判断,以免被激情冲昏了头脑。

针对女性的如下。

(1) 得分低于37: 在恋爱中倾向于情绪比较平和,较少爱的幻想,不易有热烈、浪漫的感受。虽然少了一些激情荡漾,但在平平淡淡中自有一份安逸。

(2) 得分在38~55: 在恋爱中能够体验到多种热烈、浪漫的感受,较少冷静的思考。

(3) 得分高于55: 在恋爱中能够体验到非常多的热烈、浪漫的感受,看待一切都过于感性,缺乏冷静的思考。建议适当地增加理性的判断,以免被激情冲昏了头脑。

你的性意识[①]

这个测试的题目涉及人们在性生活中的不同情况,本身没有对错之分。请针对每道题目的描述,判断其与你自身的情况是否相符合,选出与你相符的程度。"1"表示这种说法与你"完全不符合","2"表示这种说法与你"稍有一点点符合","3"表示这种说法与你"有些符合","4"表示这种说法与你"基本符合","5"表示这种说法与你"完全符合"。

(1) 我非常清楚自己的性体验。
(2) 我想知道别人是否认为我性感。
(3) 在性方面我对自己确信无疑。
(4) 我非常清楚自己的性动机。
(5) 我很在乎自己身体的性感程度。
(6) 我不能非常直白地讲出自己的性欲。
(7) 我不断地尝试了解自己的性体验。
(8) 当有人认为我性感时,我能立刻知道。
(9) 我在表达自己的性欲时有点被动。
(10) 我对自己在性方面需求的变化非常敏感。
(11) 我能快速地察觉别人是否认为我性感。
(12) 在性生活中,我能毫不犹豫地说出我的期望。
(13) 我非常清楚自己的性倾向。
(14) 我经常担心不能给他人留下一个性感的印象。
(15) 我是那种坚持满足自己的性欲的人。

[①] 秦子冰. 爱情·职业·人格心理测试[M]. 北京: 中国轻工业出版社, 2003: 113-115.

（16）与绝大多数人相比，我对性动机的考虑更多。
（17）我很在乎别人如何看待我有多么性感。
（18）关于性，我常常寻求我想要的。
（19）我对自己的性欲思考得太多。
（20）我从来不知道何时让别人激动。
（21）如果我认为某个人有魅力并对他产生性欲，我会直言相告。
（22）当性欲被唤起时，我非常清楚自己的想法。
（23）我很少担心自己的性感程度。
（24）如果我想做爱，我会向他说明我的喜好。
（25）我知道什么能激起我的性欲。
（26）我不在乎别人如何看待我的性欲。
（27）我不需要别人告诉我如何处理自己的性生活。
（28）我很少考虑自己在性方面的生活。
（29）我知道什么情况下别人认为我性感。
（30）如果我想做爱，我会让他先采取主动。
（31）我根本不担心自己是否性感。
（32）异性对我的看法不会过多地影响我。
（33）在与他人性交之前，我会打听他是否有性传染病。
（34）我认为自己不是一个非常性感的人。
（35）与他人在一起时，我希望自己看上去很性感。
（36）如果我想与他人进行安全的性交，我会坚持这么做。

评分规则与解释：

具体而言，这个测试从四个方面（对性的知觉、对性的控制、对性的坚持、对性魅力的知觉）测量一个人的性欲特点。四方面包含的题目如表6.3所示。

表6.3　测试题目所包含的内容

对性的知觉	对性的控制	对性的坚持	对性魅力的知觉
（1）（4）（10）（13）（22）（25）	（2）（5）（14）（17）（23）（28）（31）（32）	（3）（6）（9）（12）（15）（18）（30）	（8）（11）（29）

首先，请你对其中的六道题目的答案进行转换，得到相应的分数，即题目（6）、（9）、（23）、（30）、（31）和（32），转换的规则是"1"得5分（即选"1"则转换成5分，以下类推），选"2"得4分，选"3"得3分，选"4"得2分，选"5"得1分。其他题目得分不变（即选"1"得1分，依次类推）。

参考表6.3可以算出你在"对性的知觉、对性的控制、对性的坚持、对性魅力的知觉"这四个方面的得分。得分高低不同，说明不同的人的性意识及其四个方面的水平不同。表6.4是一个百分数对照表，从中可以看出你在性意识及其四个方面的水平与其他人的粗略关系。

表 6.4 百分数对照表

对性的知觉		对性的控制		对性的坚持		对性魅力的知觉		百分数
男	女	男	女	男	女	男	女	
18	17	21	19	7	7	6	5	15
20	19	23	22	11	11	7	6	30
22	22	26	25	16	16	8	7	50
24	25	29	28	21	21	9	9	70
26	27	31	31	25	25	10	11	85

简要解释：

（1）对性的知觉。

得分低于22：倾向于对自身的性冲动与性动机的感知不敏感，对自己的性偏好也了解不多，似乎"懵懵懂懂"。

得分低于22：倾向于对自身的性冲动与性动机的感知不敏感，对自己的性偏好也了解不多，似乎"懵懵懂懂"。

得分高于22：倾向于对自身的性冲动与性动机比较敏感，清楚自己的性偏好，善于建立自己希望得到的两性关系。

（2）对性的控制。

得分低于25：倾向于不在意他人对自身性魅力的看法，不容易受外界影响。

得分高于25：倾向于在意他人对自身性魅力的看法，容易受外界影响。

（3）对性的坚持。

得分低于16：倾向于不愿主动表达性需求，并且一旦遇到拒绝或阻碍，会缺乏坚持到底的勇气。

得分高于16：倾向于勇于追求性方面的满足，不仅能主动表达性需求，而且不轻易放弃。

（4）对性魅力的知觉。

得分低于8：倾向于对自身的性魅力缺乏发现，或者自惭形秽、"视而不见"，缺乏表达性需求的勇气和决心。建议接纳自我。要知道，每个人都是独一无二的，都有独特的魅力，并且"懂得欣赏自己的人更可爱"。

得分高于8：倾向于善于发现自身的性魅力，在两性关系中自信，善于表达自己的性需求。

体验活动　　发现身边的爱情

1. 发现并描述你身边的爱情

引导语：步入大学校园，在我们的身边，从不缺乏爱情的身影。有的同学已经品尝到了爱的甘甜，有的同学正在期待爱情。请大家说说曾经遇到或者看过、听过的爱情是什么样子的。

步骤：

（1）将全班同学分成由7~8人组成的若干个小组。

（2）每个人就自己身边的爱情进行描述，听听其他人对爱情的判断，这份爱情是真正的爱情吗？为什么？

（3）每组派出一名代表描述本组最有争议的爱情，在全班范围内进行讨论。

（4）教师总结。

时间：30分钟。

2. 自我探索：撰写你的爱情故事

每个人在内心深处，都有对爱情的期望。你理想中的爱情是什么样的？请拿出笔描述你的爱情故事。注意不要脱离现实。

我所认识的"性"

请从下面的词中找出你认为与性有关的。

快乐、好玩、污秽、养育、恐惧、爱、美妙、信任、羞耻、不满足、委身、忠贞、尴尬、压力、例行公事、表现、欢乐、食盐、释放、难为情、舒服、无奈、罪、厌恶、内疚、无助、享受、压抑、乏味、满足、美丽、征服、沟通、禁忌、亲密、融洽、遗憾、自卑、自信、和谐

思考：

（1）你选了哪些词？

（2）为什么你认为这些词与性有关？

（3）在你挑选的词中，是积极的多一些，还是消极的多一些？为什么？

体验游戏

参与式戏剧。这是基于情境的教育方法，通常会对性教育的具体情境撰写剧本，由培训人员进行表演，在关键时刻停止，对发生的事件、人物的心理进行解读，进而使同学们加深对于性的理解。

 好书推荐   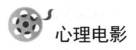 心理电影

第七章 不惧挫折，积极应对
——大学生抗逆力提升

> **导入故事**
>
> **洪战辉带着妹妹上大学**
>
> 这是一位也许大家都已经熟知的大学生，他的名字是洪战辉。他用惊人的毅力和闪光的道德战胜了生活中的挫折，在逆境中成就了自己。
>
> 1982年，洪战辉出生于河南西华的一户贫困家庭。生活本就困难，但"屋漏偏逢连夜雨"，在洪战辉13岁那一年，命运再一次给这个原本就清贫的家庭一个巨大的打击：洪父突患间歇性精神疾病，更可悲的是，洪父病发失去理智时造成洪母受伤骨折，洪战辉的妹妹也不幸意外身亡。多重的打击给这个原本贫苦的小家庭带来了数不清的债务。不久之后，洪父又捡到了一个年龄和已故妹妹相仿的女婴，带回家中抚养。面对愈加沉重的家庭负担，洪母无奈选择了离开。母亲离家出走后，年仅13岁的洪战辉用自己尚且稚嫩的肩膀担起了家庭的重担。
>
> 洪战辉考进大学后，为了不耽误学习，更好地照顾妹妹，他带着与他相依为命的妹妹上大学。在大学里，他卖起了电话卡、圆珠笔芯，给"步步高"电子经销商做销售代理。他从未打过一份荤菜，以省下钱寄给家里。他拒绝了所有的捐款，因为"还有比我更需要帮助的人"。
>
> "天行健，君子以自强不息。"洪战辉顽强得像一株扎根在岩石缝中的蒲草，哪怕环境再艰难，他始终用力扎根，汲取不多的阳光和雨露，面对无情的风雨始终没有放弃、用力生长、用力微笑。苦难多年来与洪战辉如影随形，但洪战辉仿佛将苦难当成人生的一门必修课，主动接受它、读懂它、攻克它。①

第一节 挫折对于个人成长有何影响

人生之路是曲折的，交织着顺与逆、成与败、满与亏的辩证矛盾。中国古代对"挫"

---

① 资料来源于网络并经作者加工处理。

与"折"均有论述,"挫折"一词有"挫败""失利"之意。现代的大学生在面对高考名落孙山、就业处处碰壁、考试不甚理想等情况时,也会有内心紧张、烦恼的情绪反应,这些都是受到挫折的缘故。

一、什么是挫折

挫折是指个体在从事有目的的活动过程中,遇到难以克服的障碍或干扰,致使动机不能实现、需要无法满足所产生的情绪反应。

挫折概念包括了三层含义:挫折情境、挫折感受和挫折认知。挫折情境是指阻碍目标实现的各种自然环境因素和社会环境因素,如在考试和比赛中失败、失恋等。挫折感受是指因个体需要得不到满足而产生的紧张、焦躁、困惑、恐惧、愤怒等的情绪反应。挫折认知是指对挫折情境的知觉、认识和评价。

典型的心理挫折包含了挫折情境、挫折感受和挫折认知三个因素,但是只有挫折感受和挫折认知,缺乏挫折情境,也会构成心理挫折。这是因为挫折认知可以是对现实的挫折情境的认知,如亲人亡故;也可以是对想象中可能出现的挫折情境的认知,如考试前生病,怀疑他人议论自己,等等。相比而言,主观想象的挫折情境比现实中真实的挫折情境更为可怕,因为这种情况往往是泛化的结果,常常会造成个体无力抗挫而先被击垮。

由此可见,挫折认知是最重要的、核心的因素,是挫折情境与挫折感受产生联系的桥梁与纽带,它决定着挫折感受的强度和性质。个体将挫折情境(不管是客观的还是想象的)认知得越严重,挫折感受越强烈;反之,挫折感受越轻微。但是在日常学习和生活中,面对同一挫折情境,不同个体的认知评价可能不同,不同的认知评价会引起不同的情绪和行为反应。例如,同样是遭遇考试失利的挫折情境,有的大学生的挫折感受是痛不欲生,有的是懊悔不已,有的则不以为然。之所以挫折感受不同,原因在于对考试失利这一挫折情境的挫折认知不同。

 **拓展阅读   ABC 理论**

ABC 理论是 20 世纪 50 年代由美国心理学家阿尔伯特·埃利斯(A.Ellis)创建的。在 ABC 理论模式中,A(activating event 的第一个单词首字母)是指诱发性事件;B(belief 首字母)是指个体在遇到诱发事件之后相应而生的信念,即他对这一事件的看法、解释和评价;C(consequence 首字母)是指特定情景下,个体的情绪及行为结果。

人们通常认为,人的情绪的行为反应是直接由诱发性事件(A)引起的,即 A 引起了 C。ABC 理论指出,诱发性事件(A)只是引起情绪及行为反应的间接原因,而人们对诱发性事件所持的信念、看法、理解(B)才是引起人的情绪及行为反应的更直接的原因。人们的情绪及行为反应跟人们对事物的想法、看法有关。

合理的信念会引起人们对事物的适当的、适度的情绪反应;而不合理的信念则相反,会导致不适当的情绪和行为反应。人们若坚持某些不合理的信念,长期处于不良的情绪状态,最终将会导致情绪障碍的产生。

二、挫折的积极影响

生活中的挫折和磨难并不都是坏事。爱迪生说:"失败也是我需要的,它和成功一样都对我有价值,只有在我知道所有做不好的方法以后,我才能知道做好一件工作的方法是什么。"法国作家雨果也曾说:"苦难是人生最好的大学。"

(一)挫折能提高人的认识水平

个体在与环境的互动过程中,逐渐得到越来越全面、越来越清晰的自我认知和环境认知。经受挫折,是个体与环境互动的结果之一。这一结果,促使个体重新审视自我和环境。一方面,挫折能提高大学生对自我的认识水平。挫折会强烈冲击自己盲目自大、傲气轻狂的自负心理,促使个体不得不进行深刻反思。在遭受挫折时,个体开始反思自己。在承受挫折的过程中,个体尝试发现、正视自己的缺点与不足,更愿意去发现、学习他人的优点和长处,为人处事会更谦逊谨慎。因为挫折,个体不断检讨自己、反省自己,进而深化对自己的认识。另一方面,挫折能提高大学生对环境的认识水平。强者面对挫折和失败,不是手足无措、被动等待,而是积极总结经验,反思自己的认识过程,找出不足并及时采取补救措施。知不足而后学,学好后再去用。如此反复,有助于个体知识结构不断趋于合理。同时,吸收经验教训,改变策略,提高了个体解决问题的水平。一个人经历的挫折越多对人生的认识就越深刻,意志也就比别人更坚强,更容易适应社会的发展和激烈的竞争。从这种意义上来说,挫折既是苦难,也是造就人才的一种特殊因素,是人生一笔宝贵的财富。

(二)挫折能激发一个人的潜力

挫折是一把双刃剑。挫折虽然给人带来痛苦,但也可以磨炼人的意志,激发人的斗志,思想压力甚至肉体的痛苦都可能成为精神上的兴奋剂。贝弗里奇曾指出,人最出色的工作往往是在逆境中做出的。常言道:"宝剑锋从磨砺出,梅花香自苦寒来。"孟子说:"天将降大任于斯人也,必先苦其心志,劳其筋骨,饿其体肤,空乏其身,行拂乱其所为,所以动心忍性,曾益其所不能。"司马迁在《报任安书》中,讲述了一些与挫折抗争取得不凡业绩的古代仁人志士:"盖文王拘而演《周易》;仲尼厄而作《春秋》;屈原放逐,乃赋《离骚》;左丘失明,厥有《国语》;孙子膑脚,《兵法》修列;不韦迁蜀,世传《吕览》;韩非囚秦,《说难》《孤愤》;《诗》三百篇,大底圣贤发愤之所为作也。"国外的例子也举不胜举:马克思在贫困中完成了巨著《资本论》,歌德在恋爱受挫后写下了《少年维特之烦恼》等。以上种种,无不是勇于面对挫折,正确认识挫折,挖掘挫折的积极意义,将挫折升华,把自己锤炼成栋梁之材的典范。当大学生面临挫折或困难时,他们的神经中枢会受到强烈的刺激从而引起情绪激奋、精力集中,使整个神经系统的兴奋水平提高,在这种情况下,人们精神焕发、思维加快、情绪反应能力大大提高。因此,挫折可以磨炼人的意志,激发人的潜力,可以使人学会思考,以最佳的姿态实现人生的目标。

(三)挫折能促使人修正行为目标

挫折可以使人学会思考,调整行为,以更佳的方式实现自己的目标,成就自己的事业。

许多大学生对自己、对社会往往会有一些不切实际的、理想化的想法，认为自己所向披靡，无所不能，但"理想很丰满，现实很骨感"，当理想与现实碰撞时，如果一败涂地，便会遭受挫折。有的学生或者家长期待较高，或者急于在大学弥补高考失利的遗憾，或者急于表现自己，制订了过高的奋斗目标，努力过程中几次的失败、不能如愿的经历便会产生无助无力感，丧失开始时的雄心壮志。这种当头一棒的结果，让他们吃下一颗"清醒丸"，促使他们对自己做出一个更实际的评价，对生活、对社会有一个更客观的认知，同时促使他们必须客观地审视失败，积极地反思失败经历，认真地分析自身的现状并修正行为目标，从而更好地增强社会生存的适应能力。

（四）挫折能促使人修正处世方法

心理学家将轻度挫折比作"精神补品"。每一次挫折，对涉世未深的大学生来说，都是一次宝贵的洗礼，都会促使他们认真反思、总结经验教训，探究遭受挫折的根源，寻求摆脱困境的方法，实现在失败中摸索着一点一点成长。从这种意义上说，失败是成功之母，错误是正确之母，挫折使大学生们"吃一堑，长一智"。另一方面，每战胜一次挫折，个体解决问题的能力就会得到提升与强化，为应对下一次更大的挫折储备了"精神能量"，实现在战胜挫折的成就中一点一点成长。无论是在失败中摸索，还是在成功中总结，每一次小小的进步累积到某个程度时，就会产生质的变化：整个人散发出自信、胸有成竹的气场，处世会更临危不乱，从容不迫，与环境相处更为自如、张弛有度。这个成长过程，需要大学生不断加强自身修养的提升和内心的修炼，积极调整心态，始终向阳生长，储备"正能量"，在应对挑战的一次次的失败与成功中，修正处世方法，提升应对能力。

三、挫折的消极影响

挫折是个人的动机无法实现、需要无法得到满足的心理状态，或者在愿望实现过程中遇到了阻碍、干扰后的一种心理感受。大学生正处于情绪丰富且易于变化的时期，面临学业、交友、就业等诸多现实问题，容易产生心理挫折。挫折会引起消极情绪，诱发一些心理问题，甚至影响人们的生理健康。

（一）挫折导致消极情绪

通常，大学生遭遇挫折后会伴随由强烈的情绪性活动所产生的反应，多为消极性反应，焦虑是其中最普遍的一种。焦虑是人们遭受挫折后，在一时无能为力的情况下产生的一种模糊的、紧张不安的情绪体验，是面临不良刺激或将要发生的不良后果而产生的一种情绪体验。它是一种处在边缘状态的综合性情绪反应，包含忧虑、惧怕、愤怒、压抑、焦急、惶惶不安等。受这种心理情绪的影响，人们还会有多疑、失眠、食欲不振等现象，还可能引起自信心和自尊心的丧失、失败感与内疚感，而处于不可名状的烦躁心境之中。

除了焦虑的情绪反应，人们在受挫后还可能会引起其他消极情绪反应，包括攻击（包含直接攻击和转向攻击，如寻找替罪羊、迁怒他人、迁怒自身）、退缩（冷漠、幻想、依赖）、退化（批评与埋怨、优柔寡断、工作效率降低）、固执（惊慌失措、破罐破摔、强迫症）和其他（缺乏安全感、多疑、逃避、自戕）。

日本心理学者成天胜郎等人归纳出 14 种由于对挫折的不适应而导致的不良的心理行为表现：抑郁性、无力性、过敏性、强迫性、自我否定性、内向封闭性、黏着性、意志薄弱性、盲目性、不安定性、情绪易变性、自我表现性、爆发性、浮躁性。这些心理和行为特征对人们身心的正常发展和对社会环境的适应都是不利的，任其发展可能成为犯罪或心理变态的重要诱因。

（二）挫折会导致生理疾病

大学生受挫后，其整个身心处于一种紧张、压抑和焦虑不安的状态，消极的心理能量如果长时间得不到释放，就会损害身心健康。有学者指出，当情绪的正常通道受阻碍时，情绪可能通过生理疾病表现出来[①]。

在持续的消极情绪作用下，个体的消化系统、神经系统、内分泌系统、血液循环系统会发生一系列反应。这些反应发生的实质是精神状态的紊乱导致了生理状态的紊乱。这是个体受挫后机体内在的自我调节机制为维持超常状态下的正常生命活动，而最大限度地调动机体的潜在能量，以更有效地应付外界环境变化的结果。它的作用是以生理状态的失衡适应精神状态的失衡，几乎不可避免地会危及身心健康。因为潜能的大量消耗，会引起有关器官功能出现衰竭趋向，从而发生病变。在体内潜能大量消耗的同时，机体内部那些与情绪反应无直接联系的器官或系统则因得不到必要的能量而不能维持正常功能，如胃、肠液分泌减少，消化道蠕动减慢，等等。医学研究表明，心律失常、支气管哮喘、消化性溃疡、类风湿性关节炎、偏头痛、失眠等疾病多与受挫后的生理反应有关[②]。

（三）挫折影响抱负水平

遭受挫折，人们会产生消极情绪。如果没有正确的挫折观，则会产生消沉、失望、否认、退缩、文饰等不当反应。挫折所引起的消极情绪、心理与生理上的疾病，会导致自信心丧失，产生或加重自卑心理，放弃追求的目标，否定或无视自己曾经取得的成绩，从而不断降低自我抱负水平，甚至由于心理疾病而丧失实现抱负的能力。有些大学生本身自信心不足，在遭遇挫折后常常消极悲观，不能以积极的心态迎难而上，习惯采取逃避的、消极的应对方式，不断打退堂鼓。长期处于这种状态，他们就会失去奋斗的力量和决心，对待事物缺乏热情与动力，不仅会错过很多机遇，而且不能解决问题。

拓展阅读　　　　　个体遭遇挫折后的心理发展路径[③]

康帕斯（Compas，1995）等人在纵向研究中发现，个体在经历创伤事件后，其反应结果不外乎以下几条路径，见图 7.1。

路径 1：应力抵抗，指稳定的适应性功能状态；

路径 2：韧性，指功能短暂轻微受损后即完全恢复；

[①] 张大均，吴明霞. 大学生心理健康[M]. 2 版. 北京：清华大学出版社，2019：257.
[②] 人在受挫后常见的生理反应[EB/OL]. （2010-08-30）. http://www.cnpsy.net/ReadNews.asp?NewsID=7985.
[③] 郑日昌. 大学生心理健康：自主与自助手册[M]. 北京：高等教育出版社，2013：258.

路径3：延迟恢复，指功能轻微受损并持续一段时间后才开始积极适应；

路径4：创伤后成长，为功能损伤后伴随着成长的发生，成长后的功能水平可超过创伤前的状态；

路径5：严重的持续性精神困扰，指个体功能持续下降；

路径6：抵抗失败后功能持续下降，指最初抵抗后出现代偿失调；

路径7：稳定的功能适应不良，指创伤前后功能皆适应不良。

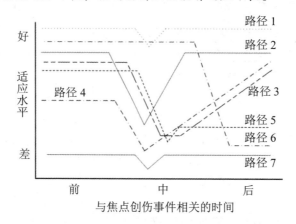

图 7.1　个体经历创伤后心理反应的假定轨迹

第二节　大学生可能遭遇哪些挫折

大学阶段是大学生人格发展、能力完善、思想逐步成熟定型的关键时期。大学生在这个阶段容易遭受挫折和挑战[①]。大学生的挫折主要集中在生活、学业、人际交往、恋爱情感、人生发展等方面。调查显示，大一学生的挫折大多来自生活、学习的不适应；大二学生的挫折大多来自学习、人际交往方面的冲突；大三、大四学生的挫折大多来自学习、人生发展方面的冲突；情感挫折在各年级中普遍存在，尤其是大四年级学生更多。

一、生活挫折

生活挫折常发生在大一学生中。大学生活与中学生活有很大的差异。大学生活中，学习成绩不再是唯一强调的事项，更为看重综合素质发展；生活需要独立自主，自我管理；各方面的外驱力降低，而自控力要求升高。许多大学生是第一次离开家住校，面临着诸多生活上的不适应，例如：角色转换不畅、水土不服、饮食不习惯、集体生活难以适应、不会管理生活费等。有的大学生，特别是来自农村的大学生，由于家庭经济困难，父母无法满足"生活城市化"过程中的需求，导致其受挫。大学生预约心理咨询非常集中的时期是每个学期开学初的几周时间里，症状基本为返校后晚上失眠，白天精神状态差，有时需要回家调整才能逐渐适应宿舍的集体生活。很多高中时代的优等生来到大学后不再是优等生，

---

① 朱卫嘉，陈敏. 大学生优秀团体辅导方案与评析[M]. 重庆：西南师范大学出版社，2019：258.

而又无法接受自己在大学的"平凡"与"白天鹅变丑小鸭",也不愿看到"同学比自己强",这一角色适应不良,让他们产生了内心的痛苦,严重者出现头痛等躯体症状,甚至有些同学因无法继续学业而选择休学或退学。

二、学业挫折

学业挫折是学习上的失败给学生造成的一种心理障碍。对大部分学生来说,学业挫折是普遍存在的。许多学生在上大学之前,对大学生活抱有美好的憧憬[①],对大学学习有认知误区:"上了大学,就不需要学习了。"进入大学后他们才发现,学习仍然是大学生的主责主业,学习成绩是大学生最关心关注的内容之一。对很多大学一年级学生而言,大学的专业学习是比较陌生的,在教学方式、学习目标、学习管理、学习方法、考试方式、计分方式等方面,与中学时期不尽相同,部分学生一时难以适应。调查数据显示,有62.7%的大一新生感到心理压力,有适应困难。有的学生对所学专业不感兴趣,又无法转专业,而备受学业煎熬;有的学生学习基础薄弱,学习倍感吃力;有的学生学习非常努力而成绩不理想;有数据显示,有超过半数的学生对自己所学专业感到有心理压力,对专业知识不能提起兴趣或熟练掌握。有的同学抱着"60分万岁"的态度,将很多时间用于打游戏,导致不懂的知识点越积越多,形成恶性循环。即使学习成绩较为积极的同学,在专业知识点学习、实验课操作、论文写作等方面暂时遇到难题而遭受挫折,也是常有的事情。考试成绩不理想使得一些学生丧失了学习的兴趣,灰心失望,得过且过,甚至破罐子破摔,因学业不如意产生了厌烦、压抑的挫折心理。

三、交往挫折

交往挫折是学生在处理同学(尤其是舍友)、老师等人际关系方面遇到的心理障碍。步入大学,大学生面临更为复杂的人际交往问题。正处于生理和心理发展不平衡期的大学生有着非常强烈的交往需求,珍视友谊、渴望交往是他们的心理特点之一,但很多大学生缺乏人际交往的常识和技巧、艺术,人际协调能力较差,在交往中沟通不足,人际冲突现象时有发生。当他们已有的经验和能力不能适应新的交往需求,无法与他人和谐相处,人际关系紧张时,自然就会产生心理上的挫折感。其主要表现为:一是自我意识强,个性鲜明,造成交往挫折。人际交往中,更多以自我为中心,更多关注自我需要和自我感受,理解他人、换位思考的共情能力不足,不能于情于理、柔性处理交往中的矛盾,从而产生挫折感。二是渴望交往的同时,不信任他人,习惯隐藏自己的真实想法,甚至自我封闭,造成交往中断或裂痕。三是过分自卑,甚至自我否定,对环境、他人过分敏感,不敢与人交往,或者交往中随波逐流,不能发展自我,造成交往挫折。四是沉溺于虚幻的网络,独享虚拟世界中优秀的自我,而一旦回归现实,就会产生焦虑、紧张、压抑的情绪而无法正常进行人际交往。更有甚者,由于玩网络游戏与他人作息不一致,影响他人正常休息,而造成人人喊打、被排挤孤立的恶劣人际关系。

---

① 迟沂军,王红菊. 大学生心理健康辅导[M]. 徐州:中国矿业大学出版社,2010:83.

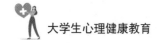

四、情感挫折

大学校园里的一些严重问题，往往是由情感挫折问题引发的。情感挫折一般来源于亲情挫折和爱情挫折。亲情挫折主要来源于家庭，如亲人去世、亲子关系差、父母期待高要求严等。爱情挫折主要来源于单相思、第三者插足、冲突争吵、批评、抛弃等。调查显示，各年级学生中正在恋爱或准备恋爱的大学生比例为：一年级占15%，二年级占25%，三年级占40%，四年级占65%。恋爱中的挫折很容易打击自信心、自尊心，让受挫者产生强烈的挫败感与自我否定。大学生无论生理还是心理都趋于成熟，渴望与异性交往属于正常现象，但一些学生对情感认知不够，自控能力差，一旦失恋，就会给自己或对方造成很深的伤害。在爱情遇到挫折后，很多大学生往往不能采取理智的态度解决。他们不能正视现实，不能及时调整失落的情绪，由此自弃、沉沦、颓废，陷入不能自拔的地步，甚至因绝望而轻生。

五、人生发展挫折

大学生正值人生发展的关键时期和特殊时期，处于应对人生选择、人生课题，人生矛盾最多、不确定性最大的阶段。很多大学生有诸多新的人生矛盾和问题需要解决。大学生尽管已成年，但仍处于"延缓偿付期"，即在人生阅历、磨炼、感悟等方面还很欠缺，会产生很多矛盾、纠结的情况。调查发现，大部分学生能以积极姿态投入学习生活，但面对未来的毕业去向、职业规划、行业选择等仍然会感到迷茫彷徨、焦虑不安、不知所措。近年来大学不断扩招，毕业生人数逐年增多，就业竞争日趋激烈，毕业生的就业压力逐年增大，甚至部分毕业生处于"毕业即失业"的苦闷焦虑状态。有的学生接触社会后发现，所学专业的社会需求与自己的薪资期望、发展平台与空间期望存在较大差距，因而产生自卑、失落、失去希望的挫折感。当择业过程中主观愿望与客观实际脱节时，有的学生怨天尤人，归因于自己出身不好；有的学生在求职初期稍一碰壁即心理崩溃，一蹶不振，垂头丧气，自我否定，丧失勇气，严重者甚至出现社交障碍、社会适应恐怖症状。

第三节　哪些因素会影响挫折承受力

挫折承受力是指个体在遭遇挫折情境时，能否经得起打击和压力，有无摆脱困境和排解困难而使自己避免心理与行为失常的一种耐受能力，是在抵抗挫折时较少出现不良反应的能力，即个体适应挫折、抵御和应对挫折的能力。

每个人的挫折承受力是不同的。即使同一个体，在不同的心境、时间、场所、事件中表现出的挫折承受力也不尽相同。个体的挫折承受力受很多因素影响，主要包括以下几个。

一、生理因素

人的心理与生理是互相影响的。一般而言，发育正常的人比有生理缺陷的人的挫折承受力大。生理上的疾病或缺陷使人在心理上更加脆弱[①]。一个身强体壮的人可能不会太在意他人对残疾人的议论，而生理残疾的人可能会对此事非常敏感、在意。

国外有研究发现，在丧偶后一年内，体弱多病者的发病率比身体健康者高78%，死亡率高3倍多。这是因为挫折会引起情绪及生理反应，带来压力及紧张感，加重体弱多病者的虚弱和病情，甚至发生意外。另外，高级神经类型属于强型、均衡型、灵活型的个体，相对而言，比弱型、不均衡型的个体有更大的耐受力。

疾病本身并不可怕，关键是用什么态度看待疾病。有些学生不能接受，不能正视自身在生理上的某些缺陷，例如身材矮小、肥胖、瘦弱、头发稀少等，而产生了自卑，导致自信心不足，自我封闭，不愿交友，不愿参加社交活动，整日闷闷不乐、苦不堪言。长此以往，便积郁成疾。

二、生活经历

过往的生活经历会对当下的挫折情境产生不同的挫折认知，从而使人出现不同的挫折反应，由此出现不同的挫折应对行为和最终结果。相对而言，在生活道路上历尽艰辛、久经磨炼、挫折经验多的人，挫折承受力较强；而从小娇生惯养、一帆风顺、温室中长大的人，因为没有足够的锻炼机会和积累克服挫折的经验，往往挫折承受力较差。

国外曾有人做过一项动物实验：实验人员对一组幼小的白鼠给予电击及其他挫折情境，使其产生紧张状态，然后让它们正常发育。长大以后，这组白鼠就能很好地应付挫折引起的紧张状态。而另一组没有受到这类挫折刺激的白鼠，长大后遭受电击等疼痛刺激时就显得懦弱和行为异常。然而，任何事情都应有个"度"。轻度挫折是"精神补品"，有利于个体在应对挫折的过程中掌握应对技巧，使个体更富于适应性和多变性。但如果生长于缺爱的环境中，遭遇的挫折过大、过多，反而可能形成自卑、怯懦等性格特征，适应力降低，缺乏面对挫折、战胜挫折的勇气。有的学生因为家庭经济困难，吃穿不如别人而产生自惭自卑心理，变得自卑自贱、自怜自艾、敏感多疑。经济方面的一点点刺激和挫折，可能就会使他们焦躁不安、精神崩溃，甚至走向极端。

三、认知因素

认知是指个体对挫折情境的认识和评价。个体对挫折的反应和耐受力，不仅取决于挫折情境本身，更重要的是取决于个体对挫折情境的认知。挫折认知是最核心的因素。如果个体能对挫折有正确的认识，能认识到挫折具有普遍性、两面性、暂时性等特性，他就会平和地面对挫折、接受挫折，进而会积极寻求战胜挫折的办法，这样他会越挫越勇，挫折承受力会越来越强。由于自我认知的不同，同样的挫折情境对不同个体所产生的心理压力和挫折反应实不相同。建立积极自我认知的个体能客观正确地看待挫折，视挫折为现实生活中的正常现象，并能合理地运用心理防御机制，能忍受挫折的打击而保持自身人格完整和心理平衡。而自我认知不足的大学生遭遇挫折时容易走极端，陷入管状思维中很难出来。

[①] 郑日昌. 大学生心理健康：自主与自助手册[M]. 北京：高等教育出版社，2013（9）：258.

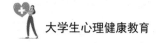

四、期望水平

期望水平是指个体对自己要达到的目标所规定的标准。如果对自己规定的标准高,个体的期望水平就高;反之,期望水平则低。由此可见,期望水平是自己确定的标准,是个人愿望,但与个人的实际能力、已取得的成就不一定相符。如果期望水平稍高于或者基本等于自身的能力水平,那么遭受的挫折打击就小,更愿意多次尝试实现期望。但是如果期望水平远远高于自身的能力水平,那么在尝试初期放弃的可能性就很大。

心理学家 S.Wiliams & D.Wiliams(1943)做过一次老鼠实验:在一条长通道的一端给老鼠喂食物,这食物是老鼠所希望达到的目标。然后在通道的不同位置设立路障,构成对到达目标的挫折。结果发现,路障设得越接近目标物,老鼠在放弃尝试前走的次数就越多。

著名的美国学者阿姆塞尔在《挫折理论》中提出:挫折来源于人们做了一件希望得到嘉奖的事情,结果却没有得到嘉奖而产生的心理感受。荣格则认为:一个人追求完美的自我,但事实上自己并不完美,这时就会产生挫折感。

五、个性因素

个性因素与挫折承受力有直接的关系。一般而言,胸怀宽广、性格开朗、自信乐观、独立性强、意志坚强的人,挫折承受力较强,面对挫折百折不挠,依然能够积极进取;相反,心胸狭隘、意志薄弱、抑郁孤僻、内向懦弱、依赖性强、自卑自怜的人挫折承受力弱,往往稍遇挫折,便会灰心丧气,甚至一蹶不振,悲观失望。爱迪生说:"伟大人物的最明显标志,就是他意志坚强,不管环境变换到何种地步,他的初衷与希望仍不会有丝毫的改变,而终于克服障碍,以达到期望的目的。"这说明,意志坚强的具有坚定信念的人更容易勇往直前,勇毅前行,而最终实现目标。虚荣心强的人通常将名利作为行为的内在动力和外在追求,对挫折的感受性高,但挫折承受力低,这是因为他们一旦追求目标受挫,就感觉难以忍受。个人兴趣也是应付挫折不可忽视的因素,对某物具有浓厚兴趣的个体比缺乏兴趣的个体挫折承受力强。

六、社会支持

社会支持是心理补给的能量库。个体拥有的社会资源越多、社会支持系统越完备,心理求助渠道越多,获得的心理援助就越多,心理能量补给就越多,就越容易走出挫折情境,摆脱挫折反应。当个体感到有可以依赖的人在关心、爱护和尊重、理解、支持自己时,就会减轻挫折反应的强度和长度,增强挫折的承受力。那些选择结束宝贵生命来应对挫折的人,其社会支持力度一般都很弱。

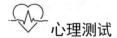   挫折承受力测试[①]

你的挫折承受力高吗?请根据自己的实际情况回答下面的问题。

---

① 张大均,吴明霞. 大学生心理健康[M]. 北京:清华大学出版社,2010:233-234.

（1）在过去的一年中，你认为自己遭受挫折的次数是（　　　）。
　　A. 2次或2次以下　　　B. 3～5次　　　　　　　　C. 5次以上
（2）对于每次遭受的挫折，你通常（　　　）。
　　A. 大部分能靠自己解决　B. 有一部分能靠自己解决
　　C. 大部分自己无法解决
（3）与周围的人相比，你对自己的能力素质（　　　）。
　　A. 十分自信　　　　　B. 比较自信　　　　　　　C. 不太自信
（4）在面临困境时，你通常（　　　）。
　　A. 知难而退　　　　　B. 找人帮忙　　　　　　　C. 放弃目标
（5）有令你担心的事发生时，你通常（　　　）。
　　A. 无法安心工作　　　B. 工作照样不误　　　　　C. 介于A、B之间
（6）碰到令人讨厌的竞争对手时，你通常（　　　）。
　　A. 无法应付　　　　　B. 应对自如　　　　　　　C. 介于A、B之间
（7）面临失败时，你通常（　　　）。
　　A. 破罐破摔　　　　　B. 把失败转化为成功　　　C. 介于A、B之间
（8）当工作进展太慢时，你会（　　　）。
　　A. 焦躁万分　　　　　B. 冷静地想办法　　　　　C. 介于A、B之间
（9）碰到难题时，你通常会（　　　）。
　　A. 失去信心　　　　　B. 为解决问题而费尽心思　C. 介于A、B之间
（10）当工作或学习条件恶劣时，你通常（　　　）。
　　A. 无法干好工作　　　B. 能克服困难，干好工作　C. 介于A、B之间
（11）当因工作或学习而自卑时，你会（　　　）。
　　A. 不想再干了　　　　B. 立即振奋精神去工作或学习　C. 介于A、B之间
（12）当老师交给你很难完成的任务时，你会（　　　）。
　　A. 竭力把任务顶回去　B. 千方百计干好　　　　　C. 介于A、B之间
（13）当困难或灾难落在自己头上时，你往往会（　　　）。
　　A. 厌恶之极　　　　　B. 认为这是个锻炼的机会　C. 介于A、B之间

【评分与评价】

第1、2、3、4题选A得3分，选B得2分，选C得1分；第5、6、7、8、9、10、11、12、13题选A得1分，选B得3分，选C得2分；然后将各题的得分相加，获得总分为_____。

总分在19分以下：说明你的挫折承受力很弱；

总分在20～29分：说明你具有一定的挫折承受力，但对某些挫折的抵抗力弱；

总分在30分以上：说明你的挫折承受力很强。

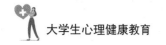 大学生心理健康教育

第四节 如何有效应对挫折

习近平总书记指出:"青年时期多经历一点摔打、挫折、考验,有利于走好一生的路。要历练宠辱不惊的心理素质,坚定百折不挠的进取意志,保持乐观向上的精神状态,变挫折为动力,用从挫折中吸取的教训启迪人生,使人生获得升华和超越。"[①]

那么如何经受挫折而又百折不挠,并能立志成才呢?

一、如何避免严重的心理挫折

(一)全面正确地认识挫折

ABC理论告诉我们,挫折认知是关键因素。但是合理的认知决定了挫折感受如何。那么如何全面正确地认识挫折呢?首先,挫折具有普遍性。挫折是人生前行道路上的必修课,谁也不可避免,正如"人生不如意事十有八九,如意事十有一二""人有悲欢离合,月有阴晴圆缺,此事古难全"。其次,挫折具有两面性。挫折既有消极影响,也有积极影响。"塞翁失马,焉知非福?"应辩证地看待挫折的两面性。挫折在给人带来压力与困扰的同时,也给人带来了成长的机遇。"疾风知劲草""没有挫折就没有成长"。在承受和克服挫折的过程中,我们发现了不足,学习了新技能,增长了才干,锤炼了意志,激发了潜力,增强了耐受力,逐步完善了自我的人格。再次,挫折是暂时的,不是永久的;挫折只是生活的一部分,不是生活的全部。时间永不停歇,生活如车轮一般向前转。遭遇挫折时沉浸其中只能感知到痛苦,而在痛苦中寻找应对挫折的策略,才可能寻找到突破口,变不利因素为有利因素,促使挫折向积极方面转化。面临挫折时,我们如果能够适当地变换思考的角度和方式,多从其他方面重新评价和审视所遭遇的挫折,也会有助于摆脱困境。

(二)确定合理的抱负水平

抱负水平是指个体对未来可能达到的成功标准的心理需求。一般,抱负水平较高的人,对自己的要求也较高;抱负水平较低的人,对自己的要求也较低。

国外心理学研究者做过一个有趣的投环实验:投掷距离由被试者自己确定,距离越远,投中得分越高。结果表明,凡是抱负水平高的人多选择中等距离投掷,与自己实际水平相符。而抱负水平低者,多选择很近或很远的距离投掷。也就是说,要么他的要求很低,要么孤注一掷。距离很近,个体固然容易达到目标,但这种成就感并不能带来满足;若目标过高,超过实际水平,个体虽全力以赴,仍会力不从心,亦会产生失败感。所以,自我抱负水平应建立在对自己的实际能力正确认知的基础之上。

在现实生活中,不少大学生在学习、比赛、实验、社会实践等方面的挫折大都与抱负水平确立不当有关。首先,大学生在确立抱负水平前,应对自己的实际能力有较客观的评估;其次,大学生应基于自己的实际能力设定合适的目标,并根据实际进展效果调整抱负

---

① 习近平. 在同各界优秀青年代表座谈时的讲话[N]. 人民日报, 2013-05-05.

水平；第三，如果发现既定目标理想化严重，前进受阻，要及时更新目标，或尽快改善方式、方法；第四，将大目标分解成阶段性的小目标，逐步提高自信心，提高应对和解决问题的能力。

（三）保持自信乐观的态度

每个人都有对成功的需求。但无数事实表明，人类通往文明的奋斗之路是追求—失败—成功。一定意义上，失败是成功之母。在失败—成功的路上，自信乐观的态度是必不可少的。只有自信，才能坚定信念；只有乐观，才能看到希望。遇到了挫折，要辩证地看待，相信"低谷之后就是高峰"，事情远没有想象的那么糟糕；相信"只要还活着，就有机会成功"[1]。要始终保持对事物乐观的态度。每当大学生遭遇艰难险阻时，都应该始终保持乐观的情绪、愉快开朗的心境，对未来不放弃，要始终充满信心和希望；当心情郁闷时，要用理性的方式发泄自己的不良情绪，真正做到胜不骄、败不馁。要进行积极的自我暗示。暗示是一种重要的心理调控技巧，是一种用含蓄、间接的方法对人的心理迅速产生影响和控制的心理过程，拿破仑曾经说过："默认自己无能，无疑是给失败制造机会。"

二、遭遇心理挫折后的自我调节

（一）合理宣泄

当遇到挫折，情绪压抑久了，水满则溢，易做出一些极端行为。积极进行宣泄，把心中积聚的苦闷、矛盾合理地排泄出来，能够驱赶抑郁和焦虑状态，是恢复心理平衡、克服挫折的良药。一是倾诉宣泄法。"把烦恼告诉别人，可以减少一半痛苦；把喜悦告诉别人，可以增加一倍快乐。"向理解和关心自己的亲人、朋友、同学倾诉，有助于卸下心里的包袱。二是行为宣泄法。游泳、健身、跑步、爬山、瑜伽、哭泣、呐喊、打沙袋或使用情绪宣泄设备进行宣泄，就属于行为宣泄。有的公司会设置宣泄室，供员工发泄不良情绪。需要说明的是，在行为发泄的过程中要注意选择合理的方式和场合，最好到专业的心理发泄室在专业人员的引导下使用专业的心理宣泄室设备进行合理有效的宣泄；在没有任何陪伴和监护的状态下使用过激甚至暴力的手段进行情绪发泄，不仅很难达到良好的发泄效果，对心理健康产生负面的影响，甚至威胁到自身和社会的安全。三是其他宣泄法。如音乐、睡觉、阅读等方式，都可舒缓心中不快。

（二）冷静分析

我们不能避免挫折的发生，但我们能够冷静分析自我和客观环境，让自己尽快走出挫折的阴霾。应该清楚的是，每个人由于自己能力、视野、信息等以及客观条件的限制，做事情不可能总会马到成功，有些挫折在所难免。因此，当我们遇到挫折的时候，须做到：首先，要接受挫折，不敌视挫折，当悲则悲，悲而不伤，但要掌握好适度原则；其次，不要自怜自艾，否定自己，认为自己一无是处，想到挫折就垂头丧气，心灰意冷，被挫折打击得一蹶不振。既然挫折无法避免，那么当遇到挫折时，就应该平和面对，重要的是分析

---

[1] 王祖莉，初铭铜. 大学生心理健康教育[M]. 修订版. 北京：科学出版社，2010：49.

遭受挫折的原因，考虑战胜挫折的办法，重整旗鼓，准备好迎接下一次挑战。

需要注意的是，即使没有挫折，我们也应该不断建立自我意识，了解自己的优点和缺点，觉察自我评价、他人评价、情绪等，这有助于我们更好地了解自己的能力和局限性，帮助我们在面对挑战时更好地做出决策，并找到适合自己的方法来解决问题。

（三）转移注意

挫折对人的刺激往往比较强烈，还会伴随心理、生理活动不同程度地卷入。然而，挫折既然已降临，就应勇敢面对它，积极寻找解决的方法；如果挫折已过期，就应当放手，不要盯住它不放，可调整目标做些别的事，也可变换环境转移一下注意力。像鲁迅笔下的祥林嫂，儿子被狼叼走后，逢人便诉说自己的不幸，说得多了，不仅自己深陷其中，无法自拔，而且周围的人们也由最初的同情转为后来的厌烦。丢开挫折，随着时间的推移，挫折带来的消极情绪体验会逐渐减弱直至消失。但是，如果盯住挫折不放，挫折体验就会被强化，久久不能消失，人会一蹶不振，无法从悲观、沮丧的消极情绪体验中解脱，无法采取合理的行动应对挫折。因此，遭遇挫折时，要学会有意识地主动调整目标或转移注意力，让消极情绪自然减退，不要盯住挫折不放，不断强化挫折体验。有资料显示，积极音乐在缓解挫折情境对消极情绪的诱发中有着明显的作用[①]。体育锻炼、舒适的环境等都有利于挫折后的自我调节。挫折者可以参加一些文体活动，如唱歌、跑步、打球、郊游等，转移和冲淡挫折带来的心理不适，走出心理阴影，恢复平衡心态。

（四）自我激励

遭受挫折时，更要激励自己。马丁·塞利格曼认为，为了克服大脑的负面偏好，我们必须去练习寻找美好[②]。

首先，要肯定自己，尤其是在失意时更要有意识寻找自己积极有利的一面，经常发现自己的长处、优势，并用笔记录下来。这些优点可以是善良的心、温柔的性格、敏捷的反应、清晰的思维、深度的思考……相信每个人都是一道独特的风景，蕴含着独特的美。其次，要肯定自己的能力，每日找出两件自己能顺利完成的事情，例如：完成了计划中一件事，解出了一道数学题，记住了多少个英语单词，解决了一件生活麻烦事件……再次，培养自己某方面的爱好与兴趣，培养某方面的才能，提高自信心，自我激励。然后，要激励自己超越挫折，超越自我，将挫折作为自己前进的动力，追求更崇高、更伟大的目标，使挫折得到升华。另外，从挫折中提炼出意义，坚定信念，激发内在动力，找到自己的努力方向，再一次振作起来，继续前行；树立终身探索和学习的理念，需要保持对新知识和技能的渴求，并不断地提升自己的能力和素质，不断提升挫折耐受力。

（五）寻求帮助

大学生正值心理成长阶段，在成长成熟的过程中出现心理困扰和心理矛盾是不可避免的。如果能够及时寻求外界帮助、支持，这些成长中的问题是可以克服的。在他人的帮助下，我们对遇到的问题会有不同角度的认识，对挫折情境有新的评估，挫折感受会有所调

[①] 王玉龙，姚明. 挫折情境对不同心理弹性大学生情绪的影响：积极音乐的作用[J]. 心理研究，2015，8（3）：86-90.
[②] 塞利格曼. 持续的幸福[M]. 赵昱鲲，译. 杭州：浙江人民出版社，2012：27-41.

节，出现"柳暗花明又一村"的心境，从而增强应对挫折的信心与战胜挫折的能力。

马斯洛的需要层次理论告诉我们，每个人都有归属和爱的需要，这个需要得到满足时，个体的心理能量会增加，挫折承受力会有所增强。当遭受挫折时，个体可以从各种社会关系中获得精神上、物质上的帮助，从而更快地走出困境。这些帮助可以来自老师、父母的问题分析与解决问题的周全建议与指导，可以来自同学、朋友的倾听、共情和他们另一个角度的感受、建议，可以来自心理咨询师、心理医生的专业指导与支持。

体验活动　　　　　　　成长五部曲

目的：体验成长历程，正确看待成长中的逆境、顺境。

操作：

（1）模拟人类进化的五个阶段：蛋、小鸡、鸟、猴、人。

（2）两两一组，通过"剪子、包袱、锤"的方式猜拳，胜者进化一级，负者退回蛋的第一阶段重新进化。

（3）分享感受。

"盲人"与"拐杖"

目的：体验进入新环境的茫然；寻求适应新环境的办法；体验自助、求助、互助，信任与被信任；体验"摸着石头过河"的人生历程。

操作：

（1）首先整理出安全的环境，便于成员盲行探索。

（2）领导者介绍规则：

①闭上眼睛，在团辅室内感受"盲人"走路。

②两人一组，一人当"盲人"，另一人扮演"拐杖"。"拐杖"可为"盲人"提供外部环境信息、肢体指引以及精神的支持与鼓励。

（3）成员分享两个环节的感受。

 好书推荐　　　　　　　　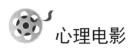 心理电影

第八章　管理情绪，心态平和
——大学生情绪管理

> **导入故事**
>
> **大师教你如何管理情绪**
>
> 　　一次，小徒弟问师父，如何才能消除胸中的郁闷。师父笑了笑，没有回答，却收拾起行装，带着小徒弟踏上了漫漫征程。
>
> 　　一日，偶遇山间起雾，狂风呼啸、电闪雷鸣，走着走着竟不觉迷失了方向。四下荒凉，连遮蔽之处也寻不见，小徒弟忍不住抱怨："今天怎么如此不顺，又是雾又是雨的，现下衣服都湿透了。"师父问："这便是坏事吗？我却觉得不然。"小徒弟撇撇嘴："这难道还不是坏事吗？"
>
> 　　片刻后，暴雨骤停，迷雾散去，雨后现彩虹，山清水秀、碧空如洗，前路尽现眼前。师父说："你看，有时候好未必是好，有时候不好也未必是不好，这说的就是一颗得失心。"
>
> 　　我们每个人都在经历着得失。谁都期盼着生活始终能如自己所想的那样一帆风顺、喜乐平安，但这只不过是一种愿想，反而是你越怕什么，往往就越来什么。遇到那些不喜欢的人和事时，我们总容易先生起气来。明明生的是旁人的气，气的却是自己，因为你的闷气从来不会憋在别人心里。
>
> 　　被自己的情绪和心态束缚住了，郁结的永远是自己的心口。一个人真正成熟的标志一定包括不被坏情绪支配，能够管理好自己的情绪。

第一节　我们有哪些情绪

　　我们在生活中总会产生不同的情绪波动，既会有开心、快乐、愉悦等积极的情绪体验，也会有忧伤、焦虑、愤怒等消极的情绪体验。情绪是如何产生的？它对我们有哪些影响？我们又该如何管理情绪呢？

一、情绪的产生

情绪是人对客观外界事物的态度的体验，是人脑对客观外界事物与主体需要之间的关系的反映。外界事物符合主体的需要，就会引起积极的情绪体验，否则会引起消极的情绪体验。人类的情绪多种多样，不同的研究者从不同的角度出发，对情绪的产生进行了解释，如阿诺德的评定—兴奋说、沙赫特的两因素情绪理论、拉扎勒斯的认知—评价理论等。

二、情绪的种类

（一）原始的基本情绪

原始的基本情绪是人不学而会的，每种基本情绪都有独立的神经生理机制、内部体验和外部表现。《礼记·礼运》中是这样描写情绪的："何谓人情？喜、怒、哀、惧、爱、恶、欲，七者弗学而能。"《三字经》中也有"曰喜怒，曰哀惧。爱恶欲，七情具"的语句。中国传统文化中的"七情"也就是我们通常所说的原始情绪。伴随着时代的发展，根据研究角度的不同，近代研究者多把"喜、怒、哀、惧"列为原始的基本情绪。

1. 快乐

快乐是人们在需求得到满足或者目标实现时所产生的情绪体验，也是人们最希望体验的情绪，"喜上眉梢、眉开眼笑、心花怒放、喜出望外"都是描写人快乐情绪的词语。人在快乐的情绪下，内心充满着愉悦美好的感觉，会情不自禁地手舞足蹈，声音响亮，全身的细胞处于一种兴奋的状态。

2. 愤怒

愤怒是个体在追求的目的受到阻碍、愿望无法达成时产生的情绪体验，也就是我们通常所说的生气、气愤。"怒火中烧、怒发冲冠、怒不可遏、怒气冲冲"都是描写人们愤怒情绪的词语。在愤怒的状态下，人的身体会出现呼吸加快、心跳快且心律不齐、食欲不振的情况。长期处于愤怒状态下会对人的身体造成伤害。

3. 悲哀

悲哀是指失去心爱的事物或理想、愿望破灭时产生的情绪体验，比如个体的需求无法得到满足、受到了无法弥补的损伤或者失去自己认为非常重要的人或者物品时，所表现出的伤心、悲痛的情绪。人在悲伤的时候情绪会非常低落，对其他事情没有兴趣，注意力不集中，甚至会引发进食障碍和睡眠障碍。"人生若只如初见，何事秋风悲画扇""世事茫茫难自料，春愁黯黯独成眠"……悲痛欲绝、肝肠寸断的悲伤情绪体验是我们避之唯恐不及的。

4. 恐惧

恐惧是指企图摆脱和逃避某种危险情境而又无能为力时产生的情绪体验。在"前有猛虎，后有饿狼"的恐惧状态下，人会高度紧张，体内的肾上腺素分泌增加，在应激状态下可能还会出现手抖、腹泻、尿频等现象。在极度恐惧状态下还可能抽搐、昏厥。战战兢兢、惴惴不安、胆战心惊的恐惧体验还具有弥漫性，不仅会对他人产生影响，同时在刺激源消失后，仍会有一段时间在个体头脑中产生反复刺激现象。

（二）与他人有关的情绪

人是社会性的动物，社会化是个体由自然人成长、发展为社会人的过程。在社会化的过程中，也会产生与他人有关的情绪。按照积极和消极的维度，可以分为爱与恨。爱是个体对于自己所珍视的人或事物的情感反应，是一种情绪，也是一种态度。爱可以分为父母之爱、朋友之爱、恋人之爱等多种类型。恨由爱衍生，是一种负面的情绪体验与感受，多与愿望没有得到满足关联。也有学者认为恨是一种与自我保护和自我防御有关的情绪，也可以被视为一种针对内在或外在对象的攻击性或攻击性欲望。

（三）与自我有关的情绪

与自我有关的情绪也被称为自我意识情绪，"是个体在自我意识的基础上，有自我参与的一类复杂情绪，包括羞愧、尴尬、内疚、移情、妒忌、骄傲等"[①]。自我意识情绪是一种更高级的情绪，与自我意识的发展有关。同时，儿童时期自我意识情绪的产生还依赖于成人的指导，并随着年龄的增长而不断变化。

三、情绪的功能

（一）适应功能

情绪是个体生存、发展、适应环境的重要手段。在受到刺激源的影响后，个体会通过情绪引发一系列的生理变化，比如开心的时候手舞足蹈，愤怒的时候面红耳赤，恐惧的时候大声呼救。生理变化可以让个体处于适宜的活动状态，适应所面临的环境的变化，并寻求外界的帮助。婴儿在不会语言表达时，可以通过微笑或者哭闹，来表达自己处于舒服的状态还是需要家长喂养与陪伴。成年人可以通过社交过程中彼此情绪的表达，来判断彼此社交关系的亲近与疏离，以此调整并决定自己的对策。以上都是情绪适应功能的体现，可以为个体赢得最好的生存和发展条件。

（二）动机功能

情绪是动机的源泉之一，可以驱动个体采取行动，提高活动效率，对内驱力提供信号放大或者增强的作用。比如个体在局促的环境内，会产生焦虑和窘迫的情绪体验，驱动个体采取行动去改善环境。此外,情绪的动机功能还可以促进个体对他人情绪的感知和识别，即通过分析他人的语言、语调、语气、表情、手势、姿势等，驱动自身去调整应对方式，增强社会交往和情绪控制内驱力。

（三）组织功能

情绪的组织功能主要表现在促进或阻碍学习、记忆、判断和问题的解决过程。积极的

---

① 陈少华. 情绪心理学[M]. 2版. 广州：暨南大学出版社，2020：116.

情绪对活动起着促进和协调作用，消极的情绪对活动起着瓦解、阻断和破坏作用，同时积极的情绪会使个体的认知活动更有效率，让个体的想法更富有创新性，也更容易关注事物美好的一面。在消极的情绪状态下，人更容易意志消沉。此外，情绪的组织功能大小还与情绪的强度有关。一般情况下，中等强度的情绪更能够促进活动效率的提升，适当的焦虑和压力也可以提升个体行动的效果。

（四）信号功能

情绪在传递信息、沟通思想方面具有信号功能。快乐情绪下的微笑、拥抱能够反映个体对事物或者事件的接纳、认可。悲伤情绪下的哭泣、失落能够反映个体的丧失感与挫败感。此外，情绪反应也是言语交流的补充手段，能够提升信息沟通的准确性。情绪在个体身体健康方面还发挥着信号功能，长期处于负面情绪状态下会对身体产生各种不利影响。

第二节 情绪对人有哪些影响

一、影响身心健康

（一）情绪影响身体健康

《黄帝内经》指出："喜怒不节则伤脏，脏伤则病起于阴也……喜伤心，怒伤肝，思伤脾，悲伤肺，恐伤肾。"现代医学证明，神经系统的不良刺激会导致机体正常功能的紊乱。"情绪变化总是伴随自主神经系统的反应，情绪对生理的影响表现在：微血管收缩，手脚冰冷；血糖升高；呼吸急促；心跳加快；肠胃蠕动减慢，消化不良等。[1]"临床医学表明，情绪的剧烈变化往往会成为诱发或恶化某些急病的先兆，癌症、高血压、心脏病、月经失调等多种疾病均与情绪有着密切的关系。同时，积极的情绪可以提高身体的免疫力，促进身体健康。

（二）情绪影响心理健康

1946年第三届国际心理卫生大会将心理健康定义为在身体上、智能上、情感上与他人心理健康不相矛盾的范围内，将个人心境发展成最佳状态，指明心理健康的标准为：身体、智力、情绪十分协调；适应环境；人际关系中彼此能谦让；有幸福感；在工作中，能充分发挥自己的能力，过着有效率的生活。1988年，许又新提出心理健康可以用体验标准、操作标准、发展标准三类标准去衡量。1986年郭念锋在《临床心理学概论》中提出评估心理健康水平的十个标准，即心理活动强度、心理活动耐受力、周期节律性、意识水平、暗示性、康复能力、心理自控力、自信心、社会交往、环境适应能力。情绪健康是心理健康的一项重要内容，无论是积极情绪还是消极情绪，都有诱发原因，都应强度适当、反应适度。无缘无故的爱与恨，不明原因的悲伤恐惧，该高兴时不高兴，该悲伤时不悲伤，刺激强度

---

[1] 陈少华. 情绪心理学[M]. 2版. 广州：暨南大学出版社，2020：173.

与情绪反应不成正比,情绪反应经常处于不稳定的状态,长期处于消极情绪状态下,等等,都是情绪不健康的表现,影响个体的心理健康水平。

二、影响人际关系

情绪表达是言语的补充,是实现信息传递的有效途径。人们每天都在体验着各种各样的情绪,并在社会生活中将这种情绪传递给交往的人。情绪的传递主要通过表情来实现,与语言相比,表情更能表达人的真情实感,更能毫不掩饰地反映人的情绪。我们通过情绪表达判断彼此的关系、对方的处境,并以此调节个体的行为。我们常说"请远离负能量的人",就是因为与负能量的人长期交往,会传染上不良情绪。

三、影响学习成绩

大量的实验研究表明,情绪的好坏与学习成绩有着密切的关系。在不同的情绪状态下,学习效果有着显著的差别。良好的情绪状态可以帮助人们更好地集中注意力,活跃思维,提升记忆的效率,促进学习成绩的提升;消极的情绪状态则更多地影响到机体各方面功能的发挥,诸如在焦虑、抑郁、愤怒等情绪状态下,会降低学习效果。此外,因为情绪可以发挥信号功能、组织功能,所以"除了个人的情绪状态,老师对于学生的关爱,同学之间的友谊以及亲子关系的亲密程度,这些人际交往中的情绪和情感都是影响学习的因素"[1]。

四、影响能力发挥

有学者指出,对情绪的度量可以通过情绪的动力性、激动度、强度和紧张度这四个方面进行,每一维度上的变化,都具有两极对立的特性。在动力性方面,肯定的、满足需要的情绪能够提高人的活动能力,否定的、不能满足需要的情绪会降低人的活动能力。同时,个体在紧张的情绪处境内,思路会变狭窄,应变能力也会受到限制。在个体的比较之间,情绪波动平稳的人,各方面能力发挥也会相对稳定;情绪波动较大的人,各方面能力发挥也会出现忽高忽低的情况;积极情绪会激发人的求知欲望,提升认知能力;消极情绪会抑制人的活动能力,导致活动缓慢、反应迟钝、活动效率低下。

五、影响职业生涯

情绪对职业生涯的影响主要体现在情绪管理方面。情绪管理是指个体有意识地在情绪识别、情绪表达、情绪调节和情绪应对方面发挥主观能动性。在职业生涯中,情绪管理是一项必备的职业技能,如果能够有效地管理自己的情绪,有助于适应工作环境和人际沟通,促进个体工作能力的发挥。如果没有良好的情绪管理能力,会错失职业发展的机会,影响职业生涯的发展。

---

[1] 陈少华. 情绪心理学[M]. 2版. 广州:暨南大学出版社,2020:9.

第三节　如何管理我们的情绪

一、培养积极情绪

积极情绪是个体的一种积极态度，"是个体从自身或周遭信息、事件、个体等构成的环境中汲取自身积极、正向、乐观、稳定的心理倾向，是一种良性的、建设性的心理准备状态，也是积极心理学所研究的主要内容。[①]"积极心理学作为心理学理论的新的研究领域，研究方向以主观幸福感为核心，以塑造积极的人格品质为研究方向，注重把人的素质和行为纳入整个社会生态系统进行考察，以人类的自我管理、自我导向和有适应性的整体为前提理论假设。

（一）学会宽容

法国大文豪雨果认为"最高贵的复仇方式是宽容"，《唾玉集·常谈出处》中也有"自出洞来无敌手，得饶人处且饶人"的语句。宽容是一种强大的心灵力量，它可以消除人们心中的隔阂、仇恨。在人际交往中，难免会遇到摩擦、委屈或者不愉快的事情，如果一味地怨恨，只会增加矛盾，不良情绪也会在人与人之间越积越深、越传越广，不仅会影响到人际关系，还会影响人的视野和心智，轻则产生情绪波动、精神压抑，重则引发心理和行为的反常。心理学中的海格力斯效应认为，人际交往中由于一方给予另一方奖（惩）、恩（怨），另一方就会产生相应的奖（惩）、恩（怨），交换造就的效应即人际互动效应。这种交换与互动可以是积极有益的，也可以是消极有害的。

"宰相肚里能撑船"，宽容大度说起来容易，真正做到却并没有那么简单。学会宽容，就要及时化解心中不良的情绪体验，同时多从积极的方面看待人与人之间的相处和每个人的不完美之处。

（二）幽默与微笑

幽默是一种具有多面性或者复杂性的情绪现象。"幽默"一词是英文"humor"的音译，多指个体通过言语或者动作的趣味性和滑稽性，来引起他人愉悦、快乐的情感。大量的实验证明，幽默具有情绪调节的功能。恰到好处的幽默可以缓解不良情绪，有效地降低焦虑、紧张程度，提升个体的主观幸福感。幽默是个体的适应性特征，是压力的缓冲器，有助于提升个体的心理弹性水平。

与幽默紧密联系的情感表达就是微笑。微笑可以促进个体成为积极情绪的传播者或者消极情绪的终结者。心理学认为"微笑"是"接纳、亲切"的标志，是喜欢的表情符号，是最有感染力的交际语言。用微笑传递的良好情绪是最好的情绪传导方式。"笑一笑，十年少""幸福的诠释是微笑，快乐的意义是微笑，温暖的真谛是微笑，面对挫折的鼓励是微笑，坚强的象征仍然是微笑"。微笑是人良好心境的表现，是人积极情绪的传达，要相

[①] 陈珺. 积极情绪类干预培训对销售人员职业倦怠的有效性研究[D]. 南昌：南昌大学，2022.

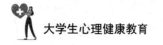

信微笑的力量。

(三) 建立和维持牢固的友情

建立和维持牢固的友情对于培养积极的情绪具有重要的作用。友谊的建立可以增加个体的归属感、信心和自我价值,可以积极推动心理健康。通过朋友之间的交流,可以传递喜悦,也可以倾诉忧愁;可以得到帮助,也可以释放压力。在正常的人际交往中,朋友是不可或缺的角色。

友情的作用在大学生群体中更为显著。大学生远离父母,在遇到挫折或者困难时,大部分学生首先想到的就是向自己的好友寻求帮助或安慰。心理学中的"朋辈辅导"指的就是"大学生在进行人际交往过程中,在遇到心理问题时,得到同辈中获得过培训的非专业人员进行的心理辅导过程"[①]。大学生厌倦了家长的说教,也担心老师会对自己产生不一样的看法,而朋辈之间的交流在心理预期上就已经减轻了不必要的担忧,对于大学生缓解不良情绪,增加交流与沟通,促进心理健康具有重要的作用。

(四) 坚持身体锻炼

现代意义上的健康包含身体健康和心理健康两个方面,二者是相互影响、相互联系、相互制约的。"身体、智力、情绪十分协调"是心理健康的标志之一。坚持身体锻炼,可以增强机体的效能,预防各类疾病的发生,进而维持良好的心理健康水平。

生命在于运动,健康在于锻炼。进行体育运动可以有效地帮助个体释放压力,发泄现实生活中的不良情绪。现代医学研究表明,在运动时人体会分泌出一种使大脑感到兴奋的物质——内啡肽,这种物质会让人感到快乐。因此心情低落时进行适当的运动,有助于驱散情绪阴霾。

(五) 与大自然亲密接触

现代医学表明,大脑前额皮质区是抑郁性沉思时大脑最活跃的部位,这一区域的神经活动被认为与精神疾病患病风险有关。同时,大量研究表明,处于自然环境下大脑前额皮质区的神经活动会减少。

在现代社会中,生活节奏越来越快,人们的压力也越来越大,处于大自然中,可以让我们体会到心灵的平静与舒适,调节我们的身体和情绪。首先,要多接触大自然,不论是游览名山大川,还是漫步公园林间,都能够让心情得到有效放松。其次,要注意观察自然,发现自然之美,陶冶情操,欣赏山花的烂漫、松柏的青翠、鸟儿的鸣叫、风的呼啸……沉浸在大自然的怀抱中,可以有效化解心中的烦闷,平和心境,愉悦心情。

(六) 乐于助人

古语云:"赠人玫瑰,手有余香。"助人为乐不仅是一种良好的道德品质,同时也有助于个体的心理健康。助人为乐可以收获友谊,减弱甚至消除个体的孤独感。美国心理学家夏夫尔·马丁把孤独称为随时都可引爆的"定时炸弹",在帮助别人解决困难的过程中,

---

① 张淑敏. 高校开展朋辈心理辅导的理论思考与实践探索[J]. 教育探索, 2008 (8): 117-118.

可以增加彼此交流，有效地降低孤独感。此外，凭借自己的能力让需要的人得到帮助，这本身就是一种价值的体现，可以有效增强个体的自信心。著名精神医学家亚弗烈德·阿德勒的一项研究发现，长寿者中，95%以上都有乐于助人的精神。现代医学研究也认为，人在帮助其他个体的时候，体内会产生一种天然镇静剂——内啡肽，它可以使人产生愉悦之感。同时，乐于助人的行为还可以激发人的感激、友爱之情，赢得好感与信任，促进个体心情愉悦，促进积极情绪的培养。

二、调节不良情绪

个体如果长期处于焦虑、压抑、愤怒、沮丧等不良情绪中，会对正常的生活、学习、工作乃至身体健康产生众多不良影响。有不良情绪是很正常的现象，重要的是如何调节，不断改善，促进个体保持良好的心理健康状态。

（一）合理归因

在心理学中，为了解释自己或他人的行为，以及这种解释对人们情绪、行为和动机的影响，海德从通俗心理学的角度提出了归因理论，认为"在日常的社会交往中，人们为了有效地控制和适应环境，往往对发生于周围环境中的各种社会行为有意识或无意识地做出一定的解释，即认知整体在认知过程中，根据他人某种特定的人格特征或某种行为特点推断出其他未知的特点，以寻求各种特点之间的因果关系"[①]。通俗地讲，就是将人们实施行为的原因分为外部原因和内部原因，其中外归因即情境归因，内归因又称为个性倾向归因。当做出外部归因时，人们通常将行为或者不良情绪的产生归因于环境、运气、机会等某些情境或者外部力量。当做出内归因时，人们通常将行为或者不良情绪的产生归因于态度、能力、努力程度等与个人相关的因素。根据心理学的研究发现，人们在对他人的情绪进行分析时，往往是内归因，而对自己的情绪解释，则倾向于外归因。正是因为这种归因上的偏差，往往造成人们在情绪分析之后陷入更严重的不良情绪困扰之中。

为了调节不良情绪，心理学分析认为应正确运用情绪归因。比如在分析他人的情绪时，应多站在他人的角度，进行合理的外归因；在分析自身的情绪时，应多考虑情绪产生的真正根源，多从自身找原因；同时要兼顾实事求是的原则，将内归因和外归因相结合，进行综合分析。

（二）合理情绪认知

在实际生活中，人们常常会有自认为一无是处、糟糕至极的情绪状态，在心理学中被称为不合理信念。20世纪50年代，美国心理学家埃利斯创立了合理情绪疗法，他认为引起人们情绪困扰的并不是外界发生的事件，而是人们对事件的态度、看法、评价等认知内容。要改变情绪困扰不应致力于改变外界事件，而应改变认知，通过改变认知，进而改变情绪。他的理论又被称为ABC理论：A指的是外界事件，B指的是人们的认知，C指的是情绪和行为反应。运用合理情绪疗法调节不良情绪，首先需要明确不合理信念。不合理信念的特

[①] 全国十三所高等院校《社会心理学》编写组. 社会心理学[M]. 天津：南开大学出版社，2016：39.

征主要是绝对化的要求、过分概括化以及糟糕至极。绝对化的要求是指个体认为某一事物必定会发生或者不会发生。过分概括化是一种以偏概全的不合理思维，就是以某一件或者某几件事情来评价整体状态。糟糕至极是把后果想象为非常糟糕的状态。明确不合理信念后，通过用产婆式的辩论等去修通不合理信念，最终通过改变认知调节不良情绪。

（三）情绪转移

人们的情绪体验包括环境状况、行为、情绪、生理反应、思维五个层面，其中行为、情绪、生理反应、思维之间是相互作用、相互影响的。在产生不良情绪之后，我们可以尝试改变其中的一个环节，即通过情绪转移，进而起到调节情绪的效果。情绪转移的方法包括注意力转移法、行动转移法、环境转移法等。

注意力转移法的应用非常普遍，比如医院儿科门诊处多设有电视屏幕播放动画片，目的就是通过转移儿童的注意力，缓解疾病带来的焦虑和痛苦。在情绪调节方面，如果我们陷入不良情绪的泥潭不能自拔，只会越来越糟。但是如果我们能够想办法将注意力从引起不良情绪反应的事情上转移开，比如情绪不佳时，把注意转移到自己感兴趣的事情上，在新的注意点上引发积极的情绪刺激，可以有效防止不良情绪的进一步蔓延。

行动转移法是指从引发不良情绪的行为中及时抽离出来，通过改变当下所从事的事情，以具体行动的宣泄改变个体的情绪状态。比如通过读书平和心情，通过爬山亲近自然，通过运动缓解紧张，等等。

环境转移法是指通过改变引发刺激的环境，使个体的不良情绪得到有效的淡化和缓解。比如人们利用假期去旅游，暂时离开生活所在地，在新的环境中放松心情。

（四）学会放松

大量的心理学实验证明，当人们心情紧张时，身体各部分的肌肉也会变得紧张僵硬；但紧张的情绪结束后，肌肉也会变得松弛。因此可以通过放松训练，让个体感受肌肉的松弛，进而缓解紧张、焦虑等不良情绪。在心理学中，有专门的放松训练疗法，又被称作"松弛训练"，是一种通过训练有意识地控制个体心理活动、降低唤醒水平、改善机体紊乱状态的心理咨询与治疗方法。

放松训练的方法主要包括呼吸放松法、肌肉放松法和想象放松法。呼吸放松法包括鼻腔呼吸放松法、腹式呼吸放松法和控制呼吸放松法。鼻腔呼吸放松法又被称为交替鼻孔调息法，通过左右鼻腔的交替呼吸（5个一组），达到疏通和净化经络，增强专注力，改善不良情绪的目的。腹式呼吸放松法主要通过鼻腔吸气，口腔呼气，注意腹部的隆起与凹陷，在交替反复的过程中达到放松的效果。控制呼吸放松法主要通过吸气、屏息、呼气的反复循环实现放松。肌肉放松法主要是在特定的指导语下，感受紧张状态下的沉重和松弛状态下的轻松，在肌肉紧张和松弛的交替反复中，平复心境。想象放松法主要是通过个体想象能够让自己感觉舒适的场景，比如海边、草原等，再加上自己的视觉、听觉、嗅觉、触觉等多个感觉通道的相互作用，引发个体愉悦的感觉或者美好的回忆，实现放松的效果。

（五）音乐调节

音乐是一种反映现实生活、情感的艺术，对情绪有调节作用，适用于多种情绪状态，比如压力、焦虑、悲伤、疲劳、浮躁等。音乐对人们情绪的影响主要体现在人的生理反应上，研究表明，轻松、欢快的音乐能促使人体分泌有益于身体健康的激素、酶、乙酰胆碱等活性物质，从而调节血流量，刺激神经细胞。人体的内部环境也会和外部音乐产生共鸣，比如我们的心跳或呼吸的频率会接近我们正在欣赏的音乐节奏，进而我们的情绪也会跟随音乐起伏变化。音乐也能直接影响人的情绪和行为，节奏鲜明的音乐能振奋人的精神，使人兴奋、激动；而旋律优美的乐曲则能使人安静、轻松愉快；持续的、尖锐急促的音乐往往带给人紧张的情绪。

（六）积极求助

大学生在求学、生活等过程中，因为学业、交友、求职等带来的压力而引发各种情绪困扰是一种很正常的现象，一方面自己可以通过各种方法进行调节，另一方面要学会积极求助。国家卫健委《心理健康素养十条》中提到，"出现心理问题积极求助，是负责任、有智慧的表现"。求助的内容包括：寻求专业评估和诊断、获得心理健康知识教育、接受心理咨询、心理治疗与药物治疗等。随着时代的发展，心理咨询的方式也发生了很多变化，除了传统的面对面咨询，线上咨询、电话咨询也越来越受到众多人群的青睐。此外，除了向专业心理机构和人员求助，在校大学生还可以向老师、家长、朋友进行求助，通过分享与交流化解面临的情绪困扰。

 **心理测试**　　　　　　　　**焦虑自评量表：SAS**

1. 测验材料

焦虑自评量表（SAS）由美国杜克大学教授庄（W.K.Zung）于1971年编制。本量表含有20个反映焦虑主观感受的项目，每个项目按症状出现的频度分为四级评分，其中有15个正向评分，5个（带*者）反向评分。

2. 适用范围

本量表可以评定焦虑症状的轻重程度及其在治疗中的变化，适用于具有焦虑症状的成年人。主要用于疗效评估，不能用于诊断。

3. 量表内容

（1）我觉得比平常容易紧张和着急（焦虑）。

（2）我无缘无故地感到害怕（害怕）。

（3）我容易心里烦乱或觉得惊恐（惊恐）。

（4）我觉得我可能将要发疯（发疯感）。

（5*）我觉得一切都很好，也不会发生什么不幸（不幸预感）。

（6）我手脚发抖打战（手足颤抖）。

（7）我因为头疼、头颈痛和背痛而苦恼（头疼）。

（8）我感到容易衰弱和疲乏（乏力）。

（9*）我觉得心平气和，并且容易安静地坐着（静坐不能）。

（10）我觉得心跳得很快（心悸）。

（11）我因为一阵阵头晕而苦恼（头晕）。

（12）我有晕倒发作或觉得要晕倒似的（晕厥感）。
（13*）我呼气、吸气都感到很容易（呼吸困难）。
（14）我手脚麻木和刺痛（手足刺痛）。
（15）我因为胃痛和消化不良而苦恼（胃痛和消化不良）。
（16）我常常需要小便（尿意频数）。
（17*）我的手脚常常是干燥温暖的（多汗）。
（18）我脸红发热（面部潮红）。
（19*）我容易入睡，并且一夜睡得很好（睡眠障碍）。
（20）我做噩梦（噩梦）。

4. 施测步骤

（1）在自评者评定以前，一定要让受测者把整个量表的填写方法及每条问题的含义都弄明白，然后做出独立的、不受任何人影响的自我评定。其评分标准为："1"表示没有或很少时间有；"2"是小部分时间有；"3"是相当多时间有；"4"是绝大部分或全部时间都有。

（2）评定的时间范围是自评者过去一周的实际感觉。

（3）如果评定者的文化程度太低，不能理解或看不懂 SAS 问题的内容，可由工作人员逐条念给他听，让评定者独自做出评定。

（4）评定时，应让自评者理解反向评分的各题，SAS 有 5 项反向项目；如不能理解，则会直接影响统计结果。

（5）评定结束时，工作人员应仔细检查评定结果；应提醒自评者不要漏评某一项目，也不要在相同一个项目上重复评定。

5. 焦虑自评量表测验的记分

若为正向评分题，则依次评为粗分 1、2、3、4 分；反向评分题（带有*者），则评为 4、3、2、1 分。20 个项目得分相加即得粗分（X），经过公式换算，用粗分乘以 1.25 以后取整数部分，就得标准分（Y）。

6. 焦虑自评量表结果的解释

按照中国常模结果，SAS 标准差的分界值为 50 分，其中 50～59 分为轻度焦虑，60～69 分为中度焦虑，69 分以上为重度焦虑。

7. 焦虑自评量表注意事项

第一，由于焦虑是神经症的共同症状，故 SAS 在各类神经症鉴别中作用不大。第二，关于焦虑症状的临床分级，除了参考量表分值，主要还应根据临床症状，特别是关键症状的程度来划分，量表总分值仅能作为一项参考指标而非绝对标准。

 **拓展阅读**   增加幸福感的十种积极情绪[①]

（1）平静。通过运用积极的方法，如彻底放松，减少负面压力和焦虑所造成的结果。冥想可以帮助我们的思想和身体感到完全放松。研究显示，在一个安全的环境中，我们每

[①] 孙正元. 别闹，情绪[M]. 北京：电子工业出版社，2021：6-7.

天只要实施20分钟的彻底放松,就能使思想和身体获益。

(2)兴趣。寻找一些新奇又不同的事物吸引你的注意力,建立在意识提升和反调理的变革过程中。当你遇到一系列的挑战,你就面临着一个建立新技能的机会。

(3)希望。渴望事情变得更好:针对不健康习惯有更好的解决方案;拥有更好的情绪克服焦虑和抑郁。

(4)鼓舞。包括亲眼见识最好的人性。带有鼓舞性质的故事能够激励我们,温暖我们的心灵,并且让我们感同身受。鼓舞有着积极的、戏剧化的过程展现方式,激动人心的成功故事能够引发积极的感受。

(5)敬畏。这是一种被让人震惊的美包裹住的感觉,就像日出几乎蓬勃了整个天际般那样的美,或者像有时盈满我们心房的对那种极致善举的仰慕之情。

(6)愉悦。它是开怀大笑的赠礼。你有最爱看的电视节目或电影吗?你有让你感到最快乐、最幽默的朋友吗?你最想看见什么?大笑可以成为我们没有足够的资源去满足当下诸多需求时的一种戏剧化的解脱方式。

(7)感激。这是当好事来临时我们所形成的一种感觉,或者仅仅是对生活赋予了我们每一天这个礼物心存感恩。它激发了我们急于回馈的心愿。感激是塑造互助关系的关键成分。

(8)快乐。快乐可以成为驱逐黑暗的一束光。有部电影名为《布拉格之恋》。快乐代表着"幸福不能承受之轻"。在很多时候,似乎所有的事情都不顺利,快乐难觅踪影,这时你要想一想:什么能让你快乐?你能通过温暖的回忆重温快乐时光吗?

(9)骄傲。我们在极度感兴趣的领域成功地耕耘,可以生发骄傲之感。感到骄傲是巩固进步的一种方式。进步生发骄傲之感,骄傲之感又会催生更多进步。

(10)爱。它反映了我们对生活中特定的人、行为、思想、体验和事物所持有的深深的眷恋。不知何故,爱似乎是生活中最积极的力量,有人却说,体验持久的改变比爱更具积极性。但爱确实是改变的基本要素,也是一种有效的情绪,它拥抱那些能够帮助你确信你正在进行改变的所有通向茁壮成长之路的方式。

管理情绪的6个习惯

1. 不动怒

生活中,总会遇到不如意的事。我们有时很难控制自己,恨不得立刻把心里的不满和委屈都发泄出来。可等你冷静下来就会发现,发脾气不仅对你没有任何好处,反而会让局面变得越来越糟糕。

一个人越软弱就越爱发脾气逃避问题,真正的强者懂得把动怒的时间用来解决问题。

2. 不责备

责备不利于解决麻烦,反而会激化矛盾。越爱责备的人越没有责任心,也越担不起重任,很难获得他人的信任。

出了问题,应该先想想自己是否有问题。只有学会找到自己的不足,才能更好地总结每一次的经验和教训,让自己的能力得到提高。

3. 不纠缠

有些人,遇到一点小事会斤斤计较。可越是纠缠,越会让自己陷入无底深渊。不讲道理的人，你越跟他争论越是在浪费口舌。没有素质的人，你越跟他抬杠越会让自己不愉快。

一生有很多美好的事情等待着我们去体验，何必为了不值得的人和不值得的事耗费时间和精力。

4. 不抱怨

有句话很有道理："偶尔抱怨一次人生可能是某种情感的宣泄，也无不可，但习惯于抱怨而不谋求改变，便是不聪明的人了。"

抱怨并不会让事情往好的方向发展。事情无论是好的还是坏的，只要发生了就要学着接受它，然后想办法改变可以改变的那部分。

5. 不较劲

也许我们常常会想，要是当初不那样就好了，要是一切可以重来就好了。但是，有些是人错过了就是错过了，有些事做错了就是做错了。越跟自己较劲，也越是在折磨自己。

越较劲，越会被糟糕的情绪吞噬。没有任何一种选择会带来十全十美的人生，既然总有遗憾，又何必去纠结那些已经无法重走的路。

6. 不冲动

情绪有时就像一把火，一旦被点燃，我们就容易说出一些不该说的话，做出一些不该做的事，乃至做出让自己遗憾很久的决定。

当你觉得控制不住自己时，学会深呼吸几秒钟，平复一下自己的心情。要知道，只有当一个人心平气和地去面对问题时，他才可能把事情处理好，也才能跳脱出坏情绪的泥沼。

体验活动　　　　　情绪接龙

目的：让成员认识基本情绪

时间：20分钟

操作：

（1）指导者请各组讨论出该组想要代表的心情（不可重复）。例如，第一组代表快乐；第二组代表生气；第三组代表紧张；第四组代表胆小；第五组代表勇敢。

（2）当指导者念数字"1"时，第一组就必须说出一个和快乐同义、相近或者可以替代的情绪词，且不可重复。倘有任何组未能在时限之内说出情绪词就被淘汰。

（3）指导者先示范一个具体的例子，让所有同学知晓，并强调团结合作。

唱出情绪放轻松时间（30分钟）

准备：《快乐拍手歌》的伴奏音乐

操作：

（1）先向同学说明活动方式。指导语：上节课我们已经认识了不同的情绪，下面我们希望借由一首歌让大家再次认识各种不同的情绪。

（2）放音乐，带大家一起合唱《快乐拍手歌》。

（3）将全班同学分为东西两组进行歌唱对抗，由东方开始，东方唱完换西方唱，但一个同学只能唱一次，依序东西两方轮流唱直到时间结束。唱歌时，让同学自行改编有关情绪的词套进歌曲中，同学如果想不出来，可以用带领者已事先写在黑板上的相关情绪词去组合，例如，"如果你很生气你就说：angry, angry!" "如果你很难过你就说：sad, sad!"

快乐大转盘

目的：让学生了解情绪表达在人际交往中的重要作用

时间：约20分钟

操作：

（1）每人脸朝天花板，面无表情地随意走动，遇人转开。

（2）每人脸朝自己脚尖，面无表情地随意走动，遇人转开。

（3）每人脸看他人脸，面无表情地随意走动，遇人转开。

（4）每人脸看他人脸，面带微笑，随意走动，遇人点头。

（5）每人脸看他人脸，面带微笑，随意走动，遇人握手。

（6）每人脸看他人脸，面带微笑，随意走动，遇人握手，心中说"我喜欢你"。

（7）每人脸看他人脸，面带微笑，随意走动，遇人握手，口中说"我喜欢你"。

引导讨论：自由发言，说一说看到别人对自己不感兴趣时的感受、当别人说"喜欢你"时的感受和说出喜欢别人时的感受。为什么会有不同的感受？从中可以发现什么？

 好书推荐　　　　　　　　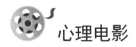 心理电影

第九章 直面困境，化危为机
——大学生心理危机干预

> **导入故事**
>
> **女大学生割腕自伤的秘密**
>
> 　　女学生A大一入学时学业和生活均表现良好。在班级中担任团支部书记一职，工作认真负责，受到老师和同学们的一致好评。但该生在新生入学心理筛查时显示部分指标稍有异常，辅导员遂安排其他班内的学生骨干密切关注。第二学期结束时，该生在宿舍内企图割腕自伤，被同宿舍舍友发现并制止。
>
> 　　经详细了解，A家中姐妹三人，A排行老三，父亲因外出务工导致右腿残疾，无工作能力。母亲则靠保洁工作维持家庭生计。传统的重男轻女的观念，加之长年病痛的折磨，让A的父亲对三个孩子非打即骂，给A造成了严重的心理创伤。A通过学习暂时回避家庭带来的伤害并证明自己的价值，大一学期一直保持班级第一的成绩。而本次期末考试成绩不理想，加之面临假期回家，A内心产生了强烈的心理冲突。
>
> 　　后期，经过学院老师和同学们的多方帮助，A的心理危机状态得以缓解。
>
> 　　通过学生A的故事，我们思考一下：
> 　　（1）大学生常见的心理危机有哪些？
> 　　（2）当面临心理危机时，你有没有更好的办法进行心理危机管理？
> 　　（3）在日常的生活中，我们可以通过哪些方式避免或预防产生心理危机？

第一节　什么是心理危机

一、心理危机的定义

　　《现代汉语词典（第7版）》中，对"危机"是这样解释的："潜在的危险，或者严重的困难关头。"如果将词拆分，危机又分别代表着"危险"和"机会与机遇"。总的来说，是指一种危险的发生，势必打破惯常的平衡状态，但是另一方面，如果处理得当，又会开启发展的新阶段。

最早提出危机概念的是美国心理学家凯普兰（Gerald Caplan），他于1964年首次提出心理危机（Psychological Crisis）理论。该理论认为，当一个人面临突然或者重大生活困境时，先前的危机处理方式和惯常的支持系统无法应对眼前的处境时，就会产生暂时的心理困扰，这种暂时性的失衡状态，就是心理危机。[1]

总的来说，心理危机指的是个体面临超过其心理承受能力的困难情景时所引发的暂时性的心理失衡状态。

二、心理危机的类型

大学生的心理危机按照不同标准可以划分为不同的类型。心理危机按照应激源的不同，可以划分为学业危机、人际关系危机、原生家庭危机、情感危机、灾难危机等。但是由于个体文化背景、家庭背景、成长环境、教育经历等原因的差异，大学生产生的心理危机各具特殊性。为了从总体上把握心理危机的特点，通常我们按照心理危机特征的差异，将心理危机划分为发展性危机、境遇性危机、存在性危机和障碍性危机四类。

（一）发展性危机

发展性危机又叫适应性危机，指的是个体在其成长和发展过程中，面临环境或自身生理的急剧变化时所导致的异常应激反应。对于学生而言，发展性危机主要有开学心理危机、就业心理危机、青春期心理危机、性心理危机等。因学生的成长阶段、个性特征不同，每个人都会遭遇不同的发展性危机，而这种发展性危机通常被认为是正常的。根据美国心理学家、"新精神分析学派"的代表人物埃里克森提出的"心理社会发展阶段理论"，人的一生可分为既连续又各不相同的八个阶段。每个阶段都有其特定的发展任务，每个阶段都有普遍性的心理社会危机。每个"发展任务"完成得成功与否，都会使"人格品质"出现成功与不成功两种极端差别，成为"积极"或者"消极"的人格品质。发展性心理危机是每个人成长的必经阶段，并不意味着一定会产生严重的心理危机，但是要处理好每个发展阶段的矛盾，避免产生严重的心理危机。

（二）境遇性危机

境遇性危机是指个体突然遭遇无法预测和控制的事件而出现的心理危机。区别境遇性危机与其他危机的关键是学生面临的事件是不是无法控制和预测的，如自然灾害、暴力冲突、人际困扰等。这类危机对当事人的冲击是灾难性的、强烈的、震撼性的。

（三）存在性危机

存在性危机指个体面临重大的人生问题或选择时引发的内心冲突。个体无法避免要面临存在性问题的困扰，如：关于死亡、自由、孤独和自我认同的问题；关于人生价值和意义，责任和义务的问题等。[2]总之，这些关于成长性议题的思考，对于存在性危机的解决，

---

[1] 王建兴，高萌，侯娟. 高校学生危机事件有效应对策略[M]. 北京：中国商业出版社，2022：9.
[2] 刘孝荣，王绪忠，张鑫莉. 心理健康教育[M]. 成都：电子科技大学出版社，2019：193.

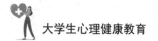

尤其是对于处在世界观、人生观、价值观形成关键时期的大学生来讲，具有重要的意义。

（四）障碍性危机

障碍性危机是指个体因严重心理问题、人格障碍，甚至精神疾病等原因引发的严重心理危机。障碍性心理危机往往具有隐匿性强、危害性大的特点。近年来诉诸报端的各类严重的大学生自伤及伤人的事件，当事人大多具有障碍性心理危机的特点，如有确定的诊断史、长期服药史，尤其有严重心理问题、人格障碍，甚至精神疾病。

第二节　大学生可能面临哪些心理危机

一、可能导致心理危机的负性生活事件

（一）入学适应

入学适应是导致发展性心理危机的原因之一。对于大学新生而言，适应大学新环境是必须经历的一道关卡。从中学跨入大学，生活环境、人际关系、生活方式和学习方式等都发生了变化，在新的人生发展阶段，学生也面临着新的发展任务和新的角色转变。学生内心原有的平衡状态被打破，就容易产生对自我的认知摇摆不定而难以定位，心理上产生一系列的矛盾与冲突，从而产生抑郁、焦虑、压抑等消极心理体验，如果这种消极心理体验得不到及时消除，就会演变为心理危机。①

（二）家庭贫困

贫困问题一直以来都是社会普遍关注的问题。2020年，我国精准扶贫工作完成，相对贫困群体在城市中引起重视，"因病致贫、因病返贫"都是造成贫困的主要原因。偏远地区因受到自然环境、交通等方面的影响，经济发展相对落后，从而导致这些地区家庭贫困人口较多。

大学阶段是大学生世界观、人生观、价值观形成的关键时期，也是形成自我认同的重要阶段。由于家庭物质生活条件的匮乏，贫困家庭中的青少年在人际交往过程中极易出现敏感、自卑、害怕得不到认可等问题。而他们在社交情境中面对人际交往的挫折时，也更容易产生社交焦虑情绪以及社交回避行为。同样，他们在遇到生活挫折时，能够从家庭获取的资源和支持也是少之又少。

（三）严重疾病

入学前就已经接受长期治疗，或入学后因多种原因罹患严重疾病的学生，在大学生活中面临着不可回避的多种挑战。迁延不愈的身体创伤带来的生活质量的降低，叠加了进入大学后的适应困难、学业压力、人际困扰等多重问题，"生存"与"发展"成为不可调和的矛盾……这些都是对个体意志力的巨大消耗。罹患严重疾病的学生极易产生敏感、自卑、焦虑、抑郁

---

① 何敏. 大学生健康教育[M]. 上海：上海财经大学出版社，2017：56.

的不良心境，进而产生失眠、食欲下降等躯体化反应，甚至引发严重心理危机。

（四）就业压力

就业问题关乎国计民生。近年来，高校毕业生就业人数持续增长，就业总量的压力持续增大。就业过程带来的压力感和焦虑感，就业受挫带来的失落感和急躁情绪，就业后身份角色转变带来的职场不适，等等，都极易造成学生严重的心理冲突。

（五）人际关系紧张

人际交往正在成为引发大学生心理问题的首要因素。人们在实际的研究中发现，大学生对人际关系的追求往往带有理想化的色彩。而人际交往中的矛盾和冲突大多是由沟通障碍引起的。在日常生活中，我们也常会处于这样尴尬的时刻，我们的话，别人理解不了，而别人的话，我们也理解不了。这种相互不理解的困顿时刻，常常会带给我们糟糕的情绪感受和体验。这其实和每个人的生活经验、观念思维、行事方式不同有很大关系，同时也归因于大学生心理发展的不成熟带来的人际交往困难。

（六）恋爱关系破裂

恋爱是大学生遇到的最主要的情感问题，由情感问题引发的心理问题主要是恋爱与性心理问题。大学生处于青春发育的中期，随着性机能的逐渐成熟，恋爱和性心理活动是必须面对回避不了的。但在现实的生活中，不少学生的心理发育尚未完全成熟，既不能深刻理解爱情的含义，也不能正确处理恋爱中的各种矛盾与冲突，尤其不能在一些涉及情感的问题上做出正确的选择，便不可避免地引发多种心理问题。同时，对性的好奇与渴望，对性知识、性行为的不恰当认识与理解，也会形成各种隐性的心理压力与困惑，进而导致心理问题。[①]

（七）亲人突然亡故

亲人突然亡故是典型的境遇型危机。英国著名精神病学家、心理学家约翰·鲍尔比（John Bowlby，1907—1990）提出的"依恋理论"认为，人在生命发展的早期阶段需要不可或缺的安全与保证，因此会对少数特定的个人发展出依恋关系，并延续一生。随着年龄的增长，他们逐渐离开依恋对象，转而在环境中追求更广阔的空间，但他们仍会不断回到依恋对象身边寻找安全与支持。如果该对象消失了或被威胁要消失的时候，他们便会极端焦虑，并产生强烈情绪以示抗议。[②]这也很好地解释了在失去重要亲人之后，大多数人会产生强烈的情绪反应。其中，有一部分人能够加以调适并在一定的时间内终止哀伤。但也有一些人长期沉湎于丧亲的悲伤之中难以自拔，无法回归正常生活轨道。

（八）重大财产损失

学生的重大财产损失往往与校园诈骗等经济犯罪类型相联系。近年来，校园诈骗案件数量大幅上升。一方面，是由于大学生涉世不深，防范意识弱，容易成为骗子的目标，而

[①] 王启明. 大学体育新素质教程[M]. 西安：西安电子科技大学出版社，2016：63.
[②] 吴宗友. 医务社会工作实务教程[M]. 合肥：安徽大学出版社，2017：225.

最主要的原因是骗子的诈骗手段层出不穷，即使是有一定生活经验和防范意识的成年人也很难防范。尤其是近年来出现的网络诈骗，具有更强的隐蔽性，也给事后的维权带来极大的困难。这些形形色色的诈骗不仅给大学生造成了巨大的财产损失，也给他们带来了严重的精神创伤。①

（九）重要考试失败

在实际的生活中，重要考试往往与学生本人精心准备并谨慎选择的发展方向相关联。而重要考试失败必然意味个人发展方向受阻或发生改变。重要考试失败导致的心理危机主要是指对个体本身具有重要意义的考试失败而引起痛苦的情感体验，通常表现为大学生自我形象降低，缺乏成就感，社会性退缩，回避社会接触，严重时也可出现出走及自伤行为。

（十）严重自然灾害

自然灾害的危害程度可分为一般、较重、严重、特别严重四个预警级别，并依次用蓝色、黄色、橙色、红色加以表示。严重的自然灾害不仅会带来经济的巨大损失、社会生活的巨大影响，对于经历灾难的当事人来说也是巨大的心理挑战。

一般而言，受灾当事人的物质损失总能在一段时间后得到恢复，但是心理上的创伤如果不及时干预，那么很有可能将伴随人的一生。研究表明，约70%的当事人可以在没有专业人员帮助的情况下自己愈合其心理创伤；另有30%的当事人则或多或少会因此产生一定程度的心理问题，在日后表现出如焦虑、抑郁、躯体形式障碍、进食障碍、睡眠障碍、酒依赖和药物依赖等。②尤其对于涉世未深、缺乏生活经验，心理承受能力极其有限的青少年来说，所造成的心理创伤可能更加严重。

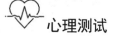 心理测试　　　　青少年生活事件量表（ALSEC）③

过去的几个月内，你和你的家庭是否发生过下列事件？请仔细阅读表10.1中的每一个项目，如某事件发生过，就根据事件给你造成痛苦的程度在相对应的方格内打个"√"。

表10.1　青少年生活事件量表

项　目	轻　度	中　度	重　度
1. 被人误会或错怪。			
2. 受人歧视或冷遇。			
3. 考试失败或成绩不理想。			
4. 与同学或好友发生纠纷。			
5. 生活习惯发生明显变化。			
6. 不喜欢上学。			
7. 恋爱不顺利或失恋。			

---

① 徐凯. 大学生健康与安全教育[M]. 西安：西安电子科技大学出版社，2016：100.
② 中国心理学会心理学普及工作委员会. 灾后心理救助手册[M]. 广州：广东旅游出版社，2008：8.
③ 张玉梅，宋鲁平. 康复评定常用量表[M]. 北京：科学技术文献出版社，2018：332.

续表

项　　目	轻　度	中　度	重　度
8. 长期远离家人。			
9. 学习负担重。			
10. 与老师关系紧张。			
11. 本人患急重病。			
12. 亲友患急重病。			
13. 亲友死亡。			
14. 被盗或丢失东西。			
15. 当众丢面子。			
16. 家庭经济困难。			
17. 家庭内部有矛盾。			
18. 预期的评选（如三好学生）落空。			
19. 受批评或被处分。			
20. 转学或休学。			
21. 被罚款。			
22. 升学压力大。			
23. 与人打架。			
24. 遭父母打骂。			
25. 家庭给你施加学习压力。			
26. 意外惊吓，事故。			
27. 如有其他事件请说明：			

【计分方法】轻度=1分，中度=2分，重度=3分。40分以上应引起注意，进行自我调节或寻求他人的帮助。

二、大学生面临心理危机的表现

个体面对危机时会产生一系列的身心反应，这些反应主要集中在情绪、认知、行为、躯体等多个方面，并因个体心理危机严重情况不同而有所差异。

（一）情绪反应

情绪反应是个体面对心理危机时最明显的表现。常表现为害怕、焦虑、恐惧、怀疑、不信任、沮丧、悲伤、易怒、绝望、无助、麻木、紧张、不安、愤怒、烦躁、自责、否认、无法放松、持续忧虑、过分敏感等情绪。[1]

（二）认知方面

认知方面的典型表现是：不能集中注意力，反应力减慢，记忆力下降，思考、推理、判断能力降低，缺乏自信，逃避现实，不愿承认事情的发生，无法控制地将想法集中在危

---

[1] 梁艳，谭玉清. 大学生心理健康教育[M]. 成都：电子科技大学出版社，2019：152.

机事件上。①

（三）行为方式

在行为方面，当事人在伴有激烈的内心冲突的同时，往往会出现持续"哭泣"、暴饮暴食、"独居一隅"等反常的行为。工作兴趣下降、社交能力减退或丧失，从而日趋"离群索居"，郁郁寡欢，与周围的人联系变少。对自己的前途悲观失望，拒绝社会支持和家庭支持，易怒易冲动。

（四）躯体表现

个体遭遇心理危机时，除了情绪、认知、行为方面的表现，躯体也有典型的特征。如有相当一部分当事人会伴有失眠、多梦、易醒、早醒、食欲下降、心悸、头痛、全身不适等多种躯体表现。

第三节 如何化解严重心理危机

每个人的一生都不可避免地会遭遇心理危机，同样也会经历多种复杂的情绪体验。尤其在面对心理危机时，我们通常会感到无助，孤独、焦虑、悲伤等情绪包围着我们，仿佛看不到一点希望。而此时，我们也开始怀疑自己存在的意义和价值，甚至产生消极的想法。但是，"危机"里不仅有痛苦的情绪体验，也有成长的"机遇"。通过科学的方法、恰当的干预，我们可以顺利地度过心理危机的"至暗时刻"。

一、重新调整认知

在经历心理危机的过程中，抑郁、焦虑、愤怒、委屈、羞耻、怨恨都是非常糟糕的情绪体验。抑郁固然使我们感到无望，焦虑确实令人不安，愤怒使我们感到恐惧，委屈让我们像孩子一样哭泣，羞耻令我们无法面对当事人，而怨恨使我们求全责备，还有空虚使我们逐渐迷失自己的方向。但透过抑郁、焦虑、愤怒、羞耻、怨恨、空虚等情感的迷雾，我们可以试着去理解抑郁背后的失望和宿命感的无力，焦虑情绪背后的苛求完美和对自卑的自我防御，愤怒背后的失去控制抑或价值观被冲击，委屈背后的不被他人理解和看到，羞耻背后的深深的自我否定，怨恨背后的对爱与支持的期待，空虚背后的渴求生命的升华和精神上的富足而不得。所以，如此来看，每种情绪的背后，都有它独特的价值所在。我们要试图发现它们。抑郁也许是期盼美好，焦虑是为了更好地行动，愤怒是爆发出力量和对价值观的捍卫，羞耻是为了保有尊严，怨恨是对爱的呼唤，委屈是希望被看到和理解，而虚无是对生命价值和意义的追寻。②

---

① 黄雄志，刘敏．新编大学生心理健康[M]．北京：中国轻工业出版社，2017：220．
② 蒋桂黎．高职生心理健康教育[M]．西安：西北大学出版社，2019：93．

二、积极调适情绪

心理危机的出现往往使我们感到极度的紧张和沮丧。这些糟糕的情绪反应不仅让我们有了强烈的不适感，还会在一定程度上使危机恶化。因此，在化解心理危机的过程中，迅速地调适情绪状态是关键。而调整情绪的中心环节，就是要培养承受这些痛苦感受的能力。通过调适情绪状态，将使诸如焦虑导致恐慌、沮丧导致失望等情绪的恶性循环得到控制。

当危机超出我们的控制能力时，把握自己的情绪就变得尤为重要，此时，将注意力集中在努力调整自己的情绪上，将会取得很好的效果，尽管这样做在同样的情境下不一定有同样的效果。下面的这些小方法或许能够很好地帮到你。

（一）分散转移情绪

分散转移情绪包括抑制、分散等回避痛苦的方法，这些方法能够转移人的消极思想和情绪，为个体的心理重建赢得时间。抑制在一定程度上是自动的过程，不过，我们也可以有意识地控制它，如提醒自己"别想它了，想点别的吧"；分散则是指不断地做事，集中注意力于当前的工作而不去关注那些痛苦的感受。

（二）找人倾诉

找人倾诉，即向别人诉说自己的情感、往事和痛苦的经历，这种方法能使悲伤变得可以忍受。这种一般性的治疗人类疾病的方法是相当有效的。人类是具有社会性的动物，当遇到痛苦时，把痛苦告诉同情你的人将大有裨益。

（三）良性的自我对话

在危机中，当情感系统被激发时，人们可以通过自我谈话调节情绪问题。例如，通过安慰自己来调节焦虑，通过有意识地提醒自己注意事物积极的一面来缓解沮丧情绪。良性的自我对话在帮助人们超越不能忍受的痛苦时非常有用，运用它不会让人感到崩溃和失控，而且痛苦的感觉越强烈，努力说服自己的自觉性就越高。不过，在对话过程中不要采用这些消极的想法："我过不了这一关。""这太可怕了，我快疯了。""我太孤独了，没有人帮助我、理解我。"调节沮丧情绪的积极想法应该是这样的："我能够解决这个问题，先不管它。""我以前也曾遇到过这种情境，最终克服了困难。""不会再有更可怕的事情了。"这类自我对话的目的是去除灾难性的想法，减少人们在承受压力时所耗费的心理资源。[①]

三、有效解决问题

心理危机的产生很大程度上是因为存在无法解决的现实困难，引发了强烈的内心冲突。基于心理危机的化解，除了在短期内缓解调适情绪，最重要的就是能够在现实层面有效解决问题，找到引发心理危机的根本症结所在。在解决引发心理危机的现实困扰方面，可能

[①] 江西省教育厅,江西省高校心理健康教育专业委员会.大学生心理健康教育教程[M].南昌：江西高校出版社,2019:238-239.

有很多时候，仅仅靠我们自己的力量是不够的，在这个时候，我们要学会积极向外求助，寻求可能解决问题的有效方式。朋辈、班主任、辅导员、父母都是不错的选择。在这里需要注意，找准引发心理危机的现实问题尤其关键。而在当下的环境和条件下，若有些问题没有办法得到很好的解决，也不要沮丧，我们不妨从另一个角度看一下，有没有转圜的方式可以达到差不多的效果。尤其在涉及个人成长的议题时，要让自己的生涯发展保持足够的弹性。

四、寻求社会支持

（一）拓展自我的社会支持

我们若感觉压力过大或自我调节效果不明显，就要积极向外求助，以获得化解心理危机的最佳方式。

（1）向父母或者其他亲人求助。家是最值得信赖的社会支持力量，也是最强大的力量源泉和精神依靠，温暖的家庭环境可以让我们重新回归安全的"依恋"关系。

（2）向同学或朋友求助。朋辈的力量是巨大的，同质的群体间的交流和互动往往最具价值。同学或朋友可能是最理解你的人，他们最能与你产生情感共鸣，理解你的心理困境，并且可以和你一起共渡难关。

（3）向老师求助。辅导员、班主任都是最支持和关心学生的人，他们耐心、细致，且有丰富的危机处置经验，能够充分调动更多资源为我们提供更有力的支持。

（4）向学校心理咨询中心求助。心理咨询老师可以运用专业知识和咨询的技术帮助我们分析问题的原因，并和我们一起探寻解决问题的对策，缓解我们的情绪压力，帮助我们快速走出"阴霾"。

（5）向心理诊室的大夫求助。对于严重的心理危机带来的糟糕情绪体验，可以采取服用药物和治疗的方法快速予以缓解。就像患了感冒马上求助医生一样正常。

（二）成为他人的社会支持

我们在关爱自己生命的同时，也要力所能及地帮助周围的同学。在大学里，当有同学出现心理问题或危机时，我们要伸出援助之手，帮助他走出困境。

（1）真挚的关爱可以化解危机。真挚地关爱你身边的同学。当他感到孤独时，当他在学习、生活中遇到困难时，当他在情感方面遭受挫折时，请你给予他最大的关心和温暖，帮助他驱散心灵的孤独，抚慰他那颗受伤的心，解开他的心结，给他自我成长的力量。

（2）鼓励积极求助，帮助走出误区。当发现周围的同学有严重的心理危机但依靠自身及朋辈的力量无法解决时，你可以鼓励他到专业的心理咨询和治疗机构去寻求帮助，这既体现了对他的关切，又可以帮助同学快速走出心理危机。

（3）及时报告，做好生命的守门员。如果发现周围的同学出现了心理危机，你要立即报告院系负责老师，必要时可由学院转介到学校心理咨询中心，以便对其进行及时的干预。

（4）悉心照顾，做好监护工作。在家长没有到来之前，你要协助老师做好危机同学的临时监护工作，将其转移到安全的环境中，将一切有可能危及他生命安全的物品移走，确保同学的生命安全。①

拓展阅读　　　　　　如果你遭遇了心理危机②

（1）不要等待，主动寻求帮助。

（2）要相信会有人愿意帮助你。但是，你得将自己真实的困难和痛苦告诉你信任的人，否则他们对此一无所知。

（3）如果你的倾诉对象不知道如何帮助你，可以向学校的心理咨询中心寻求帮助。

（4）如果担心你的心理问题被发现，可以向心理热线或校外的心理咨询人员寻求帮助。

（5）有时为找到一个真正能帮助你的人需要求助几个不同的人或机构，你应坚持下去，相信提供帮助的人一定会出现。

（6）解决心理危机通常需要一个过程，可能你得反复多次见咨询人员或心理医生。

（7）如果医生开药，应按医嘱坚持服用。

（8）避免用酒精或毒品麻痹你的痛苦。

（9）不要冲动行事。强烈的痛苦会使你更难做出合理的决定。

<h3 style="text-align:center">生命列车③</h3>

人生一世，就好比一次搭车旅行，要经历无数次上下车，时常有事故发生；有时是意外惊喜，有时却是刻骨铭心的悲伤。

降生人世，我们就坐上了生命列车。我们以为我们最先见到的那两个人——我们的父母，会在人生旅途中一直陪伴着我们。很遗憾，事实并非如此。

他们会在某个车站下车，留下我们，孤独无助。他们的爱，他们的情，他们不可替代的陪伴，再也无从寻找。

尽管如此，还会有其他的人上车。他们当中的一些人将对我们有着特殊的意义。

他们之中有我们的兄弟姐妹，有我们的亲朋好友。我们还将会体验不朽的爱情。

坐同一班车的人当中，有的轻松旅行。

有的却带着深深的悲哀。

还有的在列车上四处奔忙，随时准备帮助有需要的人。

很多人下车后，其他旅客对他们的回忆历久弥新。

但是，也有些人，当他们离开座位时，却没有人察觉。

有时候，对你来说情深义重的侣伴却坐到了另一节车厢。

你只得远离他，继续你的旅程。

当然，在旅途中，你也可以摇摇晃晃地穿过自己的车厢，去别的车厢找他。

可惜，你再也无法坐在他身旁，因为那个位置已经让别人占了。

没关系，旅途中充满着挑战、梦想、希望、离别，就是不能回头。

---

① 蒋桂黎. 高职生心理健康教育[M]. 西安：西北大学出版社，2019：92.
② 江西省教育厅，江西省高校心理健康教育专业委员会. 大学生心理健康教育教程[M]. 南昌：江西高校出版社，2019：239.
③ 李成伟，吴继霞. 幸福的蓝图：高中生生涯发展与规划[M]. 苏州：苏州大学出版社，2014：2-3.

善待旅途中遇见的所有旅客，找出他们身上的闪光点。

永远记住，在某一段旅程中，有人会犹豫彷徨，因为我们自己也经常会犹豫不决。我们要理解他们，因为我们也需要他人的理解。

生命之谜就是：

我们在什么地方下车？

坐在身旁的伴侣在什么地方下车？

我们的朋友在什么地方下车？

我们无从知晓。

我时常会这样想：

到我该下车的时候，我会留恋吗？我想我会的。

和我的朋友分离，我会痛苦。

让我的孩子孤独地前行，我会悲伤。

我执着地希望在我们都要到达的那个终点，我们还会相聚。

我的孩子上车时没有什么行李，如果我能在他们的行囊中留下美好的回忆，我会感到幸福。

我下车后，和我同行的旅客都还能记得我，想念我，我将感到欣慰。

 好书推荐　　　　　　　　 心理电影

第十章 热爱生活，悦享生命
——大学生生命教育

> **导入故事**
>
> **朱迪思抗癌获新生**
>
> 这是一个广为人知的真实故事，主人公是一位名叫朱迪思·阿布拉姆斯（Judith Abrams）的女士。朱迪思曾经是一位医学研究员，过着一种繁忙而压力重重的生活。
>
> 可是，一次偶然的机会，朱迪思被诊断出患有一种罕见的癌症。这个消息让她的世界彻底崩塌，她感到自己的生命正在逐渐消失。
>
> 然而，朱迪思决定不再让病痛和恐惧主宰自己的生活。她决定热爱生活，享受每一天。她开始积极寻找治疗方法，并尝试各种替代疗法和健康生活方式。
>
> 随着时间的推移，朱迪思的病情逐渐好转。她不仅战胜了癌症，还重新定义了自己的生活。她放弃了原本的工作，开始专注于健康和幸福的领域，成为一位健康教练和作家。
>
> 朱迪思的故事鼓舞着许多人，她用积极的心态和热爱生活的态度战胜了疾病，重新获得了健康和快乐。她的故事提醒我们，无论面对何种困难和挑战，只要我们热爱生活，享受每一天，我们都能够找到力量和勇气去面对并战胜困难。

第一节 生命的意义是什么

一、生命的形态

（一）什么是生命

生命是生物体所显现的种种现象的总的抽象观念。从古至今，随着人们对这些现象的逐步理解，生命的概念也在不断地改变。生命是一种特殊的、高级的、复杂的物质运动形式，泛指一类具有稳定的物质和能量代谢现象（能够稳定地从外界获取物质和能量并将体内产生的废物和多余的热量排放到外界），能回应刺激、能进行自我复制（繁殖）的半开放物质系统。生命个体通常都要经历出生、成长和死亡，生命种群则在一代代个体的更替中经过自然选择发生进化以适应环境。人类正是经过了漫长的进化过程之后，才成为地球上最高级的生命的。

但就个体而言，人的生命起源于受精卵，这是生命的第一个细胞。接着细胞分裂开始，受精卵体积渐渐增大，直到第 40 周胎儿发育完全成熟，瓜熟蒂落，一个新的生命就此诞生。每个生命，开始于父母的牵手、父母的欢笑、父母的情爱、父母的希望。因此，生命是在父母两个生命体的交融、嫁接中诞生的，一开始就承载了父母的欢乐、期望和理想，承载了父母对生命的理解及所赋予的生命的意义。每个孩子都在父母的双手扶持下学会了行走，在父母及社会的细心呵护下茁壮成长，在父母、师长及亲朋的孜孜不倦的教育中丰富了学识。当然，一个生命的成长更要依赖于自身的顽强的生命力，经历了无数次的摔跤后站起来，经历了无数次的风吹雨打后变强健，经历了无数次的疾病后更坚强，经历了无数次的失败和挫折后成熟。因此，一朵灿烂的生命之花是在父母、自身和社会的辛勤浇灌下才盛开的，它的出生、成长和盛开的整个过程是无数生命的倾注和意义的体现。

所以，人是一种有意识的动物，人类的生命活动是有计划、有目的的，每个人都有自己的生存目的、意义与追求，并为之不懈努力奋斗。人类通过自己的生命活动创造出人类所特有的"生命"。人是双重生命的存在，既有自然生命、本能生命，也有价值生命、精神生命，人的生命兼具自然属性与社会属性。

（二）生命的存在形态

生命是所有生物体的共有现象，生物体死亡后不可复生，但是生命又有其特殊性，尤其是人类的生命，它能通过各种抽象的形式延续。人的生命是指有意识的存在，生命具有感情，生命的由来是伟大且富有精神意义的，对人类具有重要作用。作为人来说，不仅要有信念、精神、意志，最重要的是怀有对生命的敬意和感恩，认同生命，使其灿烂无比。人的生命的存在形态主要有三种。

1. 生物性的存在

人的生命存在是生物性的，人只是地球上千千万万生物中的一种。像地球上生存的千千万万生物一样，生物性是人的生命的最基本的特性，人是一种生物，是肉体凡胎，是一个动态的过程，人的成长和发展都必然服从生物界的法则和规律。

作为一种生物性的存在，人的生命体的存在是建立在生命有机体与周围环境物质能量交换的基础上的。人需要氧气、水、食物和各种生活必需品，如果没有一定的能量与信息的交换，人的生命体必然会因为无法得到必需的物质营养而难以维系和存续。所以，吃喝拉撒、生老病死是每一个人都必须经历的生命历程。

2. 社会性的存在

马克思说："人的本质并不是单个人所固有的抽象物。在其现实性上，它是一切社会关系的总和。"因此，人与社会本是一个整体统一的关系，人是社会中的人，社会是人的社会，人与社会分不开，没有人就没有社会，一个人如果离开了社会就不能称其为人。至今发现的狼孩和野孩都充分表明，一个人虽有人的遗传特征，但脱离了人类社会，就不能称其为人的。

每个人一诞生，就是社会中的一员，就不是孤立的，不是与世隔绝的，就处在特定的人群、团体和社会关系中。如：小明来到世界上，小明的父母有了儿子，小明的爷爷奶奶有了孙子，小明的外公外婆有了外孙子，小明的邻居小颖有了伙伴。小明长大后，上学时有师长和同学，工作时有领导和同事。小明的衣食住行需要很多人提供相关的服务。心理学认为，人要进行社会化。只有完成了社会化，才能以一个独立成人的姿态进入社会，进而参与社会的发展。因此，每一个生命如果要生存下去，就必须融入社会活动中，都必须依靠他人，在与他人的沟通、交往和互动中保存自己的生命，追求自己生命的意义，实现自己生命的价值。正是这种社会性使人们能够积累更多的人生智慧和各种各样的信仰和理念，在面对各种变化时，有一种生命的智慧和坚定的信念；在面对有生有死、有爱有恨、有聚有散、有得有失的人生和无奈命运时，有一种豁达的胸怀和坦然的态度。

从人类社会学角度来看，人与社会的和谐其本质就是人与人之间的和谐。对于这种和谐理想的追求，人类从古至今一直没有停止过。从西方莫尔的《乌托邦》以及我国陶渊明的《桃花源记》到马克思的共产主义社会理想，无不表明人类对这种大同社会的向往和追求。1996年由雅克·德洛尔任主席的国际21世纪教育委员会向联合国教科文组织提交的报告《教育——财富蕴藏其中》提出了教育的四个支柱：学会认知；学会做事；学会共同生活，学会与他人一起生活；学会生存。其中第三条，就是要善于发现他人，尊重他人，团结他人，实现人与人之间的和谐，并为实现共同目标而努力，那么这个共同目标就是要达到人与社会的和谐统一。

3. 精神性的存在

与人的精神属性相对应的不是人的需要，而是人具有能动地认识客观事物及其规律的理性思维。实际上，动物也有认识能力，不认识事物，它就无法生存。兔子如果不认识萝卜和草就得饿死；狼如果不认识肉或不会利用地形地貌，就难以捕杀猎物，甚至会误入陷阱而丧命；老鼠从洞里出来的第一件事是向四周迅速和仔细地观察，看看有没有危险，这也是一种认识能力。当然，动物只具有感觉和心理活动，只能认识事物的现象，不能上升到理性思维，不能把握事物的本质，不能抽象出事物运动的规律。整体而言，动物的生命是由遗传基因决定的，它们不仅没有主观能动性，而且不会扩大认知能力，不会学习，一代一代只在原地踏步。

人跟其他动物的一个根本的区别在于人有精神性的一面。这是人独有的属性，也就是说，只有人才具有理性思维，具有主观能动性，能够抓住事物的本质，把握事物的规律。人不仅仅是为了满足肉体的自然生命需要而活着，还要追求超越肉体存在的精神存在，追求更高的意义和价值，不断超越生物性存在。有理性的人会规划自己的人生，创造自己的人生价值，指导和提升人的生命价值，在人生目标的指引下过有品质、有意义的生活。正是有了生命的精神性的存在，才使人的生命有了智慧和价值，使人的生活有了人文意义和道德升华。

二、生命的特点

（一）生命的有限性

生命是有限的，就是因为人是一个生物体。任何一个生物体，生存总是有限的、暂时的，有限性始终是摆在生命个体面前的绝对性。生有涯，死有期，谁也无法摆脱死的结局。在庄子看来，"死生，命也，其有夜旦之常，天也。人之有所不得与，皆物之情也。"人的生死是一个自然过程，有生就有死，是不以人的主观意志转移的。生命的有限性表现在三个方面。

第一，生命存在时间的有限性。生命的存在以肉体的存在为前提，肉体消失，意味着生命结束。肉体的存在在时间的维度上是有限度的，这就是寿命。人的自然寿命一般来说有七八十岁，随着现代生命科学和医学的发展，人类不断研发出抗衰老和延缓生命的技术，但是人的寿命最长也不过百来岁。人作为生物体的肉体存在有不可超越的自然限制性。人类的孩童诞生下来，缺乏对自然的本能适应，缺乏体力，是所有动物中最无能的，比任何动物都需要更长时间的庇佑。从人的肉体的生命力上看，人的生存空间和生存能力是有限制性的，甚至在某些方面远不如动物，如人的跑、跳、听、闻、看等基本生命力就比一些动物弱得多。

第二，生命的无常性、偶然性。按照存在主义的观点，人的生存本来就是一个偶然，人的逝去却是必然。人生存于这个世界是脆弱的，"天有不测风云，人有旦夕祸福"。不仅非连续性因素可以改变生命的历程，而且天灾人祸、生老病死等情况不可预测，各种偶然事件都可能使得个体生命变得更加有限，甚至结束生命。

第三，人作为社会人的社会限制。人存在于社会中，要受到社会法则的限制和束缚，这样人的个体才能成为社会中的自由人，成为现代社会的文明人。

总之，对生命有限性的理解，既要看到个体肉体生命存在的有限性是绝对的，又要看到人在对生命的无限追求、不断超越过程中，有限性又是相对的；把生命个体的有限纳入到人类发展的历史长河中，个体的有限性又被赋予无限的永恒性。正是生命的有限性，才促使人努力改变生活、创造生活，以实现自己生命的意义。因此，生命是一个矛盾的存在，我们只能在超越中理解生命的有限性。

（二）生命的不可逆性

生命的珍贵，就在于它只有一次，人一旦度过了自己的生命旅程，就不可推倒重来，没有来生，不能逆转，失去了就永远不会回来。可以说，人生是一条单程线，永远不可能有返程票，不可能时光倒流，重新来过。

从胚胎起，生命便一直生长、发育、发展，直至衰老、死亡，人老了，器官等会衰退，很多功能会丧失，细胞会死亡，不能再长出新的细胞，这是自然的规律，谁也不能抗拒。一个人的成长过程是不可逆的，它绝不会"倒行逆施"。人一旦长大，就不能再回到童年。不少人想尽办法以求青春永驻、返老还童，无不以失败告终。人们常说"世上没有后悔药"，其实质意义在于，生命是不可逆的；做了一件事，无论你多么后悔，都不可以改变既成事实，更不可能返回去从头再来。同样，人的生理和心理发展也是不可逆的，一旦发生某些变化，就不能恢复原状。

生命的不可逆性是人类认识世界和自我的重要基础，也是人类对生命价值和意义思考的基础。对于每一个人来说，生命的不可逆性是一个提醒，我们应该珍惜自己的生命，并努力让自己的生命充满意义。

（三）生命的不可再性

生命是不可重复的，生命对任何人来说都只有一次，一旦失去就无法重新获得。世间常说"人死不得复生"，一旦死亡，则无法复活，便道出了这个真理。所谓来世转生，只不过是自欺欺人，人不可能转世投胎重新做人。成也好，败也罢，人都只能有一次生命。所以，无论是"山重水复""暗无天日"，还是"柳暗花明""风光无限"，都是值得珍惜的经历和体验。

虽然我们无法决定寿命的长度，但我们可以选择如何度过这段时间。每个人都应该珍惜自己的生命，创造真实、美好、有意义的人生，留下属于自己的记忆并感受人际关系的重要性。生命的不可再性启示我们珍惜和感恩生命，努力活出精彩而令人难忘的旅程。

（四）生命的不可换性

生命的不可换性是指每个人的生命都是独一无二的，无法被任何其他生命所替代。我们在羡慕别人时，可能会心中暗想："我要是他该多好啊！"但这只能是人的一种愿望，不可能成为事实。生命为每个人所私有，在地球上几十亿人中，每一个人都是一个独特的个体，相互之间不可交换、不可替代。因此，每个人都应该珍视自己的生命，尊重和珍惜别人的生命，我们需要用正确的方式去生活和对待生命。

每个人的生命都是独特的，每个人的经历和人生都是不同的。每个人都有不同的情感和思想，每个人都有自己的价值和目标。也就是说，即使存在相似的人、相同的基因和相似的环境，每个人的生命经历和感受都是独特的，不存在两个完全一样的人，因为人的思想、经历、文化背景和生活环境都不同。

因为人的生命不仅是一个生物学意义上的存在，还包括我们的思想、灵魂、个性和动力，这些都是不可替代的。人类区别于动物的最大优点就是我们有自己的思想和感情，人类有自己的想法和个性，并能够从中产生不同的动机，驱使自己朝着不同的方向发展。这种将人类与其他生命体区分开来的生命特点是无法替代的。

三、生命的意义

生命的意义是一个解构人类存在的目的与意义的哲学问题。生命的意义是什么？对于这个问题，每个人都能给出自己的答案，但未必人人都能回答得很准确。尤其是处在困惑当中的人，不是因为这个问题困扰自己，就是用老生常谈式的回答来搪塞。

在历史长河中，生命的意义也是哲学、科学以及神学一直所探讨的主题。前人在不同的文化环境与意识形态背景下也给出了很多的多元化答案。法国作家阿尔贝·加缪指出，作为一个存在的人，人类用生命的价值和意义说服自己：人的存在不是荒诞的。如今，青年人，甚至老年人也不例外，常会出现这样的疑问："我们为什么而活？生命的意义是什么？"人们在遭遇失败的时候，通常会发出这种疑问。假使每件事情都平平淡淡，在他们面前没有阻碍，那么这个问题就不会被人们所提及。如果我们抛开他人的言语，而只观察他的行为，将会发现每个人都有他的"生命意义"。他的姿势、态度、动作、表情、礼节、野心、习惯，乃至性格特征等，都遵循这个"生命意义"而行。他的作风、他的一举一动，都蕴涵着他对这个世界和他自己的看法，好像在说："我就是这样的人。"这便是他赋予自己的意义以及他赋予生命的意义。

人的生命只有一次，怎样生活，怎样度过，是我们应该且必须思考的问题。胡适认为：生命本身没有什么意义，你能给它什么意义，它就有什么意义。而卢梭也说过："生命本身没有价值，它的价值在于怎样使用它。"当我们的生命里有了爱、有了责任、有了感恩，我们会感到快乐幸福；当我们的生命里有了天灾、人祸、疾病，我们会感到痛不欲生。但是，我们要明白，人生是不可逆转的生命之旅。当生命旅途一帆风顺时，我们应该学会珍惜和仰望；当生命旅途坎坷不平时，我们应该学会敬畏和尊重。让我们懂得生命，珍爱生命，为我们生命的每一天加油、喝彩！

发现生命的意义有三种不同途径。

（一）通过创造或建树——学习、工作的意义

这种途径是指通过某种类型的活动以实现个人的价值，即功绩或成就之路。学习和工作属于创造性价值经验，也是获得成就感的重要途径。当创造性价值成为生命中的一部分时，个体充实的生命领域通常是和学业、职业活动相一致的。学习和工作使人的特殊性在对社会的贡献中体现出来，从而使人的创造性价值得以体现。但简单、机械地学习和工作是不够的，人必须把握学习和工作背后的意义和动机，才能在对学习和工作的价值和意义的感悟中实现生命的意义。

（二）通过某种经历感受或与某人相遇——爱的意义

这种途径是借由对世界的接纳与感受中实现的，即经由体验某种事物或经由体验某个人来发现生命的意义。人的存在是以人格的独特性和唯一性作为基础的。奥地利心理学家弗兰克尔说："爱就是以个人的独特性和唯一性生活在另一个人的经验里。"人世间就因为有了爱，无论是亲情、友情、爱情，还是世间的其他一切感情，才有了令人感动与珍惜的美。爱是进入人格核心的一种方法，它可以实现人的潜能，使他们理解自己能够成为什么，应该成为什么，从而使他们原来的潜能发挥出来。爱可以让人体会到强烈的责任感，能够激发人的创造性，使人在体验爱的过程中，发现生活的意义和价值。

（三）通过对不可避免的苦难所采取的态度——苦难的意义

这种途径是当个人面对无法改变的命运时所决定采取的态度。

有一天，一位年老的全科医师来找弗兰克尔，他患了严重的忧郁症。两年前，他挚爱的妻子去世了，此后，他一直无法克服丧妻的沮丧。弗兰克尔对他说："如果您先离世，而尊夫人继续活着，那会是怎样的情境呢？"他回答："喔！那对她来说是怎样的痛苦啊！"于是，弗兰克尔回答："您看，现在她免了这种痛苦，那是因为您，才使她免除的。现

在您必须付出代价，以继续活下去及哀悼来偿付您心爱的人免除痛苦的代价。"他不发一言，紧紧握住弗兰克尔的手，然后静静地离开了。

从这个故事可知，当发现痛苦的意义时，就不再痛苦了，有意义的牺牲便是。人对命运的选择完全取决于人的精神态度，即使面对无法抗拒的命运，人仍然可以选择自己的态度和立场。因此，当人们面对苦难时，重要的是人们对于苦难采取什么样的态度，用怎样的态度来承担苦难。

第二节　如何体验生命的乐趣

一、欣赏生活中的各种美好

生活中美好的地方很多，或许藏得很深，但确实存在。一个不起眼的瞬间，或是一件微小的事情，都有可能令人感到温暖，让人心情舒畅。美好的感觉存在于心中，很多时候无法用文字表述出来，很多美好的思绪在脑海中一闪即过，无法捕捉。美不是空谈，而需要去体验、去感受、去欣赏，要注重从以下方面欣赏生活中的美好。

（一）欣赏大自然的美好

就自然景物来说，春天的美是融雪，夏天的美是云，秋天的美是明月，冬天的美是阳光；热天喜的是风，夜晚喜的是雨，清晨喜的是薄雾，黄昏喜的是落霞……你感受过这其中的乐趣吗？

说起山，远山适宜秋天看，色彩斑斓；近山适宜春天看，百花争妍；高山适宜看茫茫积雪，丘陵适宜看漠漠水田……你感受过这其中的乐趣吗？同样是树，村子里的百年老树适合写入历史，山中的千年古树适合入画，院子里的寥寥二三株，适合写入诗词；高高的柳树适合配上鸣蝉，低低的花丛适合配上蝴蝶；曲曲折折的小径适合配上幽竹，轻轻浅浅的水滩适合配上芦苇……

气候和生物的自然结合，皆有合人心意之美，值得我们去领略欣赏。

（二）欣赏日常起居的美好

日常起居之美，是深深的庭院；是眼神波俏的女孩子，是鲜衣怒马的少年；是大街上的车水马龙和闪耀的霓虹灯；是烟花在幽蓝的夜空中绽放；是台上的歌舞；是博物馆里陈列的古物；是雪白的手破开金黄的橘子；是新绿的茶叶在白水中缓缓舒展。日常起居之美，也是浩大的、如粥如沸的人群；是地铁中吹来的风；是宴会后冷却的觥筹交错；是深夜静悄悄的一张书桌；是熟睡，深深地进入梦想的酣眠。

光阴在无声无息地消逝，当你学会恬静，日子就长起来；当你追逐忙碌，日子就短起来；当你无所事事，日子就空虚起来；当你发奋读书，日子就实在起来。一样的日子，采用不同的过法，对生活的感受便完全不同！

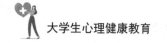

（三）欣赏情感的美好

生活因为令人满心欢喜的情感而充实，无处不在：琐琐碎碎的细节、点点滴滴的回忆、人来人往的离愁别绪、明明暗暗的心路历程……亲情、友情、爱情，一旦抹去了人类这些最基本的情感，生命将变成一片苍白荒芜。

我们的情感中，还有自己与自己的角力。在面对波折黑暗的时候，我们仍然心怀光明，对未来充满期待；在生活的柴米油盐中，我们感受平凡的味道。这些难道不都是生活值得欣赏的美好吗？

（四）读书学习的美好

读书学习是一种生活方式，甚至是一种人生方式。不同的学习状态呈现出截然不同的人生际遇：有的人通过学习，感受到草长莺飞、繁花似锦；有的人通过学习，感受到朽骨暗夜、漫无边际。在现代，人更多地被定义为追求精神并从精神上获得成就的动物——世界上唯一一种需要通过修炼才能成为的动物，成为一个真正的人。修炼的重要渠道，就是反复学习。我们向前人学习、向他人学习、向世间万事万物学习。学习的姿态，亦是生活最美的姿态。一个人的思维和能力，宛如秋雨后的池塘，日渐丰盈，这难道不是值得欣赏的一番情境？

阿根廷杰出诗人博尔赫斯自幼酷爱读书写作，年少时便显露出不一般的才华。经过青年时期的欧洲游学，他回到家乡布宜诺斯艾利斯，仿佛受到命运驱使，得以在图书馆工作终生。尽管晚年遭遇失明痛苦，但他仍以无穷毅力学习和创作，并说出"天堂就是图书馆的模样"这句至理名言。

任何时候、任何地方，只要不忘学习，一切都不会被丢掉。你不会被时代丢掉，也不会在生活中迷失。学习需要主动，需要我们付出强大的勇气和魄力，去下定决心，去清心静气，去跟随前人的步伐和气度，听他们不卑不亢、平易近人地陈述理论或解读实践。

二、培养自己的兴趣爱好

人一生的时间、精力都是有限的，培养兴趣爱好，从自己不讨厌的事情开始，才能把有限的资源用到刀刃上，才可能在有限的时光中让自己借助刀刃的光芒有所建树。培养自己的兴趣爱好需要从以下方面做起。

（一）要自信

相信自己的人，才会相信自己的选择，并能够克服一切困难笃定地走下去。不相信自己的人，很难独立做出判断，更无从明了自己的兴致所在。即使有些兴致，也是不稳定的，会受到外部世界的严重干扰和影响。所谓心性不定，其实主要就是缺乏自信导致的。因此，我们要培养自信心，通过对诸多由小到大事情的判断、实践（无论对错），增加内心的底气。

因为做任何事情都不可能永远"对"。那么，错了又何妨呢？试错本就是成功所不可或缺的环节。只有允许试错、犯错，人才能不断调整策略、方法和技巧等来提高抗挫折的能力，增长才干，有更大作为。这些都是树立自信心所不可或缺的过程，拥有自信才能开启兴趣成长之旅。

（二）要学会自我激励

实现自我激励，需要在发展兴趣时设定一些经过努力可以实现的小目标，每实现一个小目标，就奖励自己一次，比如看场电影、买本书、买件衣服等。虽然最大的激励还是实现终极目标后的欣喜若狂，但一个又一个的小目标奖励所赋予的精神鼓励是这场长途跋涉的补给驿站，不可或缺。

不断的自我激励能够激发个人不断前进的动力，更有利于兴趣爱好的培养。

（三）要学会专注

任何一个兴趣，即便入门容易，但只要深入下去，都不简单，大多很系统，而且越是听起来普通的就越高级，比如打球、跑步、读书等。这些普通字眼背后系统化乃至套路化的训练、要求和标准，在漫长岁月中早已变得十分丰富与庞杂，入门容易，有大的进步较难，我们必须高度专注，才可能利用闲暇时光有幸拥有它们中的一二。否则很容易花费了不少时光，却在无任何进步、无成就的挫败感中熄灭兴致，中断兴趣发展之旅。

不仅如此，时代在发展，你想发展的兴趣也会变化，且通常处于一种进化状态，如果不了解宏观层面和兴趣层面的新变化、新趋势，那么我们对兴趣爱好的理解也将因缺乏时代性而落入下乘，所以说专注是个人兴趣爱好培养的关键因素。

自信让人独立，激励让人焕发光彩，专注让人既博又精，可以说自信、鼓励和集中力对一个人兴趣爱好的形成至关重要。拥有自信，处于一个良好的激励环境中，只要坚持专注，个人兴趣爱好的形成将水到渠成。

三、接纳自己的不完美

人人都追求完美，追求一切尽在掌控之中，希望万事如意、一帆风顺。现实却往往事与愿违，更多发生在人们身上的是：不完美、不可控、不如意和不顺利。为此，大家感到懊恼、狂躁、愤懑、失落，甚至绝望。更多时候，这在生活中就是一种常态，我们需要学会接纳它。在学会接纳它之前，我们必须学会接纳自己的不完美。

作为个体，不完美是必然的。生命体终将死去，是生命的一大不完美，也正因为如此，生命才显得弥足珍贵，每个个体才显得独一无二。意识到这点，我们就知道，生命中有很多东西，客观上是我们暂时改变不了的，所以我们应当释然，应当学会接纳自己的不完美。在这种不完美的情况下，我们须审视自己能做些什么，才能使我们的生命不一样，要怎样做才能发出自己的光。

我们每个人或多或少地存在着身体上的某种缺陷或者性格上的某种缺陷，这在生理或心理上会产生一定的影响，这种影响会贯穿到日常生活的点滴。一个普通的大学生可能因身体残疾而感到自卑，可能因同学的误解而心情郁闷，可能因父母的不理解而大发雷霆，可能因学习成绩的落后而烦躁焦虑，可能因某些目标没有按预期的开展而"压力山大"。然而，这些常见的不完美、不可控本就是生活的一部分，每个人都不可避免可能遇到，我们应接纳这些不完美、不可控，调整好自己的心态，积极乐观地面对这些，想办法"熬"

过去，耐心地应对，才能"山重水复疑无路，柳暗花明又一村"。

接纳自己的不完美，一是不与他人斤斤计较，不因琐事耿耿于怀；二是要正视自己的不足，正视自己的"短板"，从哪里摔倒，就从哪里站起来；三是要正视自我，坦诚地与自我相处，不做作，放开心态，去生活、去成长、去拥抱生命。

接纳自己的不完美，才能在这浮躁的时代真正沉下心来，老老实实、全心全意地打磨自己。这个时代，想要成功的人很多，渴望一夜爆红、暴富的人很多，却很少有人耐住性子好好做事。只有接纳自己的不完美，才能客观认识到现实与理想的差距，认识到真正好的东西不是一蹴而就的，更多时候需要我们积少成多，持之以恒，聚沙成塔，从而在某个时间节点上厚积薄发，一鸣惊人。

四、理性对待他人的评价

我们很多的心理困扰，其实都来自他人的评价，还有社会的期待。有些大学生认为，自己若无法成为他人眼中完美的人，无法成为符合社会主流价值观的个体，就会常常感到自卑。

得到了他人的认可就一定会幸福吗？这可不一定，道理非常简单，为了满足别人的期待而活着的，永远都不是真正的自己。为什么现在很多人会出现心理的问题？因为他们太在乎他人的评价，这种评价有时就像枷锁，沉重地压着他们，使他们追求不是自己想要的东西。例如，有些同学一进入大学就厌学，恐怕他们一开始就没有想明白，自己到底在为谁而学这个简单的问题。

从心理学上讲，当我们特别在意周围人对自己的评价时，心理是渴望获得别人的接纳与认可的。这让我们往往容易过度在意别人的眼光，每天如履薄冰、战战兢兢，生怕事情做得不漂亮。如果总持有这种心态，一个人最终会变得小心翼翼，稍微有一丁点儿达不到别人的要求，就变得自卑谨慎。其实你真的不必太在意他人的眼光，因为对于别人而言，你永远不在世界的核心。每个人都会将自己视为生命中的主角！除非，你做了一些事情能够与他们产生交集，否则，很少有人会注意到你的兴奋与失落。心理学家吉洛维奇曾经在康奈尔大学演示过这样的实验：他让一位学生穿上一件流行明星的 T 恤，穿 T 恤的学生猜测，大概有一半的同学会注意到他的 T 恤。但事实上注意到他的人只有 23%，远比想象中少得多。

解决问题的关键，就是一个人要在内心建立一个强大的自我评价体系。要知道，人生并不是讨好他人的过程，也不是与他人进行比赛。习惯于用外在的评价体系衡量自身的价值，这是一个人最大的悲哀。这里跟大家分享四个建议，让我们都能更理性地对待他人的评价。

一是要心平气和地对待赞赏和批评。不管是赞赏还是批评，都要冷静地接受。特别是受到批评时，更是如此，要多想你从这些批评中学习到什么，这样会让你对得到的批评感到感激，而不至于让太多消极悲观的情绪阻碍你前进。

二是要多关注自己的感受，建立自信心。这里有两个小方法可以试一下：

（1）每天记录自我欣赏日记。每天晚上可以记录下一天当中自我欣赏的五个方面，它们可能是你的本质、本性，比如幽默感、善良、诚实、聪明、有创造力等。

（2）友好对待他人和自己。当你不自觉地想要去评价他人时，有一个简单的方法能够让你更友好地对待他人，那就是问自己：这个人身上有什么特质，而我的身上也有？他在这方面跟我有多少相像呢？通过这个办法，你会发现：当你评价自己的时候，你会很自然地将这个更加体谅友善的方法用在自己身上。通过这个方法，你的自我感觉会越来越好，而这有助于自尊的建立。

三是要记住，别人说的关于你的事未必都是真的。当人们有一些消极情绪的时候，会用一些人身攻击或伤人的话来释放内心所积聚的愤怒、绝望或嫉妒，又或者是人们用来强调他们的观点才是正确的，可能习惯通过侮辱他人来影响他人的情绪，使他们陷入一个恶性循环中，通过那些争论来吸引他人的注意力。这仅仅是他们的想法，而绝不是你所做的或者想做的事。

四是要多听听那些支持你的人的看法。多听取支持你的人所说的对你有帮助的建议，有助于你保持情绪稳定，这样你的生活、与他人的人际关系才不至于脱离控制甚至崩溃。但要慎重选择你要听谁的，如果听一个经常抱怨每一件事或者某一个人、只看到事情消极方面的人的意见，很可能并不会给你带来多大的作用。

当你不再顾及别人的眼光之时，你就会更加大胆地放手去做，最终获得理想的成绩。要相信，一切都会好起来的，不必苛求完美，努力去做；不要害怕出错，坦然面对各种事情……

第三节　如何实现生命的价值

生活中的美好很多，或是不起眼的瞬间，或是一件微小的事情，都有可能令人感到温暖，让人心情舒畅。美好的感觉存在于心中。生命的价值是一个困扰着所有哲学家的问题，实现生命的价值也是一个人的终极目标。对它的定义，没人说得清：有人说在于奉献，在于个人所创造的价值；有人说在于个人存在的意义；也有人说宇宙终将回归混沌状态，生命存在的痕迹也会烟消云散，将没有任何价值可言。对这个问题的解读完全取决于个人的人生观和世界观。在自己的历史上不断刷新自己，努力地达到自己的理想，这也许就是生命的价值所在。在日常的学习和生活中，我们应该怎样做才能实现生命价值？

一、培养积极乐观的心态

乐观，是一种最积极的性格因素之一。拥有了乐观的心态，你就能以幽默的眼光看待不愉快的事情，以轻轻一笑缓释痛苦，甚至以不幸中的万幸聊以自慰；有了乐观，你就能在困难中看到光明，在逆境中找到出路，尽快走出阴霾，铸就辉煌；有了乐观，你就能发挥自己的优势，激励自己，发掘自己的潜能；有了乐观，你还能吸引和感染周围的人，争取他们的理解、支持与帮助。心情乐观，你感受到的压力就会相应少很多，应对问题时不是消极回避，而是积极应对。乐观的心态可以增强人的交往能力，你给予别人欢乐，自己就会得到欢乐。在与人相聚时，你的快乐心情、微笑表情、诙谐语言会像春风一样温暖别人的心，引发大家的笑声，驱除大家心中的烦恼。人们从你这里得到美好的心灵享受之后，就会对你油然产生感激之情，投去赞赏的目光，他们会觉得你有一种"精神引力"，因此愿意与你交往。这样，你会加倍地得到别人带给你的欢乐。

我们在日常生活中难免会遇到各种各样的挫折，如果我们拥有积极乐观的心态，从容地应对挫折，乐观地迎战挫折，保持这种积极乐观的心态，终有一天会发现，所有的挫折都会变成美好人生的砝码。

用心用力地培养自己积极乐观的心态，你就会发现美好的生活从当下这一刻开始了！

二、追求自我完善和成长

每个人的成长过程中都是不断地完善自我的过程。那么，如何将自身的认知结构调整到最佳状态，完善自我呢？我们可以从以下几个方面做起。

（一）要正确地实事求是地接纳自己

人无完人，每个人身上难免会存在一些缺陷与不完善的地方。每个人的容貌、体型、生理特点以及父母的职业、身世地位等家庭环境与社会背景是无法选择的，甚至是很难改变的。在现实生活中，个人的发展和前途也不总是由个人的主观意志把握和决定的。因此，人首先要面对这个严峻的现实，不必因碰到了不好的遭遇而灰心丧气；其次要相信自己的能力，"天生我材必有用"。

（二）不要过分苛求自己

客观地看待自己，理性地看待自我。现实与理想好比天平的两端，如果二者没有按照理想中的那样匹配，有些同学就会在心理上接受不了，如果得不到及时的认知调整，可能就会导致心理失去平衡。一个人应该有理想，但千万不能抛弃现实生活，盲目追求实际上根本得不到的东西。事实证明，期望值是一个相对值，对自己和环境的期望要适合自己的能力及环境的客观情况。过高地期待自己，不切实际地苛求环境，都会损害自己，造成失望乃至绝望，这就要求我们确立合理的需要和理想，把理想和要求定在自己力所能及的范围。一个人的能力是由先天遗传因素和后天发展共同决定的。每个人的能力都有一定限度，都具有自己的优势和劣势。不和自己较劲，应合理客观地评价自己，不妄自菲薄，不狂妄任性。

（三）对他人不要苛求

在日常生活中人们会有这样的体验：当你把希望寄托在他人身上，若对方达不到自己的要求，便会大失所望。其实，人生活在这个世界上，都有自身的个性与特点，强人所难本身就是一种认知错误。他人是无法按照你的个人意愿来行事处世的。这就要求大学生在学习、生活过程中正确把握自己，既不要强求自己，也不能苛求他人，更不能把他人的评价作为自己的行为准则。

（四）合理宣泄不良情绪

生活中的不幸或不满总会让我们产生负面情绪。面对负面情绪，我们不能硬生生地将它们压制下去，而要努力找到合适的发泄方法，将它们宣泄出来，这样不但有利于我们的身心健康，还会帮助我们提高工作效率。如果一味地压抑自己的不良情绪，致使不良情绪得不到宣泄，就会使人在心理上形成强大的压力，而这种压力一旦超越了自己承受的范围，就会引发精神忧郁、孤独苦闷等心理疾病，甚至精神失常。

三、学会关心家人和朋友

亲情是一种深度，友情是一种广度，而爱情则是一种纯度。亲情是一种没有条件、不求回报的阳光沐浴；友情是一种浩荡宏大、可以安然栖息的安全堤岸；而爱情则是一种神秘无比、可以使人歌咏到忘情的心灵照耀。"人生一世，亲情、爱情、友情。三者缺一，已为遗憾；三者缺二，实为可怜；三者皆缺，活而如亡。"

我们从小就被教育要关心家人，但在实际生活中，我们往往忽视了亲情的重要性。当我们离开家乡、离开亲人独立生活时，我们便觉得亲情变得越来越遥远。然而，当我们真正面临困难时，我们才知道亲人的爱是无处不在的。

亲情的力量是无穷的。不论我们在外面遭遇了什么，只要回到家里，家的温暖、亲人的呵护总会给我们赋能充电。

亲情的包容是无限的。我们在生活中，经常会遇到各种各样的问题和困难。这时，家人总是会耐心地倾听我们的烦恼，给予我们鼓励和支持。他们不计较我们的过去，也不苛求我们的未来，只是关心我们此刻的心理状态。这种包容和关怀让我们感到被重视和被关心，从而更加坚强和勇敢。

亲情是永恒的。在家庭中，我们总是和家人一起分享快乐和痛苦。无论是高兴的时候，还是遇到困难的时候，家人总会第一时间出现在我们身旁。他们和我们一起分享快乐，一起分担痛苦，用无私的爱和关怀，让我们感受到亲情永恒。

亲情、友情、爱情，三者缺一不可。我们应该珍惜身边的亲人和朋友，用真挚的心去关怀和爱护他们。在人生的旅途中，我们要记住，亲情的力量是无穷的，包容是无限的，友爱是永恒的。

作家三毛曾说："知交零落，实是人生常态，能够偶尔话起，而心中仍然温柔，就是好朋友。人生海海，很幸运有你相伴，交付真心分享快乐，谢谢你尽自己所能给我最大的支持，让我肆无忌惮做最真实的自己。亲爱的朋友，虽然我们没有生活在同一个城市，但这丝毫不影响我与你心与心的距离，我们是各自忙碌又互相牵挂的没有血缘的家人。"

请关心家人和朋友，因为他们的爱是我们一生的能量加油站！

四、发挥个人的特长和潜力

自我实现是人的使命。发挥个人的特长和潜力，成为一个我自己喜欢的人，是自我实现的首要条件。

每一个希望实现自己人生价值的人，都不能不考虑"我应当成为什么"的问题；而每一个希望最大程度地实现自己人生价值的人，都必须设法充分发挥自己的天赋才能。

正是出于此种考虑，你"能成就什么，就必须成就什么"，你要"把自己的条件禀赋——发挥尽致"，成了当代美国人本主义心理学家马斯洛的著名的自我实现理论的两条要义。

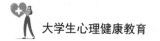

这种归纳是不无道理的。

五、积极参加公益事业

公益会给个人带来很多积极正面的变化,经常做公益的人具备更多优秀的品质。他们更善良、更乐于助人,更有同理心与包容心,更有责任、更有担当,更有韧性、敢直面困难,更尊重他人、平等相待,更有原则、有底线。公益事业改变了很多弱势群体的命运。

1991年,解海龙拍摄的一张《大眼睛》照片让中国人记住了她。这张照片被中国青少年发展基金会用作希望工程的标志。作品人物原型叫苏明娟,她从安徽大学金融管理系毕业后,走上持续成长的道路。如今,"大眼睛"女孩苏明娟已经成为共青团中央常务委员,并作为党的二十大代表再一次进入人们的视野。因为公益,一个贫困失学的女孩走出了自己灿烂的人生路,生动地展示了"公益可以链接所有的人,是生命影响生命的事业"。

积极地参加公益事业,尽自己的能力帮助需要帮助的人,"赠人玫瑰,手有余香",在助人的过程中体验助人的快乐,在助人的过程中实现生命的价值和意义。

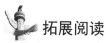 **拓展阅读**　　　　**20个快乐的好习惯**

这世界的美好事物有很多,值得我们爱的人也有很多。而拥有这一切的前提是:你自己的内在足够优秀,只有这样才能找到他们。下面20个让你更快乐的习惯,你应该拥有。愿你做一个快乐的人。人类是观念的动物,我们怀有怎样的观念,就会践行怎样的生活方式。快乐是人的永恒追求,但往往现实的压力让很多人忘记了怎样去寻找属于自己的快乐。

快乐是一种习惯,只要善于培养,我们每个人都可以很快乐。

哈佛大学提出的20个快乐的好习惯,让你学会如何从心出发。

1. Be grateful　要学会感恩

让自己变慢脚步,看看你的四周,关注生活的细微之处:人行道上淡紫色的花,美丽的日落,洗去你一天疲惫的淋浴,伴侣眼中的笑容。你怀着感恩之心就能欣赏到生活的美,你自然就充满了幸福感。

2. Choose your friends wisely　明智地选择自己的朋友

根据哈佛大学的一项研究,影响个人幸福最重要的外部因素是人际关系。所以,如果你想变得开心,就要选择和乐观的朋友在一起,他们能欣赏真实的你,让你的生活变得更丰富、快乐、有意义。

3. Cultivate compassion　培养同理心

《了不起的盖茨比》中,主角父亲有这么一句话:"每当你想批评别人的时候,要牢记,这个世界上并不是每个人都拥有你曾经拥有的那些优越的条件。"

多一些同理心,生活则多一些快乐。

4. Keep learning　不断学习

当下的学习不多,也许你暂时感受不到变化,但是经过日积月累后,你就能了解到何为水滴石穿了。

学习过程让你不断地经历别人的人生,不断地吸收别人的思想,不断地认识更广阔的世界。

5. Become a problem solver　学会解决问题

开心的人是会解决问题的人。在生活中遇到挑战的时候，他们不会自虐，然后变得很消沉。他们会直面挑战，调动全身力量寻找解决办法。当你变成一个解决问题的人后，你就会建立自己的自信心和决心，增强直面挑战的能力。

6. Do what you love　做你想做的事情

成人有三分之一的时间在工作，因此做想做的事对我们的整体幸福感会有很大的影响。如果你现在不能做你想做的事情，那就试着在现在的工作中寻找快乐和意义，或者培养兴趣。

7. Live in the present　活在当下

你感到沮丧和懊悔，是因为你仍活在过去。你感到担忧和焦虑，是因为你活在未来。只有当你活在当下时，你才可能感到满足、开心和平和。

已经失去的无法追回，尚未发生的不可预知，你能掌握的只有当下。

8. Laugh often　要经常笑

笑是对抗生气或沮丧最有力的东西。研究表明，简单的嘴巴上扬可以增加你的幸福感。不要把生活看得太严肃，要学会在每日的奋斗中寻找幽默感和笑声。

9. Practice forgiveness　学会原谅

憎恨和生气是对自我的惩罚。当你释怀的时候，事实上你是在对自己施以善意。最重要的是，学会原谅自己。每个人都会犯错。只有妥善处理错误，我们才能慢慢学会如何成为一个更强大、更好的人。

10. Say thanks often　要经常说谢谢

对生活中别人给予的祝福要学会欣赏。向那些让你生活变好的人表达出你的欣赏之情非常重要。

11. Create deeper connections　学会深交

我们的幸福感会在和别人的深交中不断猛增。专注聆听是加强这种关系的纽带。要把幸福感带给自己和别人。

12. Keep your agreement　信守承诺

自尊建立在我们对自己信守承诺的基础上。高度的自尊和幸福感有直接关联。所以，要对自己和别人遵守承诺。

13. Meditate　冥想

根据哈佛大学的研究，平均上过8次冥想训练的人的开心程度要比控制狂多出20%。这样的训练可以导致大脑结构产生变化，包括海马体黑色物质的密度，其对学习和记忆很重要。

14. Focus on what you're doing　关注你在做的事情

当你全身心投入一件事时，你就会处于开心的状态。当你处于这种状态时，你就不大会关心别人对你怎么看，不大会被不太重要的事情干扰。结果呢？更幸福！

15. Be optimistic　保持乐观

面对半杯水，悲观者认为，杯子一直是半空的；乐观者认为，杯子一直是半满的。每当你面对一个挑战时，如果你倾向于最坏的想法，那就赶紧转换这种情况：想一想所有状况中好的一面或自己能从中学到哪些东西。乐观肯定能驱动成功和幸福感。

16. Love unconditionally　无条件的爱

没有人是完美的，所以你要接受自己所有的不完美。你也要这样对待别人。无条件地爱一个人并不意味着你要花所有的时间和他在一起，或者帮助他解决一切问题。无条件的爱意味着接受真实的他，让他以自己的步伐走路，让他以自己的方式摸索。

17. Do your best and then let go　竭尽全力去做，然后交给命运评判

方案没有完成，不断经历失败，这些将不可避免地会削弱你的自信。但是，只要你竭尽全力，所获得的满足感一定是最强的。

当你放弃的时候，你已经被自己打败。

做最好的自己，然后把剩下的交给命运。

当你尽了全力，你就没有遗憾了。

18. Take care of yourself　好好照顾自己

拥有一个健康的身体是幸福的关键。如果你身体不好，你无论如何努力，都很难快乐。让自己吃得好，适当做锻炼，早点休息。好好照顾你的身体、大脑和精神。

19. Give back　学会给予

做好事是最能确保你心情好的方法之一。

根据哈佛大学的研究，人们做好事，他们的大脑会变得活跃，就好像当你接受别人的奖励时，大脑所受的刺激。

所以，那些关心别人的人比不大关心别人的人更开心。

20. Find the meaning of your life　找到生命的意义

人类是有思想的动物，我们有怎样的思想观念，就会践行怎样的生活方式。

一个人如果不关心自己存在的意义，不晓得自己生命的目的，那么他的生活必定是浑浑噩噩、得过且过的。这样的生活不可能快乐，这样的人生也注定得不到幸福。

体验活动　　孕育背包接力

通过胸前负重背包接力活动，专注体验母亲孕育过程的不易，感恩父母并体验他们孕育生命的艰辛。

活动准备：

选择有上下两层楼梯的场地，先做好清洁工作，同时张贴活动公告，避免无关人员进入。准备几个双肩背包，包里装10千克书籍或物品。

活动步骤：

（1）在进行正式活动之前，需进行一些肢体放松、伸展、跨越、跑动等准备活动。

（2）所有参加者以出生季节或出生时段分成三组或四组。活动开始，由一人先在胸前背双肩负重背包进行示范，只能快走，不能奔跑。上下两层楼梯，不能用手扶，待一人来回后，换小组其他成员接力继续。

（3）接力赛以计时方式进行，分组比赛。

（4）主持人请各小组成员在小组里分享自己在活动过程中的感受，以及所思、所想、所悟，讲出你所知道的母亲孕育自己的故事。各小组派出代表，集中归纳表达小组成员的所有分享内容，注意与生命的联系思考。

生命中的最后24小时

通过模拟生命中的最后24小时的场景，把大家代入生命最后阶段的情境之中。这是一种在自我觉察体验中进行的生命探索。通过对生命临终时刻的思索，挖掘生命信念，追寻生命价值，学习面对现在的生活，更好地生活在当下。

活动准备：

选择较为宽敞、舒适的场地，先做好清洁工作，同时张贴活动公告，避免无关人员进入。准备温暖、偏暗一点的灯光，营造适合生命终止的场景。配好电脑、音响设备。背景音乐宜选择舒缓音乐（如班得瑞的作品），在活动过程中循环播放。

活动步骤：

（1）在开展正式活动之前，团队成员排队并报数，逢单数出列，双数留在原地。成员两两对应，面对面，手牵手。熟悉一下彼此，相互自我介绍，做到基本信息清晰，能复述对方介绍的信息。

（2）其中一名成员扮演"爱心天使"观察员，帮助另一名成员设计并将其投入到面临生命终止前24小时的状态之中。也可以自设生命最后24小时的场景。"爱心天使"观察员作为陪伴者和观察者，引导、协助对方身临情境。

（3）探索在生命的最后24小时自己最想做什么，为什么？如何做？

（4）成员角色交换，重复以上步骤。

（5）主持人请各成员分享自己在活动过程中的感受、所思所想以及生命信念。

（6）讨论：经历这一过程后，我们应该如何面对现在的生活？

参考文献

[1] 马兰花，曹继霞．大学生心理健康教育[M]．北京：经济科学出版社，2010．

[2] 许思安，严标宾．大学生人格发展与辅导[M]．广州：暨南大学出版社，2009．

[3] 王世民．大学生心理健康[M]．北京：科学出版社，2017．

[4] 刘智文．大学生就业心理特点与影响因素分析[J]．公关世界，2022（22）：57-58．

[5] 孟明燕．大学生就业心理问题探析与对策[J]．盐城工学院学报（社会科学版），2022（5）：104-106．

[6] 张文新．大学生心理健康教育[M]．济南：山东人民出版社，2013．

[7] 张硕秋．大学生职业生涯发展与指导[M]．北京：清华大学出版社，2020．

[8] 阿伦森．社会心理学[M]．2版．侯玉波，译．北京：北京大学出版社，2007．

[9] 郑日昌．大学生心理诊断[M]．济南：山东教育出版社，1999．

[10] 高岚，王可欣，陈晨等．大学生依恋类型、亲密关系满意度与抑郁的关系研究[J]．中国全科医学，2016，19（31）：3850-3854．

[11] 王浩，俞国良．恋爱中大学生依恋焦虑与心理健康的关系：恋爱关系质量的中介和调节作用[J]．心理科学，2022，45（5）：1092-1098．

[12] 李毅，吴桐．大学生体像烦恼与恋爱压力：自尊的中介作用[J]．心理与行为研究，2016，14（6）：779-787．

[13] 杨丽萍，谭钦月，肖英伦等．大学生恋爱态度和性心理健康调查[J]．中国公共卫生，2020，36（1）：120-122．

[14] 解军．大学生心理健康因素分析[J]．心理学探新，2001（1）：49-53．

[15] 温彩云，周宣任．恋爱·游戏·白日梦：女性向恋爱类游戏的心理作用机制分析[J]．艺术评论，2018，177（8）：41-50．

[16] 王宇中，孙小博，姚星星．恋爱资源及其对等性与恋爱质量的关系[J]．中国心理卫生杂志，2015，29（10）：767-773．

[17] 朱新秤．青年婚恋观的变迁与思考[J]．人民论坛，2021，726（35）：94-97．

[18] 白山．恋爱心理学[M]．北京：电子工业出版社，2010．

[19] 许宇童，吴蕙羽，田丰．"90后""母胎单身"青年婚恋心理研究：基于平衡理论视角[J]．中国青年社会科学，2022，41（4）：66-76．

[20] 车文博，张林，黄冬梅等．大学生心理压力感基本特点的调查研究[J]．应用心理学，2003（3）：3-9．

[21] 李焰，赵君．大学生幸福感及其影响因素的研究[J]．清华大学教育研究，2005（S1）：168-174．

[22] 马万顺．试论大学生心理问题的调适[J]．江苏高教，2013，172（6）：130-131．

[23] 杨秀君．失恋心理的调适与恋爱抗挫折能力的提高[J]．思想理论教育，2013，408（16）：91-94．

[24] 王浩，俞国良．大学生依恋焦虑与抑郁的关系：恋爱中关系攻击和关系质量的序列中介作用[J]．心理发展与教育，2022，38（6）：879-885．

[25] 张娜，陈寒寒．感性交往：网络时代异地恋青年的网络交往过程的质性研究[J]．中国青年研究，2022，311（1）：70-75+103．

[26] 孙卉，张田，傅宏．团体宽恕干预在恋爱受挫群体中的运用及其对大学生心理健康教育的启示[J]．心理与行为研究，2018，16（4）：541-548．

[27] 颜笑，贾晓明．大学生失恋哀伤过程的定性研究[J]．中国心理卫生杂志，2018，32（3）：233-238．

[28] 霭理士．性心理学[M]．贾宁，译．北京：商务印书馆，1999．

[29] 李洁．大学生人生态度现状与转化策略[J]．青年研究，2014，398（5）：12-22+94．

[30] 王志峰．大学生心理健康与人生规划[M]．北京：中央编译出版社，2011．

[31] 袁永和．挫折对人生的积极影响[J]．广西社会科学，2005（1）：163-165．

[32] 丁蕾，于明兰．浅析大学生抗挫折能力的培养[J]．商丘职业技术学院学报，2011，10（4）：107-108．

[33] 陈选华．挫折教育引论[M]．合肥：中国科学技术大学出版社，2006．

[34] 胡凯．大学生心理健康理论与方法[M]．北京：人民出版社，2010．

[35] 杨淇贺．当代大学生挫折心理问题研究[D]．长春：吉林农业大学，2015（2）：5．

[36] 冯海成，郑建锋，王闯．大学生挫折分析及调适策略思考[J]．中国校外教育（理论），2011（1）：34-35．

[37] 吴少怡．大学生团体辅导与团体训练[M]．济南：山东大学出版社，2010．

[38] 杨敏毅，鞠瑞利．学校团体心理游戏教程与案例[M]．上海：上海科学普及出版社，2006．

[39] 王文科．大学生生命教育概论[M]．广州：广东高等教育出版社，2013．

[40] 何仁富．生命教育引论[M]．北京：中国广播电视出版社，2010．

[41] 杰克逊．生命之问[M]．敖道，译．北京：世界图书出版公司，2021．

[42] 张田勘．生命存在的理由[M]．北京：北京大学出版社，2011．

[43] 宋兴川．生命教育[M]．厦门：厦门大学出版社，2016．

[44] 王定功．生命价值论[M]．北京：教育科学出版社，2013．

[45] 李晓红，巴山．生命的思考[M]．北京：中国社会科学出版社，2010．

[46] 杜兰特．生命的意义[M]．肖志清，译．北京：中信出版集团，2021．

[47] 张萍，彭德珍，于婷．大学生心理健康教育[M]．重庆：重庆大学出版社，2022．